KB175017

한국의 현 주소와
국제학·지역학의 심화

서울대학교 국제학연구소 연구총서 1

한국의 현 주소와 국제학·지역학의 심화

초판 1쇄 인쇄 | 2021년 4월 23일
초판 1쇄 발행 | 2021년 4월 30일

엮은이 | 박철희

발행인 | 박철희
발행처 | 서울대학교 국제학연구소
주소 | 서울특별시 관악구 관악로 1
전화 | 02-880-4041 팩스 | 02-871-4605
홈페이지 | http://iia.snu.ac.kr/
제작·공급 | 경인문화사 (031-955-9300)

ISBN 978-89-499-4961-1 94340
978-89-499-4960-4 (세트)

값 20,000원

한국의 현 주소와 국제학·지역학의 심화

박철희 엮음

서울대학교 국제학연구소
INSTITUTE OF INTERNATIONAL AFFAIRS
SEOUL NATIONAL UNIVERSITY

서울대학교
국제학연구소
연구총서
1

한국의 현 주소와 국제학·지역학의 심화

특별기고

국제학연구소 비전선포식 기조강연

이홍구(서울국제포럼 이사장, 전 국무총리)

나는 관료 출신이기도 하지만, 서울대학교 사회과학대 정치외교학부 명예교수이기도 합니다. 내가 미국에서 유학하고 잠시 교수 생활을 하다 돌아온 것이 1968년이니까 50년 이상 지난 일입니다. 귀국 후 서울대학교 문리대에서 강의를 시작하던 시절, SK 선대 회장님께서 동숭동으로 자주 놀러 오셨습니다. 선배 교수였던 김영국 교수님과 시카고대학교University of Chicago에서 몇 년을 함께 지내신 아주 가까운 친구 사이였기 때문입니다. 두 분은 매일 같이 앞으로 교육 재단을 만들어서 인재를 양성하겠다고 이야기하셨는데, 대를 거치면서 돌이켜 보니 내가 생각했던 것보다 그 꿈을 훨씬 더 이루어가고 있지 않나 생각합니다. 이번 서울대학교 국제학연구소와 관계를 맺어서 큰 뜻을 이뤄가는 것에 대하여 서울대학교는 물론 SK에 축하의 말씀을 드립니다.

지난날을 돌아보면, 국제대학원은 설립된 지 사실상 20년이 넘은 조직입니다. 그런데, 20여 년이 지난 지금 국제학연구소에서 새삼 새롭게 비전을 선포하는 이 자리는 매우 중요한 의미가 있다고 생각됩니다. 사실 2019년 말부터 박철희 교수께서 국제학연구소 비전선포식을 한다고 했을 때 나도 한마디 하겠노라 약속했습니다. 그때는 아직 코로나 사태가 벌어지기 전이었고, 그 후에 상황이 많이 바뀌었습니다. 오히려 상황이 바뀜으로써 오늘 이 자리의 중요성이 더 커졌다고 이야기할 수 있겠습니다. 이번 코로나 사태를 팬데믹pandemic이라고 하는데, 어떻게 보면 세계적이고, 세기적이고, 역사적인 중요한 순간이라고 생각합니다. 이것은 학문만이 아니라 경제, 정치, 문화 등 여러 차원에서 상당히 근본적인 변화를 가져올 수 있는 계기라고 생각되기 때문입니다. 물론, 코로나 사태가 의도된 것이 아니고 갑작스럽게 터진 사건이지만, 오늘 국제학연구소의 비전선포식은 코로나 사태 이후의 새로운 시대에 국제학연구소가 새로운 방향 감각을 갖고 역할을 하겠다는 대단히 큰 포부와 비전을 가지고 출발을 한다는 것으로 이해하겠습니다.

돌이켜보면, 오늘의 한국이 새롭게 일어섰던 계기도 제2차 세계대전이었습니다. 내가 초등학교 1학년 때인 1941년에 제2차 세계대전이 태평양전쟁을 거치며 전 세계로 확대되었습니다. 그리고 1945년 한국은 광복을 경험하고, 얼마 후 다시 분단되었습니다. 미군이 그해 9월에 서울로 들어왔는데 세종로에서 미군이 들어오는 것도 지켜봤습니다. 6·25전쟁이 일어난 것은 고등학교 1학년 때이고, 휴전된 것은 서울대학교 1학년 재학 중이었을 때입니다. 당시에 이런 역사적인 순간마다 세상이 바뀐다는 생각을 많이 했는데, 그것에 못지않은 큰 변화가 이번 코로나 사태입니다. 그런 뜻에서 오늘 이 회의가 대단히 적절한 시기에 열린 것으로 생각합니다. 우리는 지금의 이 상황에 어떻게 대처할 것인가? 특히 국제대학원이나 국제학연구소가 어떻게 방향 감각을 가다듬을 것인가? 오늘 회의가 이런 담론을 하는 좋은 계기가 될 수 있기를 바

랍니다.

다음 세션이 '지금 한국은 어디에 서 있는가?'라고 되어 있는데, 이전에 우선 '세계는 지금 어디에 서 있는가?'에 대한 논의가 있어야 이에 대한 적절한 답도 나올 것 같습니다. 세계를 이해한 상황에서 한국은 앞으로 어디로 갈 것인가 하는 문제에 답을 찾는 것이 우리에게 주어진 과제이기 때문입니다.

나는 신문에서 많은 것을 배웁니다. 매일 평균 2시간씩, 10개 정도의 신문을 읽습니다. 국내 신문 6~7개와 『뉴욕타임스The New York Times』『파이낸셜타임스The Financial Times』를 봅니다. 그리고 『일본경제신문日本経済新聞, Nikkei』을 읽습니다. 이번에도 신문들을 읽는 것이 참 도움이 되었습니다. 『파이낸셜타임스』의 칼럼니스트인 자난 가네시Janan Ganesh는 1월 말에, 코로나로 인해 발생될 상황을 이미 예측한 사람이 있었다고 썼습니다. 그가 바로 이안 브레머Ian Bremmer인데, 브레머는 2012년에 출판한 『Every Nation for Itself』라는 책에서 앞으로 패권국가들은 사라지고 각자도생하는 시대가 올 것이라고 주장합니다. 누가 누구를 믿고 따르는 것이 아닌, 압도적인 강대국이 없는 새로운 시대가 온다는 것입니다. 저자는 'Winners and Losers in a G-Zero World'라는 장에서 'G-Zero World', 즉 강대국이 없는 세계가 온다는 미래관을 주장했습니다. 잘 예측했다고 생각합니다. 저자는 우리가 지금 당하고 있는 코로나 사태와 같은 위기가 올 수 있다고 예언했던 것입니다. 오늘 이 책에서 얻은 영감 몇 가지를 이야기하려고 합니다.

1988년에 대한민국에서 서울 올림픽을 개최하였습니다. 서울 올림픽은 상당히 중요한 사건이었습니다. 1988년 서울 올림픽이 1945년 이후에 미국과 소련이 앞장서서 이끌었던 동서냉전의 폐막을 선언하는 자리였기 때문입니다. 그전에 올림픽이 거의 없어질 뻔한 위기도 있었습니다. 1980년 올림픽은 모스크바에서 개최되었는데, 미국과 그 동맹국들이 보이콧을 했기 때문에 반쪽 올림픽이 되었습니다. 1984년 미국 로스앤젤레스에서 개최된 올림픽은 구소련을 비롯한 동유럽국가들이 보이콧을 했습니다. 그래서 IOC 위원장은 이런 상황이 한 번만 더 일어나면 올림픽이 없어질 수도 있다는 경고성 발언을 했습니다. 올림픽의 미래와 냉전에 대한 걱정을 모두 하던 와중, 1988년 서울 올림픽은 거의 모든 나라가 참석하는 평화 올림픽이 되었습니다. 더불어, 1987~1988년은 우리가 이른바 권위주의 시대를 넘어서는 민주화를 이룬 시기였습니다. 올림픽 개막 전 해인 1987년 여름과 가을에 민주화 투쟁의 소산으로 헌법 개정을 하고, 연말 대통령 선거로 이후 민주주의의 선도 국가가 되었던 것을 되돌아보면 1988년은 여러 가지로 중요한 한 해였다고 할 수 있습니다.

1988년은 세계화가 시작된 해이기도 합니다. 세계화는 '경제를 중심으로 세계가 하나의 시장으로 통합되는 것'을 뜻하기도 하는데, 한편으로는 '세계가 직면한 여러 가지 문제를 공동으로 논의하는 움직임'을 뜻하기도 합니다. 서울대학교에서 강의하던 1980년대 초중반부터 나를 포함한 여러 학자와 교수들이 독일 교수들의 도움으로 독일에 여러 번 가게 되었습니다. 독일에 가서 동-서유럽 간 협력이 여러 형태로 진행되고 있고, 구소련이나 동유럽국가들과 새로운 관계를 설정해나가는 것을 보고 세상이 바뀌는 것을 실감하였습니다. 비슷한 시기 포르투갈, 스페인, 그리스 등 오래된 독재 정권들이 민주화를 이루었습니다. 우리도 이런 세계적인 흐름에 동조해야 한다고 생각해서 1986년에 서울국제포럼이란 모임을 시작하였습니다. 서울대학교 국제대학원의 여러 교수도 참여하였습니다.

당시 한국은 성공적으로 올림픽을 개최하였을 뿐만 아니라 민주화가 되었기 때문에, 세계에서 대접을 많이 받았습니다. 예를 들어, 1990년 스웨덴에서 열린 스톡홀름 이니셔티브Stockholm Initiative 선언에서 '세계는 이제는 하나다'라는 방향으로의 세계화 추진 선언이 있었습니다. 당시 이 국제회의에 초청을 받아서 참석하게 되었습니다. 거기에서 중심 역할을 한 3개의 조직이 있습니다. 첫 번째는 독일의 빌리 브란트Willy Brandt 전 총리가 이끈 브란트위원회Brandt Commission입니다. 브란트위원회는 선진국과 후진국, 동과 서가 같이 발맞춰 나가야 한다는 취지로 설립된 것이었습니다. 두 번째는 회의 직전에 암살당하여 참석은 못 했지만, 스웨덴의 올로프 팔메Olof Palme 전 총리께서 '어떻게든 핵전쟁과 전쟁을 막아야겠다'라는 의지로 만든 팔메위원회Palme Commission입니다. 세 번째는 노르웨이의 그로 할렘 브룬틀란Gro Harlem Brundtland 총리께서 이끄신 조직입니다. 당시 브룬틀란 총리는 '기후변화에 다 함께 대처하지 않으면 한꺼번에 무너진다'라고 역설하였는데, 시기적으로 올림픽과 겹치면서 세계적으로 기후변화에 대한 중요성이 부각되었습니다. 덕분에 브라질 리우에서 처음으로 기후변화에 대한 세계대회가 열리게 되었습니다. 스톡홀름에서와 같이 선언문을 내면서 여러 가지 노력을 다짐하였는데, 그중 제일 성공한 분야가 환경 분야였고, 이는 지금까지도 이어지고 있습니다. 조금 정치적인 이야기가 될 것 같아 조심스럽습니다만, 이명박 전 대통령에 대하여 한 가지 높게 평가해야 한다고 보는 부분은, 이명박 대통령이 브룬틀란 총리가 시작한 기후변화에 대하여 적극적으로 지지하겠다고 여러 가지로 노력하고, G20을 만드는 데도 크게 기여했다는 점입니다. 그 결과, 우리는 기후변화에 대하여 상당히 일을 많이

하는 나라로 전 세계적으로 알려지게 되었습니다. 그 방면에서 한 가지 소득이 있다면 '기후변화에 관한 정부 간 협의체IPCC'의 의장직을 한국의 이회성 박사가 맡게 된 것입니다.

그러나 대략 2008년을 전후하여 세계화가 오히려 지구촌 발전에 장애가 되고 있다는 부정적인 흐름이 커졌습니다. 2008년 세계적 불황이 오고 세계화에 대한 열기가 식어가면서 앞으로 어떤 상황이 펼쳐질 것인가를 생각한 것이 아까 말씀드린 이안 브레머의 책입니다. 다만 2008년 세계화가 왜 무너진 것인가에 대하여 여러 가지 설이 있지만, 한마디로 이야기하면 국가 간의 불평등이 심화되어서 부자 나라는 더 부자가 되고 가난한 나라는 더 가난해진 것 때문이라고 할 수 있습니다. 심지어 각 국가 내의 계층 간 불평등도 심화되었습니다. 미국도 마찬가지입니다. 그래서 세계화보다 오히려 세계화를 반대하는 기세가 2008년부터 강해지고 세계를 이끌어갈 수 있는 지도국가의 역할이 약화되면서 G-Zero의 세계가 온다는 것이 이 책의 중심 주제라고 할 수 있습니다.

세계화의 방향으로 동력이 없어지는 큰 이유 중 하나는 민족주의nationalism라고 생각합니다. 제2차 세계대전 직후에는 과거 식민지로 전락했던 국가들이 민족주의를 부르짖었는데, 세계화가 진행된 후 2008년이 되어서는 초강대국들이 민족주의에 앞장서게 된 것입니다. 초강대국들이 옛 제국에 대한 향수가 생겼기 때문입니다. 옛날 제국일 때가 지금보다 더 나았다는 향수 말입니다. 트럼프 대통령이 당선되면서 'America First'라는 말이 생겼는데, 그 말이 미국 국민에게 많은 영향을 끼치는 이유는 '비록 미국이 지금 제일이라고 말을 하지만, 사실 옛날의 미국이 진정한 제일이었으며, 따라서 옛날로 돌아가야 한다'라는 논리에 대한 공감대 때문입니다. 그런 의미에서 트럼프 시기의 미국은 반세계화로 돌아선 것입니다. 그런데 사실상 반세계화 움직임에 가장 앞장선 나라는 중국입니다. 중국의 시진핑 주석이 말하는 중국몽은 중국이 원래 위치로 돌아가야 한다는 꿈을 뜻합니다. 전 세계의 중심이 중국이라는 제국이었는데 그 위치로 돌아가고 싶은 향수가 굉장히 강력하게 작용하고 있는 것입니다. 그리고 푸틴이 러시아에서 지금처럼 오랫동안 집권하는 것도 러시아 사람들의 지지가 없으면 불가능합니다. 많은 러시아 국민이 푸틴의 집권 이후 러시아가 옛날처럼 강국으로 대접받고, 경우에 따라서는 옛 영광을 되찾을 수 있을지도 모른다는 희망을 품고 있기 때문에 가능한 것이라고 봅니다.

이처럼 강대국들의 제국에 대한 향수가 강하게 나타나는데, 그중에서 특히 미국과 중국이 앞장서고 있기 때문에, 미중 갈등은 피할 수 없는 상황입니다. 그래서 G-Zero의 세계가 되어 가는 것입니다.

브레머는 세계를 제어할 수 있는 강대국이 없는 상황인 진공상태에서 승자와 패자에 대하여 나름대로 예측하고 있습니다. 이 저자가 말하는 승자는 중점pivot 국가들이라고 하는데, 아주 좋은 전략적 지역에 위치해 있고 이러한 위치를 잘 활용하며 움직이는 나라들입니다. 예를 들어 브라질이나 이집트, 아시아에서는 싱가포르와 베트남이 굉장히 좋은 중점적pivotal 위치에 있는 국가이기 때문에 전망이 좋다고 이야기합니다. 나는 이것이 한국에도 적용되는 이야기라고 생각합니다. 베트남 같은 국가는 상당히 전망이 좋기 때문에, 장점을 잘 이용하면 굉장히 영향력이 있는 국가가 될 수 있을 것입니다. 그렇지만 베트남의 경우를 장기적으로 보면 이 발전 과정에서 좀 더 큰 세력인 중국의 궤도orbit 안에서 자리를 잡아야 하므로, 사실 중국에 점점 더 예속되는 국가가 될 수 있다는 점을 주의해야 합니다. 이러한 딜레마는 한국 또한 여러 가지를 꼭 참고해야 할 점입니다. 당장은 우리가 중국과의 우호적인 관계를 지속하고자 노력하는 것이 괜찮아도, 장기적으로는 제국의 향수인 중국몽을 그리는 중국의 큰 세력권에 더 깊이 예속되는 결과를 가져올 수도 있다는 것을 동시에 생각해야 합니다.

그렇다면, '세계는 어떻게 변하고 한국이 나아가야 할 방향은 무엇인가'를 누군가가 계속 연구하고 제시해주어야 국가가 움직일 수 있지 않겠습니까? 그 역할을 지금 국제학연구소가 앞장서서 맡겠다고 나서는 것입니다. 그래서 기대도 많이 하고 있고 좋은 결과가 나올 수 있기를 여러분과 함께, 국민과 함께 기대하고 있습니다.

마지막으로 한 마디 추가하고 끝을 맺겠습니다. 브레머는 지구촌은 왕년의 세계화로 다시 돌아갈 수 없는 대신, 경우에 따라서 3~4개의 지역으로 구분된 지역화가 되는 세계가 올 것이라고 주장합니다. 유럽은 유럽대로, 아시아는 아시아대로, 남미는 남미대로 지역공동체의 움직임이 굉장히 강화될 수 있다고 이야기합니다. 국제학연구소도 국제화를 이야기하지만, 지역화도 강조해서 연구할 필요가 있습니다. 예를 들면 중국이 이번 코로나 문제의 시발점인 동시에 대처를 잘한 모범국가로 평가되기도 합니다. 내가 주목하는 것은 지금 점수를 많이 받은 곳이 싱가포르, 대만, 홍콩인데, 중국계 사람들이 많은 곳이라는 점입니다. 그런데, 같은 중국계라도 아시아에서 중화인민공화국을 중심으로 생각하는 사람들과 그렇지 않은 사람들은 다릅니다. 한국과 일본은 이런 상황에서 앞으로 어디로 갈 것인가에 대해서도 생각해볼 필요가 있을 것입니다.

다른 한편으로 생각해볼 과제는 2019년 3·1운동 100주년 기념과정에서 새삼 강조되었던, 그리고 3·1독립선언서에 명시된 동양 평화입니다. 실질적으로 3·1독립선언서를 보면 일본의 잘못을 규탄하는 말보다는 빨리 반성해서 동양 평화를 이룩하는 노력에 동참할 것을 강조하고 있습니다. 러시아 관할 여순감옥에서 사형을 당하신 안중근 의사가 동양평화론이라는 조그마한 팸플릿에서 교시하신 것입니다. 동양 평화가 있어야 한반도의 독립과 평화가 있다는 것입니다. 역으로 한반도의 평화와 독립이 있어야 동양에도 평화가 가능하다는 뜻입니다. 그렇지 않으면 동양에서 큰 전쟁이 날 수 있고 모두 화를 입는다는 논리를 안중근 의사께서 제기하신 것입니다. 이런 앞으로 나타나는 G-Zero 세계, 또는 지역화된 새로운 국제 권력 구조에서 과연 우리가 이런 동양 평화를 성공시키는 결정적인 역할을 하는 나라가 될 수 있는가 하는 질문과 연결됩니다.

끝으로 북한 문제와 핵 문제가 있습니다만, 이것은 시간 관계상 길게 다루지 않겠습니다. 내가 우려하는 것은 세계 각국이 이번 코로나에 대처하려고 애쓰고 있는 와중에, 북한은 동해 바다에서의 미사일 시험으로 입장을 과시하였습니다. 개인적으로는 김정은 위원장에게 그러한 도발적 행동은 자제하면 좋겠다고 말하고 싶습니다. 김일성 시기 북한은 핵확산금지조약에 가입했었다는 점을 상기해야 할 것입니다. 1991년 남북 기본합의서와 더불어 한반도 비핵화 공동선언, UN 동시 가입을 이루었는데, 모두 김일성 주석 집권하에 일어난 일입니다. 김정은 위원장은 할아버지와 비슷한 모양만 내지 말고 할아버지가 무엇을, 어떻게 생각해서 결정하였는지를 숙고할 필요가 있습니다. 또한, 1994년 1차 북핵 위기에 미국 카터 전 대통령이 직접 방북하였을 때, 왜 김일성 주석이 미국과 좋은 관계로 가겠다고 다짐하고 남북 간 정상회담을 하자고 했는지 되돌아볼 필요가 있을 것입니다. 더 미룰 것도 없이 빨리

만나자고 해서 내가 북한 대남 비서인 김용순 대표하고 판문점에서 만났고 그해 1994년 7월 23일에 김영삼 대통령이 김일성 주석과의 정상회담을 위해 직접 평양에 가는 것으로 결정하였습니다. 그러나 만남이 성사되기 직전인 7월 8일에 김일성 주석이 갑자기 세상을 떠나는 바람에 역사가 달라졌습니다.

이러한 맥락들을 다시 잘 생각해서, 과거의 세계화 물결로 돌아가자는 것이 아니라 코로나 사태를 포함한 새로운 세계를 생각하면서 새로운 국제화, 새로운 지구촌, 새로운 아시아와 동양 평화를 대한민국 외교 정책의 한가운데에 두고 어떻게 적극적인 역할을 할 수 있을 것인지를 토의할 필요가 있습니다. 서울대학교 국제대학원과 국제학연구소에서 이런 중요한 담론을 앞장서 이끌어 가기를 기대합니다. 감사합니다.

총 론

한국적 국제학과 지역학의 모색을 위하여

박철희(서울대학교 국제대학원 교수 겸 국제학연구소장)

1. 한국에서의 국제학·지역학의 태동과 학문적 접근의 차별화 전략

서울대 국제대학원의 모체가 된 국제지역원이 출범한 것은 1997년 1월 24일이다. 21세기 세계화, 정보화, 국제화라는 시대의 요구에 걸맞은 글로벌한 지식과 실무 능력을 겸비한 국제문제 전문가와 지역연구 전문가의 전문양성기관 설립 요구에 부응하려는 움직임이었다.[1] 김영삼 정부가 추진하던 '세계화' 정책의 일환으로 우리나라 대학에서 국제적 경쟁력을 갖춘 인재들을 길러낼 필요성이 있고, 국제사회에 대한 체계적 이해를 심화하고 동시에 정책 현장에서 활용할 수 있는 실무적인 지식과 이론 개발을 촉진하기 위한 노력이기도 했다. 국제 전문인력 양성을 위한 특성화 사업은 '국제 및 지역문제 전문가 양성, 다학문적 학제적 교육연구 체제 구축, 그리고 한국 연구의 세계화' 등을 목표로 진행

1 『서울대학교 국제대학원 20년사』, 서울: 서울대 국제대학원, 2017, 26쪽.

되었다.[2] 이러한 정책 목표의 실현은 서울대를 비롯하여 연세대, 고려대, 이화여대, 서강대, 경희대, 중앙대, 한양대와 한국외대에 국제대학원을 설립하는 것으로 구체화되었다. 대학별로 조금씩 이름을 달리해서 출발하였다. 서울대는 '국제지역원'이라는 명칭으로 출범하여, 처음부터 국제학과 지역학이 결합된 교육 및 연구 단위로 특징적인 자리매김을 하였다. 국제지역원의 효시도 '지역종합연구소'라는 조직을 기반으로 한 것에서 알 수 있듯이, 국제학과 지역학의 결합 필요성은 설립 당시부터 인식되었다고 할 수 있다. 이후 2003년 국제지역원은 국제대학원으로 이름을 바꾸어 서울대 전문대학원 체제에 편입된다.[3]

국제대학원은 이미 20년이 넘어선 조직으로서 사람으로 치면 성년의 나이를 지났다. 돌이켜보면, 국제대학원 설립을 논의하던 시절, 한국은 중층적으로 전환기적 상황에 놓여 있었다.

한국은 1994년 OECD에 가입하면서 경제 선진국의 반열에 들어섰다. 1997년 아시아 금융 위기를 맞으면서 선진국 진입이 무색하다는 평가가 나오기도 하였지만, 이른 시일 내에 금융 위기를 넘어서서 다시 발전의 기틀을 잡은 점도 특기할 만하다. 이러한 성장과 위기의 경험은 한국에서 국제화 또는 세계화에 대한 적응과 선도의 필요성, 영어를 기반으로 한 국제사회와의 적극적이고 밀접한 결합, 미국과 유럽은 물론 한국이 위치한 동아시아의 역동성과 구조적 특성에 대한 체계적 이해의 필요성을 더욱 높여주었다. 특히 1997년 아시아 금융 위기는 한국이 국

2 『매일경제』, 1996년 7월 20일.

3 『서울대학교 국제대학원 20년사』, 67~74쪽.

제통상 및 국제금융에 관한 보다 심도 있는 이해가 필요함을 뼈저리게 알려준 계기였다.

또한, 1992~1994년에 발발한 북핵 1차 위기가 제네바합의에 따른 경수로 건설을 통해 비핵화의 길로 인도할 수 있다고 기대했지만, 1997~1998년을 즈음하여 북핵 2차 위기로 발전하면서 북한 문제는 좀 더 다자적인 해결이 필요하다는 것을 자각하였다. 북한의 핵문제가 단지 남북한 간의 군사적 균형의 문제를 넘어서서 동북아의 평화와 글로벌 핵확산 체제에 직접적으로 연관된다는 사실을 실감하였다. 즉, 국가 안보가 국제 안보와 직결되어 있음을 알려준 것이다.

또한, 1990년대 말을 즈음하여 한국에 대한 이해가 보다 통시적이고, 공간적으로 확장된 형태로 전환되어야 할 필요성도 인지하게 되었다. 한국은 주로 조선시대나 구한말의 역사 또는 식민지 시대와 한국전쟁이라는 비극적인 사건을 통해 국제사회에 알려져 왔으나, 더 현대적인 의미에서 글로벌 한국학에 대한 조명이 이루어지기 시작하였다. 한국의 민주화와 경제 성장의 비밀은 물론, 사회적 역동성과 한류를 중심으로 한 문화의 연결성에 관한 이해가 심화하였다. 한국학 분야에서도 주로 한국 역사를 비판적으로 재구성하는 역사학적 접근법 중심에서 벗어나, 발전론적 경로 분석, 인구사회학적 접근, 문화론적 이해의 심화는 물론 지역학적 재발견이 이루어졌다. 내재적인 접근보다는 국제비교를 통한 글로벌한 한국 이해의 틀이 정착하기 시작한 것이다.

나아가 국제개발원조가 국가정책의 한 축으로 자리 잡기 시작한 것도 변화의 한 축이었다. 한국은 식민지 지배와 한국전쟁을 거치면서 국제사회의 원조 속에 나라의 첫발을 내디뎠다. 1950년대 미국으로부터 받은 원조는 17억 달러로서 당시 대한민국 정부 예산 절반에 가까운 수

치였다.[4] 한국 정부가 국제협력단KOICA을 설립한 것이 1991년임을 감안하면 한국이 국제개발원조로 국제사회에 대한 공헌을 본격적으로 구상하기 시작한 것은 1990년대 초반으로 여겨진다.[5] 이후 KOICA를 중심으로 한 국제개발원조 활동이 활발하게 전개되면서, 한국이 OECD 개발원조위원회Development Assitance Committee, DAC에 24번째 회원국으로 가입한 것이 2009년이고, 선진국의 원조를 받아 성장한 한국이 원조를 받는 나라에서 원조 공여국으로 당당하게 진입하게 되었다. 이와 때를 같이 하여 미주와 유럽을 중심으로 하던 선진국 중심의 시각을 넘어서서 동남아시아, 중남미, 서아시아와 중동, 그리고 아프리카 지역을 포괄하는 광범위한 지역에 관한 이해가 필요하다는 인식론적 전환이 국제협력과 국제지역학 분에에서 이루어졌다. 국제개발학이 국제대학원의 고유한 영역의 하나로 꾸준하게 성장하게 된 연유이다.

서울대학교 국제대학원은 이같은 흐름을 반영하여 국제안보·국제정치경제·국제법·국제개발을 포괄하는 '국제협력' 분야, 국제무역·국제금융·국제경영을 포함하는 '국제통상' 분야, 동아시아지역 연구를 중점으로 하면서도 미주지역과 유럽 연구 및 동남아와 중남미 지역을 연구대상으로 하는 '국제지역학' 분야, 한국의 역사·정치경제·사회문화의 역학을 현대적으로 재조명하는 '글로벌 한국학' 등 네 분야로 출범하여 현재에 이르고 있다.

일반대학원과 구분되는 전문대학원으로서 국제학·지역학의 위상

4 『연합뉴스』, 2020년 12월 9일.

5 한국국제협력단 홈페이지. https://www.koica.go.kr/koica_kr/852/subview.do. (2021. 2. 1. 검색)

을 어떻게 정착시킬 것인가는 국제대학원 소속원들의 오랜 성찰과 토론이 필요한 과제였다. 국제협력과 국제통상을 중심으로 한 '기능적 분야'와 국제지역학 및 한국학이라는 '지역적 특성'을 상호접합하는 방식을 통해 국제사회와 한국에 대한 이해를 확대하고 심화할 수 있다는 점에 대해서는 그다지 이견이 존재하지 않았다. 다만, 다른 인문학 및 사회과학 분야와 구별되는 정체성을 찾아내고 어떠한 방식으로 심화하여 나갈 것인가가 국제학·지역학의 장래를 가름하는 잣대였다.

필자의 견해로는 국제대학원에서 중점을 둔 차별화 전략은 크게 세 가지로 요약할 수 있다. 하나는 학제적inter-disciplinary 또는 다제적multi-disciplinary 연구방법을 실질적으로 정착시키는 것이다. 기본적으로 개별 연구자가 한 학문영역을 특화하는 것은 당연한 것이지만, 국제학을 학문 분야로 정착하려면 다학제적인 접근법이 필수적이라고 판단하였다. 한 문제를 여러 가지 시각과 관점에서 바라보는 훈련을 체계화하는 작업이기도 했다. 정치, 경제, 사회문화적 접근은 물론 역사적, 제도적, 법적인 접근을 접합함으로써 이슈 영역에 대한 '복안複眼적 이해'를 심화하는 것이 차세대의 균형된 국제감각을 기르는 데 효과적이라고 여겼다. 둘째, 학문적 이론의 접근과 현실에 대한 실무적, 정책적 이해를 동시에 습득하도록 하는 훈련이 핵심적이다. 특정 학문 분야의 이론적 분석에만 몰두하거나 현실 문제에 대한 무분별한 천착이 아니라, 현실 문제를 이론적인 시각에서 분석함과 동시에 이들 연구에서 도출되는 정책적 함의를 더 긴밀하게 연관하는 것이 국제학·지역학의 과제가 되었다. 정책적 과제와 관련한 현실 분석을 사회과학적 이론틀을 통해 검증하고 새로운 정책적 대안을 모색할 수 있는 분석적 기반을 마련하는 작업이 중요하였다. 이론적 관심에서 출발하든 정책적 관심에서 출발하든, 현실의 문제를 개선할 수 있는 '실천적 지식'의 함양을 도모하는 것이 국제학·지역학의 우선 과제였다. 다시 말해서, '이론과 현실의 정책적, 실천적 해석'에 방점이 있었다.

셋째, 국제사회와 한국을 연결하는 '전략적 접근법'의 숙성이다. 국제사회에 대한 이해는 국제공용어에 가까운 영어의 숙달이 필수 불가결한 요건이다. 번역이나 해설가의 도움이 없이 직접적으로 국제적 지식과 자료에 접근하고 해석하는 능력은 국제학·지역학 연구자들에게 선행적 조건에 해당한다. 국제대학원이 영어를 교육과 연구의 기본 언어로 설정한 연유이다. 그러나 국제사회를 바깥의 시각에서만 읽어내는 것은 한국적 현실과 동떨어진 이해로 연결될 수 있다. 국제사회를 한국의 입장에서 전략적으로 이해하는 훈련이 반드시 가미되어야 하는 이유이다. 따라서 국제대학원에서의 국제학과 지역학의 추구는 글로벌한 문제와 로컬한 현상을 유기적으로 연결할 줄 아는 '글로컬glocal'한 영역의 탐구를 통해 한국의 국가 전략과 연계하는 지혜가 요구된다. 국제학과 지역학 연구가 '전략연구strategic studies'와 밀접하게 맞닿아 있는 것은 결코 우연한 일이 아니다.[6]

6 미국의 싱크탱크 중에는 국제학 연구 분야와 전략연구를 연계한 곳이 많다. 가장 대표적인 예로 Center for Strategic and International Studies(CSIS)를 들 수 있다. 이러한 의미에서 국제대학원(Graduate School of International Studies, GSIS)는 국제 및 전략문제 대학원(Graduate School of Strategic and International Studies)으로 불러도 손색이 없다고 본다.

2. 국제학·지역학의 한국적 특성화

국제학·지역학 연구는 현실을 떠난 이념적 편견과 관념적 공상의 세계에 머물 수 없고, 한국의 국가 이익을 감안하지 않은 타자적, 제3자적 시각에 만족할 수 없다. 또한 이론적 분석과 경험적 검증을 거치치 않은 설익은 정책론에 대해서도 거부감을 가질 수 밖에 없다.

국제학과 지역학은 한국에서 독자적으로 발원한 것이 아니라, 미국 및 유럽 국가들이 제2차 세계대전 이후 발전시켜온 측면이 강하다. 국제문제에 대한 전문적 지식의 필요성과 세계적 쟁점의 전환, 지역 현안에 대한 체계적 이해의 필요성을 반영하여 많은 수의 전문대학원이 설립되었다. 미국 하버드대학의 케네디스쿨John F. Kennedy School of Government, 프린스턴대학의 우드로윌슨스쿨Woodrow Wilson School of Public and International Affairs, 컬럼비아대학의 SIPASchool of International and Public Affairs, 존스 홉킨스 대학의 SAISPaul Nitze School of Advanced International Studies, 터프츠대학의 플렛처스쿨Fletcher, The Graduate School of Global Affairs은 물론, 프랑스의 시앙스포SciencesPo, 싱가포르국립대학의 이광요공공정책대학원Lee Kuan Yew School of Public Policy, 도쿄대학의 공공정책대학원Graduate School of Public Policy, 베이징대학의 국제관계학원School of International Relations 등은 대표적인 예이다. 현재 세계의 국제문제 전문대학원들은 APSIAAssociation of Professional School of International Affairs라는 국제 조직을 구성하여 서로 운영 자문을 하면서 교육 및 연구 방향에 관해 매년 토론을 거듭하고 있다.[7]

---

7 APSIA에 대해서는, https://apsia.org/ (2021. 2. 1. 검색).

세계의 국제대학원들이 국제관계이론과 실무, 지역 현안과 정책이슈들에 대한 심화학습을 하는 점은 공통적이지만, 커리큘럼과 특성화 전략은 각 대학원에 달려 있다. 그렇다면, 한국적 특성을 반영한 국제학과 지역학의 추구는 어떤 방향성을 지향해야 하는가? 한국의 지정학적 geo-political, 지경학적geo-economic, 지기학적geo-technical 현실에 부합하는 방향으로 국제학과 지역학의 이슈들에 관한 학술적 연구를 천착시켜 나가는 것이 바람직하다. 적어도 다섯 가지의 교육 및 연구 지침이 필요하다는 것이 필자의 관점이다.

첫째, '민족주의와 국제주의의 균형'이다. 한국적 아젠다와 관심사를 우선하면서 민족적 자주·자존·자긍 등을 고양하는 노력은 필요하지만, 이것이 과도하게 '우리 민족끼리'라는 폐쇄적 민족주의에 함몰되지 않도록 하는 경계심을 유지해야 한다. 한국적이고 민족주의적 아젠다를 추구하면서도, 동시에 인류 보편적인 가치를 바탕으로 국제사회와의 협력을 통한 민족 통합, 국가안보, 지역발전 방식을 모색하는 것이 중요하다.

둘째, '자주와 개방의 균형'을 추구해야 한다. 한국의 지난 반세기를 돌아보면 개방적 국제질서를 활용하면서 성장해 왔다. 글로벌 생산·공급 네트워크 및 글로벌 기술복합 네트워크에 대한 적극적 참여야말로 한국의 발전과 성장의 기초였다. 한국의 기술 자립과 시장의 포용성을 함양해 가면서도 개방적 국제통상체제를 유지, 발전시키는 방안을 연구하는 자세가 필요하다.

셋째, '국제사회에 대한 이해의 심화와 한국적 국가 이해 실현의 균형적 발전'의 추구이다. 한국이 위치한 동아시아는 물론 전 세계 지역에 대한 깊이 있고 폭넓은 이해를 추구함과 동시에 한국이 국제사회에서 실현해나가야 할 가치와 이해에 대해 깊은 성찰을 지속해야 한다.

넷째, '시장 개척과 사회적 포용을 결합한 국제 개발의 균형점 모색'을 지속해야 한다. 한국은 빈곤 국가에서 선진국으로 성장하였고, 독재를 스스로 끌어내리고 민주국가를 만들었으며, 대외의존적인 국가에서 개발공여금 제공 국가로 탈바꿈한 국제적 모범 사례이다. 이러한 관점에서 한국의 경험을 국제사회와 공유하면서 국제사회에서의 동반 성장과 글로벌한 차원의 삶의 질 향상을 위한 국제 공헌 방식을 연구할 필요가 있다.

다섯째, '한국 사회에 대한 비판적 성찰과 국제 사회를 향한 발신의 균형'을 유지할 필요가 있다. 한국을 좀 더 글로벌한 시각에서 이해하는 것이 필수적이다. 국제사회에서의 경험을 거울 삼아 한국의 상황과 발전에 대한 비판적 성찰을 실행하는 동시에 한국의 역사, 사회문화, 경제, 정치외교를 보다 객관적이고 글로벌한 관점에서 국제사회에 알려나가는 교두보로서의 '글로벌 한국학'의 기초를 닦아 나갈 필요가 있다.

3. 한국의 현 주소와 국제학·지역학의 현황 및 과제

국제대학원이 국제학 및 지역학에 관한 전문대학원으로서 서울대학교의 주요 교육 단위를 구성한다면, 국제학과 지역학과 관련된 연구 기능을 수행하는 것이 국제대학원 산하의 '국제학연구소'라고 할 수 있다. 국제대학원이 교육의 날개를, 국제학연구소가 연구의 날개를 달아 균형 있게 비상하고자 하는 것이 서울대 국제대학원의 목표이다. 국제학연구소는 1989년 지역종합연구소를 모태로 만들어져서 2004년 국제학연구소라는 명칭으로 발족하였기 때문에, 2020년이 설립 16주년이었다. 2019년 당시 국제대학원 정종호 원장의 노력에 힘입어 SK에서 발전기금을 받아 국제학연구소를 새롭게 단장하고 재출범하는 계기로 삼았다.

이 책에 수록된 논문들은 국제학연구소가 2020년 새 단장과 재출범을 기념하면서 개최한 '2020 비전 선포식 및 기념 심포지움'에서 발표한 글들을 수정 보완하여 출간한 것이다. "한국의 현주소와 국제학 지역학의 심화"라는 주제로 개최된 동 심포지움은 한국이 국제사회에서 어떻게 자리매김하고 또한 이해되고 있는가를 평가하고, 국제학과 지역학의 현 상황을 성찰하면서 미래의 교육 및 연구과제를 도출해보고자 기획한 것이었다. 국제학과 국제지역학을 20여 년 가르치고, 연구해 오면서도 학문적 정체성과 미래의 발전방향을 체계적으로 논해보지 못했다는 자성감과 자기성찰이 이 책을 구성하게 된 직접적인 계기였다.

먼저 '국제사회에서 한국은 어디에 서 있는가Where Do We Stand Now?'에 대한 고찰을 우선해야 국제학 지역학의 현재를 조망할 수 있다고 보았다. 한국에 대한 현실적이고 객관적인 이해로부터 국제학과 지역학의 현재와 미래가 도출되기 때문이다. 한국은 통시적으로 볼 때 급속한 성장을 통해 새로운 가능성을 보여준 동시에 위기와 사회구조적 왜곡현상도 동시에 나타나고 있어 이를 객관적 자료를 통해 재조명해보고자 하였다. 책의 1부는 통시적 비교, 국가 간 비교, 그리고 국제연계의 비교를 통해 국제사회에서 한국의 현주소를 분석해보는 시도였다. 세 논문의 필자 모두에게 객관적 통계 자료를 통해 한국의 현재를 재해석해 달라고 의뢰하였다.

안재빈 교수는 한국이 GDP와 1인당 국민총생산으로 대표되는 실물 부문, 수출입액과 한국의 해외 투자·순외화자산의 증가 및 순공적개발원조액의 추이로 보여지는 대외 부문, 신용 공급 및 대출 연체율 등으로 본 금융 부문, 성별 노동 참여비율과 성별 고용률 등 고용 부문, 중등교육 이수자 비율 추이와 학생 교사 비율 추이 등으로 본 교육 부문, 특허출원 및 등록 수 추이와 정보 통신 자본 지수 추이로 살펴보는 기술 부문 등 다양한 부문에서 한국이 1960년 이후 눈부신 성장과 발전을 이루어냈음을 잘 보여주고 있다. 외환 위기에 취약한 금융구조, 실물 부문의 저성장 고착화 현상, 특히 고용률 증가 속도의 급격한 감소가 한국 사회의 취약성임을 밝히고 있다. 3차 산업의 노동생산성을 어떻게 향상시킬 것인가 하는 과제도 제시하고 있다. 또한, 수출 비중이 높아 대외 환경에 민감한 경제구조 상 글로벌 경제의 불확실성이 한국 경제의 위험요소의 하나임도 잘 지적하고 있다.

송지연 교수는 국제비교의 맥락에서 한국의 현재와 미래를 분석하였다. 1960년대 이후 급속한 산업화와 경제 발전을 통해 선진국에 진입하고 국민의 삶의 수준 향상도 가져왔지만, 2000년대 이후 고도성장기를 지난 국내외 환경에 대한 적응기를 경험하고 있다고 진단한다. 경제성장이 둔화하면서 저성장 기조에 접어드는 가운데, 구조적 사회인구학적 변화로 말미암아 인구 고령화로 인한 생산가능인구의 감소, 그리고 이에 수반하는 사회복지 지출의 증가로 국가 재정 안정성에 커다란 과제가 부과되고 있는 현실을 밝히고 있다. 특히, 보육 지출 확대에도 불구하고 저출산 문제 해결과 여성들의 노동시장 참여 증진이 해결의 실마리를 마련하지 못하는 정책과제를 잘 지적하고 있다.

오윤아 교수는 대외 경제, 인적 교류, 외교 안보 분야에서 국제적 연계가 어떻게 이루어지는가를 통해 한국의 국제적 위상을 재점검하였다. 오 교수는 경제 교류와 인적 교류 면에서 한국이 높은 수준의 세계화를 달성하고 있음을 보여주고, 수교 현황과 국제기구 가입, PKO 파병 등을 국제비교의 관점에서 보여줌으로써 국제사회에서 상당한 지위와 자원을 가지고 활동하고 있음을 밝혔다. 국제 연계의 확대와 심화를 통해 한국이 경제 성장, 국민의 삶의 질 향상과 더불어 국제적 지위의 향상에 성공하였음을 보여준다. 하지만 개방의 질적 수준의 제고 및 수출의 고부가가치화, 국제개발협력에서의 개발 효과성 증대는 물론 교육 및 해외 관광 분야에서도 고부가가치화 및 상대적 다변화 필요성을 제기하고 있다.

이 책의 제2부는 국제학과 지역학의 연구 아젠다의 발전과 미래 과제에 관해 중점적으로 논한다. 한국의 현주소를 바라본 상태에서 '왜 우리에게 국제학과 지역학이 필요한가Why Do We Need International and Area Studeis'에 대한 답을 구하고자 하였다.[8]

신성호 교수는 미중 경쟁 시대의 한국 국제안보연구 아젠다를 집중적으로 논하고 있다. 그는 국제안보 연구에 있어 탈냉전기로부터 1990년대까지 비전통 안보 연구가 주를 이루었고, 2000년대에는 테러리즘 연구가 주축이었다면, 2010년대에는 미중 패권 경쟁 연구와 산업기술 경쟁에 대한 연구로 이행하고 있음을 적실성 있게 지적하였다. 그런 가운데 21세기 한국의 안보 지형을 가름하는 세 가지 변화를 미중 간 패권 경쟁, 4차 산업혁명으로 인한 기술 혁명과 군사 혁신, 그리고 한미동맹

---

8 제2부에 실린 논문들은 심포지움에서 발표한 후 완성고를 국제학연구소가 발간하는 학술전문지인 『국제지역연구』에 게재한 바 있다. 동 저널 편집장의 양해를 얻어 단행본 출간에 활용했다는 점을 밝혀둔다.

의 근본적 변환을 들고 있다. 국제안보 분야에서 일어나고 있는 이러한 근본적인 변화 움직임에 대비하여 한국 안보 연구 분야에서 미국과 중국의 관점에서 한반도를 보려는 노력, 기술 경쟁과 군사 혁신 시대의 대응 전략 추구, 남북 군사적 대치와 북핵 문제를 포괄하는 한반도 안보 문제의 해결책에 관한 현실적 제시 등을 과제로 제시한다.

안덕근 교수는 국제경제나 국제무역을 넘어서는 독특한 전공 영역으로서의 국제통상의 등장이 다학제적 연관성과 실무적 필요성에 기반을 두고 이루어졌음을 먼저 지적하였다. 이어서 국제통상 전공은 학술 이론은 물론 정부의 통상정책 및 전략 수립에 직간접적인 적용성이 큰 주제나 영역을 연구함으로써 이론과 정책의 융합적 특성을 발전시키려 하고 있음을 밝혔다. 또한 국제통상 실무 영역이 무역·금융·투자·규범의 영역으로 확대되고 있음을 지적하면서, 국제통상 분야의 한국적 아젠다로서 다학제적 교육 및 연구체제 확립, 국제관계 및 국제협력에 대한 포괄적 이해, 지역 연구와의 연계 등을 제시하였다.

정종호 교수는 국제지역학의 한 분야인 동아시아 지역 연구, 특히 중국 지역 연구를 중심으로, 탈냉전기적 전개의 특징을 통해 지역 연구의 한국적 아젠다를 모색하였다. 그는 냉전 시기의 지역학이 미국의 헤게모니 수립과 유지라는 의도된 결과를 목적으로 하여 근대화론을 중심으로 전개되었음을 밝히면서, 특히 중국 연구에 있어서 전체주의 모델과 민주주의 체제로의 전환을 기대한 체제 전환 이론이 주를 이루었음을 지적한다. 이에 반해, 포스트 냉전기에 들어서서는 소련과 동구권 사회주의가 몰락하면서 중국의 자유민주주의로의 이행 가능성과 시민사회 개념을 중심으로 한 변혁 및 글로벌라이제이션 등 비교적 낙관적 이행론에 기반한 연구가 지배적이었음을 밝힌다. 그러나 9·11 이후 세계화의 부정적 측면과 문명 간의 충돌에 기반하여 진화적 권위주의의 경로나 공산당 지배의 내구력으로 연구 중점이 옮겨 갔다고 지적한다. 글로벌 경제 위기를 극복하는 중국의 적응력과 탄력성에 관한 연구 등도 중국의 새로운 가능성에 대한 분석이라고 본다. 이처럼 국제지역학의 연구주제가 국가 간 경쟁과 협력의 역학, 그리고 적응과 부적응의 순환속에서 연구 아젠다들이 재편되고 있음을 보여준다. 이런 논의의 바탕위에서 정 교수는 한국적 지역학의 과제로서 한국이 미들파워, 또는 더 나아가 세계적 일류국가로 부상하기 위한 발전 경험의 총체화가 필요하고, 동시에 아시아적 자민족 중심주의를 벗어나 우리에게 익숙한 것을 비판적으로 비교해보고 타지역의 낯선 것을 익숙한 것으로 이해하는 비판적 접근을 지속해야 한다고 강조한다.

박태균 교수는 세계의 한국학 연구 경향을 분석하면서 1990년대 이후 한국학의 연구 분야가 대중문화 현상, 북한의 현재, 젠더 소수자 등 새로운 연구주제, 동아시아적 관점의 개발 등 확대 지향적 아젠다 형성이 이루어지는 동시에 인문학에서 사회과학적 분석으로 다학제적 연구가 심화하고 있음을 밝힌다. 그러면서도 한국학 분야가 고민해야 할 부분은 세계적 인정을 받는 학자의 빈곤, 기초 토대 연구의 약화, 정부기관 개입의 증대, 한국과 외국 연구자들의 소통 결핍, 과거에 대한 성찰의 부족에 있다고 평가한다. 이런 바탕 위에서 한국학의 연구 과제로, 세계적 수준으로의 도약과 향상을 위한 역량 강화, 사회과학적 보편성과 특수성의 결합, 성찰적 접근의 도입, 국제적 공조의 고양 등을 제시하고 있다.

김태균 교수는 국제개발학 분야에서 국제학과 지역학이 공진화해야 할 필요성을 힘주어 강조하였다. 국제개발은 학문적 성격상 국제수준의 개발 담론과 개발 정책이 지역 수준의 개발 정책 및 집행 성과로 이루어져 있어 국제학과 지역학이 근본적으로 혼합되어 수용되었음을 밝히면서, 국제개발학이 이론적으로 그리고 정책적으로 학문적 기여를 제공하려면 국제학과 지역학의 상호보완적인 역할을 향상시켜야 한다고 주장한다. 양자의 상보적 결합이 부족할 경우 개발 협력의 책무성에 심각한 문제가 발생할 수 있음을 지적한다. 또한, 국제개발학이 협력국 중심과 공여국 중심 간에 변증법적으로 진화하여 포용적인 경제 성장과 지속가능한 사회 발전을 변증법적으로 통합하는 과정을 향해 나아가고 있다고 역설한다. 한국의 국제개발학은 태생적 환경의 영향으로 정부선도형, 문제해결형, 정부의존적 생태계가 형성되어 있음을 비판적으로 검토하면서, 국제학과 지역 전문성을 유기적으로 결합한 공진화라는 한국적 과제를 제시한다. 이 책의 제3부는 그렇다면 한국에서 '어떻게 국제학 지역학을 수행할 것인가How Do We Conduct International and Area Studies'라는 미래지향적 과제 도출을 모색한다. 국제대학원 중견 교수들이 집단지성collective wisdom을 끌어내고자 집중 토론으로 이루어진 대담 형식을 통해 이제까지 인식하지 못했거나 소홀했던 부분들에 대한 논의가 이루어졌다. 국제학의 발전을 위해 주목할 만한 지적들을 요약해 보면 다음과 같다.

이영섭 교수는 국제학과 지역학이 대립보다는 융합 관계이지만, 학문적 전공 분야와 지역 전문성 중 우선순위를 정하라면 학문적인 전공 분야를 구분한 바탕 위에서 지역적 특성을 살려야 함을 강조하였다. 은기수 교수는 21세기 국제학의 전공 분야를 국제이주와 국제보건 분야라는 미개척 분야를 추가하여 심화하여야 한다고 주장한다. 조영남 교수는 국제지역학을 수행함에 있어 항상 학문 분야와 정책연구의 긴장,

분과 학문과 지역 연구의 긴장, 한국적 관점과 세계적 관점의 긴장이 존재한다고 보고, 학문연구 중심을 통해 이론의 빈곤을 극복하고, 비교지역학적 고찰을 통한 분과 학문과의 접합, 동아시아적 관점의 도입이 중요함을 역설하였다. 정혁 교수는 지역학이 미시적 관점의 개별 행위 주체들에 관한 연구라면, 국제학은 행위 주체가 모였을 때 거시적인 관점에서의 동학의 형성을 연구하는 것으로 비유하였다. 그러면서 국제학과 지역학도 과학적인 접근을 취하는 것이 가장 중요하다고 결론 내리고 있다.

제 1 부
한국은 지금 어디에 서 있는가?

1장 한국이 걸어온 길, 그리고 나아갈 길: 찬란한 업적과 당면 도전 과제

안재빈(서울대학교 국제대학원)

본 장에서는 통시적 비교를 통해 한국 경제 및 사회 부문의 찬란한 업적을 실물·대외·금융·고용·교육·기술 부문으로 나누어 개괄적으로 살펴보고, 장기적 관점에서 주요 당면 도전 과제를 상정한 후 해결 방안 강구를 위한 서울대학교 국제학연구소의 역할을 소개하기로 한다.

Ⅰ. 통시적 비교로 본 한국 경제·사회의 발전상

주지하다시피, 한국은 지난 반세기 동안 경제, 사회 각 분야에서 눈부시게 찬란한 발전을 이룩하였다. 이는 단순히 수치적인 성장뿐만 아니라 질적인 성장까지도 아우른다.

먼저 실물경제 부문을 살펴보면 한국의 국내총생산GDP은 1960년도 이후 그야말로 기하급수적으로 성장하였다(그림 1-1 (a)). 1997~1998년 아시아 금융 위기Asian Financial Crisis와 2008~2009년 글로벌 금융 위기

[그림 1-1] 실물 부문 (a) 한국의 국내총생산(GDP) 추이

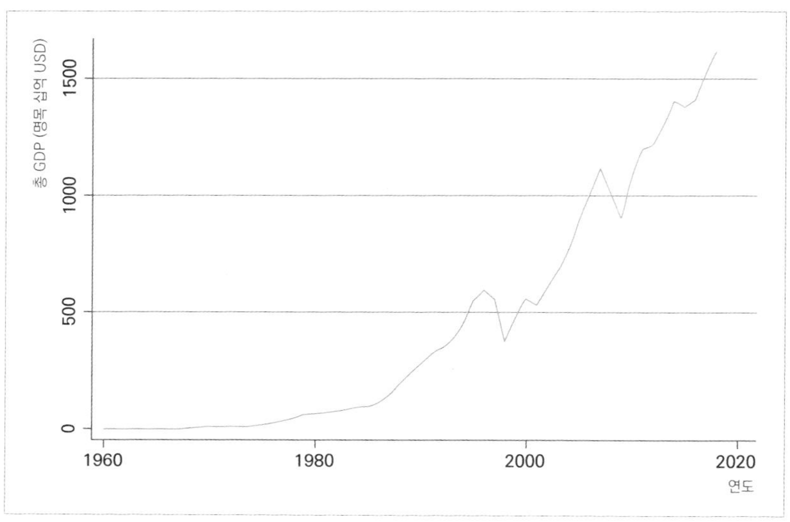

[그림 1-1] 실물 부문 (b) 한국의 1인당 국민총생산(GDP) 추이

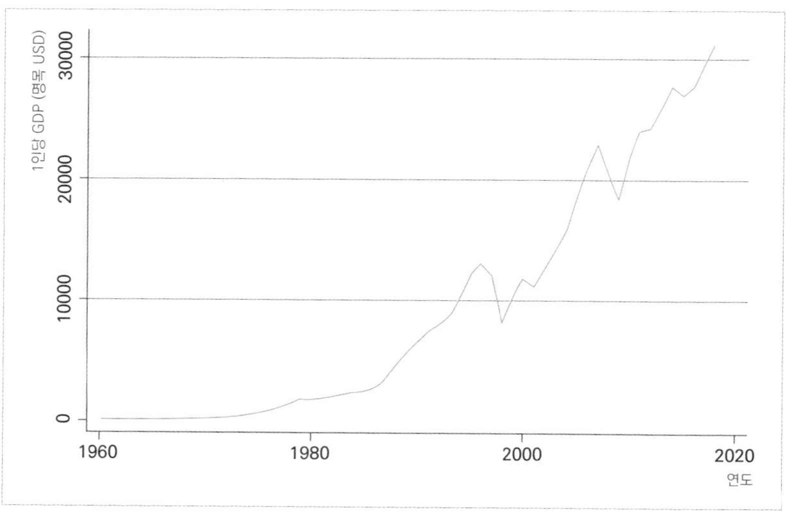

〈출처〉 World Development Indicator(WDI) 자료를 이용하여 저자 계산.

Global Financial Crisis 시기의 마이너스 성장의 경우에도 위기 이후 급속히 성장세를 회복하는 강한 회복력resilience을 보여주었다. 이러한 실물경제 부문의 성장이 단순히 베이비붐 세대 인구의 폭발적인 증가로 인한 규모의 성장에 기인한 것이 아니라는 것은 1인당 국내총생산 추이를 통해 확인할 수 있다(그림 1-1 (b)). 총 국내총생산과 거의 동일한 형태의 성장률을 기록해온 1인당 국내총생산 성장 추이는 한국의 경제 수준이 질적으로도 급속히 성장했음을 나타낸다.

이러한 실물경제의 고도성장은 발전 초기 단계에서 정부의 수입자유화 및 수출주도형 정책과 맞물려 진행되어온 한편, 성숙 단계에 이르러서는 수출경쟁력의 점진적 향상과 수입 수요의 꾸준한 증가로 이어지면서 한국은 대외 부문에서도 명실공히 세계 10대 무역국의 일원으로 당당히 자리하기에 이르렀다(그림 1-2 (a)). 단순한 교역량 증가를 넘어서, 세계화 및 글로벌가치사슬Global Value Chain 체계에 적극적으로 참여하면서 한국 기업의 해외 직접투자 규모 또한 급속한 성장을 이루게 되었고, 해외 기업의 한국 진출 또한 활발히 이루어지고 있다(그림 1-2 (b)).

1997~1998년 아시아 금융 위기 이후 지속해서 유지되어 온 경상수지 흑자가 축적되면서, 한국의 순대외자산net foreign asset 포지션 또한 크게 증가하는 추세이다(그림 1-3 (a)). 최근 몇 년간의 과도한 경상수지 흑자와 이에 따른 순대외자산의 급속한 증가는 국내 투자가 위축된 현실을 반영하는 측면도 일부 있지만, 과거 순채무국가에서 채권국가로 성공적으로 전환하는 과정에서 한국의 경쟁력 향상이 주된 구동력이었다는 사실에는 의심할 여지가 없다. 마찬가지로 공적개발원조Official Development Assistance 총액 추이를 통해서 국제사회에서 한껏 격상된 한국의 위상을 확인할 수 있다(그림 1-3 (b)). 지난 반세기 동안 원조 수원국에서

[그림 1-2] 대외 부문 (I) (a) 한국의 총 수출입액 추이

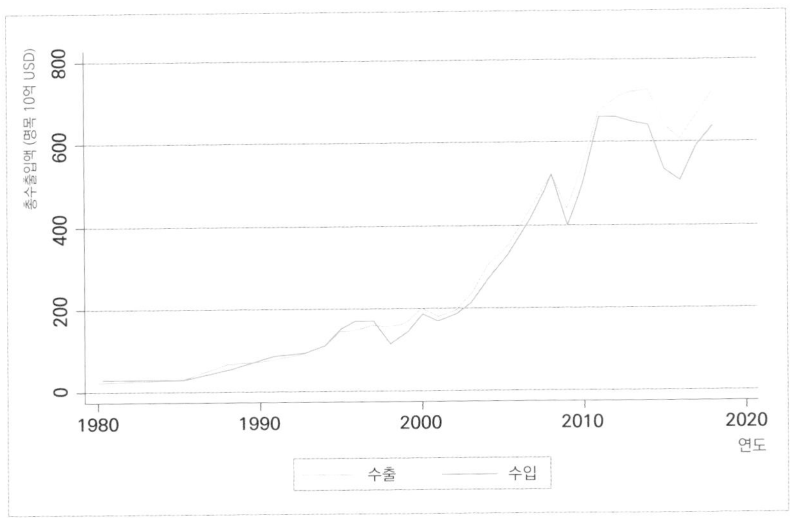

[그림 1-2] 대외 부문 (I) (b) 한국의 해외 직접투자 및 외국인 직접투자 추이

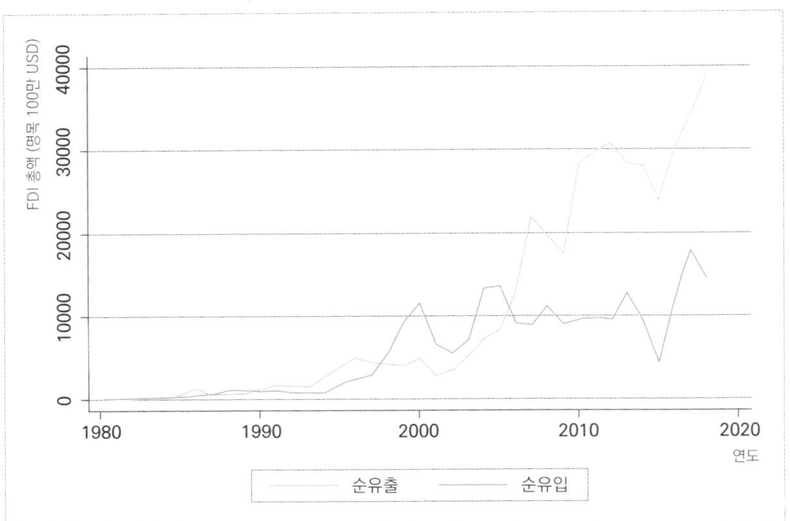

〈출처〉 World Development Indicator(WDI) 자료를 이용하여 저자 계산.

[그림 1-3] 대외 부문 (II) (a) 한국의 순외화자산 추이

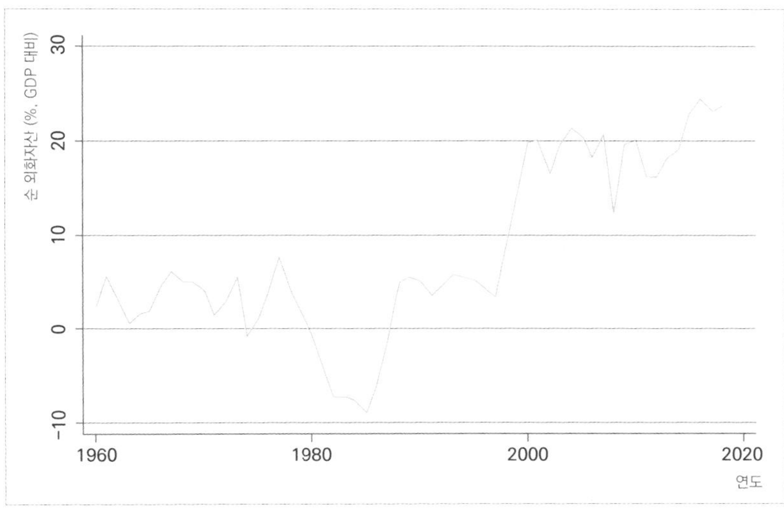

[그림 1-3] 대외 부문 (II) (b) 한국의 순공적개발원조액 추이

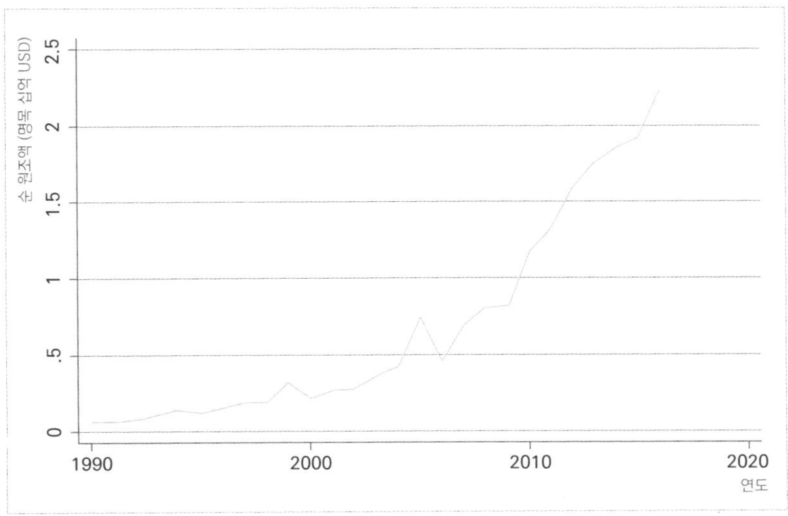

〈출처〉 World Development Indicator(WDI) 자료를 이용하여 저자 계산.

공여국으로 전환한 사례가 손에 꼽을 만큼 드물다는 사실에서 한국의 성장 업적을 가늠할 수 있을 뿐 아니라, 최근 가파르게 성장하는 총액 규모를 통해 국제개발협력 분야에서 나날이 커지는 한국의 역할을 짐작할 수 있다.

실물 및 대외 부문의 성장을 견인하는 한 축으로서 국내 금융 부문 또한 규모 면에서 급격한 성장을 이루었다. 특히 아시아 금융 위기 이후 금융산업 구조개혁과 함께 선진화한 금융 기법을 도입하면서 국내총생산대비 총신용공급액은 빠르게 증가하였다(그림 1-4 (a)). 최근 급격하게 증가한 기업 및 가계 신용은 앞으로 다가올지 모를 또 다른 금융 위기의 뇌관으로 지적받고 있어 지속적인 모니터링이 필요하긴 하지만, 지속적으로 감소하는 연체율 추이에서 보듯이 신용 공급의 양적 팽창이 질적 하락을 수반한 것으로 보기는 어렵고, 오히려 대출 심사 등의 과정에서의 기술적인 향상을 바탕으로 엄격한 거시건전성 정책의 테두리 안에서 진행되었음을 확인할 수 있다(그림 1-4 (b)).

한국 경제 각 부문의 전반적인 성장과 함께 고용 부문의 성장은 양적 팽창과 함께 포용성장inclusive growth이 성공적으로 이루어졌음을 극명하게 보여준다. 남성의 경우 노동 참여비율이나 고용률 등에서 지난 반세기에 걸쳐 큰 차이 없는 수준으로 유지된 것과 달리 여성의 노동 참여비율은 두 배 가까이 증가하였으며, 여성 고용률 또한 급속도로 증가한 사실에서 알 수 있듯이 여성의 사회 진출이 활발히 이루어지면서 여권이 크게 신장하였다(그림 1-5).

이와 함께 교육 부문의 질적 향상을 통해 인적 자본의 수준 또한 크게 향상되었다. 전통적으로 높은 한국의 교육열에 더해진 의무교육제도의 확대를 배경으로 지난 반세기에 걸쳐 중등교육 이수율이 남성은

[그림 1-4] 금융 부문 (a) 한국의 총 신용 공급 추이

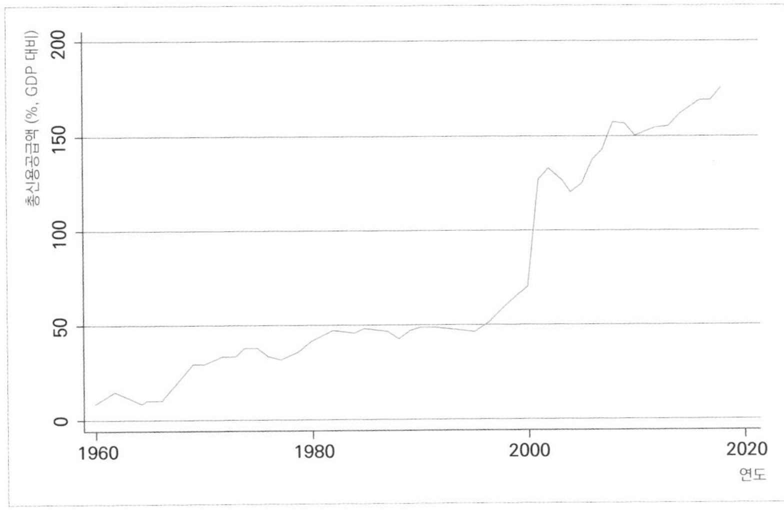

[그림 1-4] 금융 부문 (b) 한국의 대출 형태별 연체율 추이

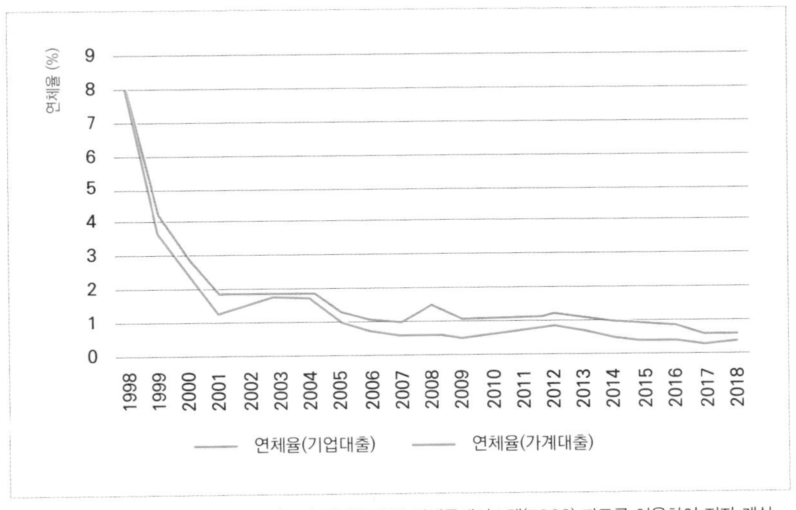

〈출처〉 World Development Indicator(WDI) 및 한국은행 경제통계시스템(ECOS) 자료를 이용하여 저자 계산.

[그림 1-5] 고용 부문 (a) 한국의 성별 노동 참여비율 추이

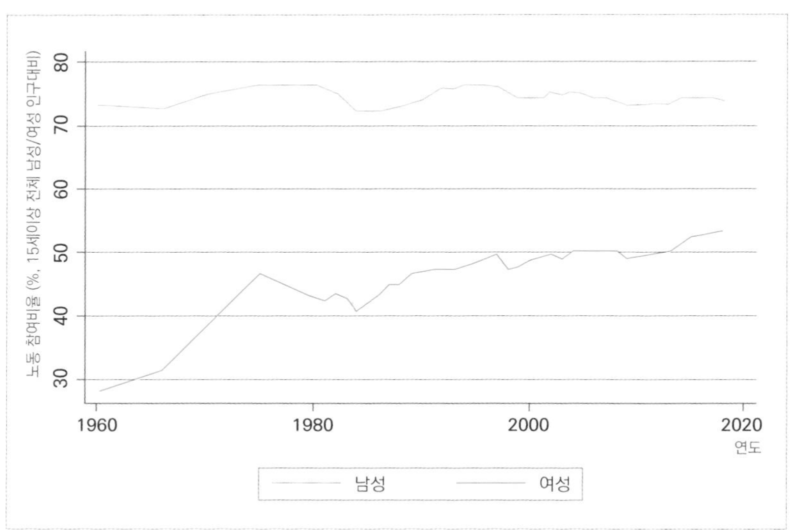

[그림 1-5] 고용 부문 (b) 한국의 성별 고용률 추이

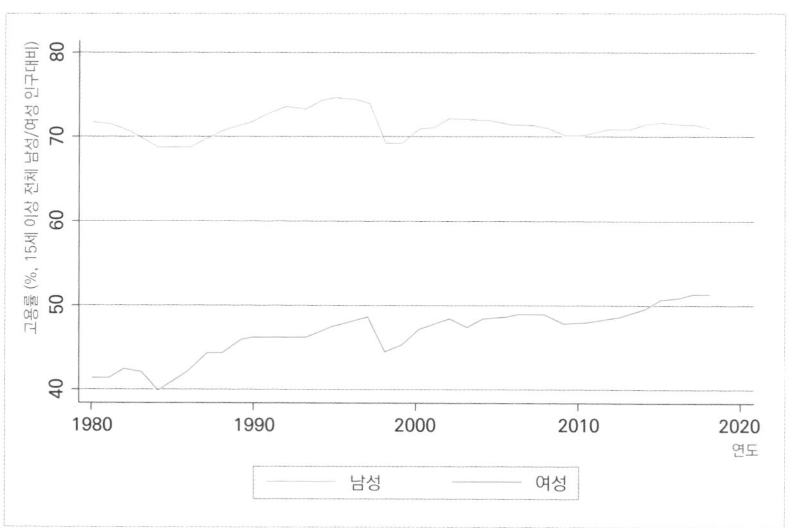

〈출처〉 World Development Indicator(WDI) 자료를 이용하여 저자 계산.

[그림 1-6] 교육 부문 (a) 한국의 성별 중등교육 이수자 비율 추이

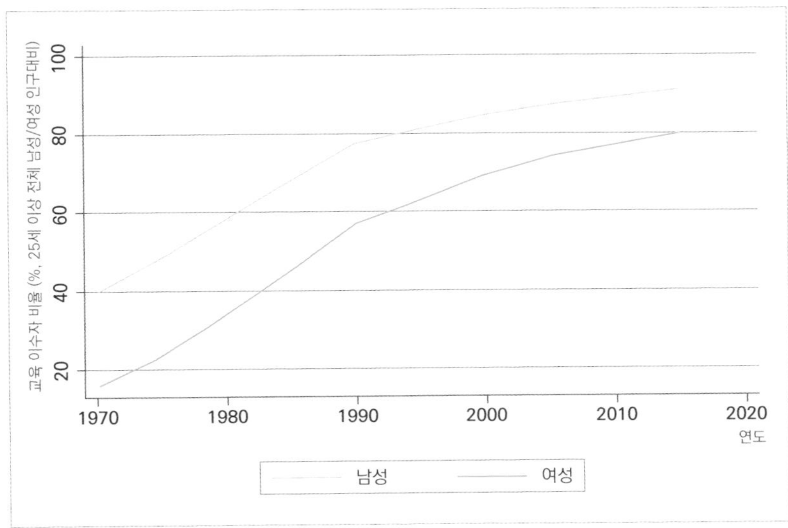

[그림 1-6] 교육 부문 (b) 한국의 초등학교 학생/교사 비율 추이

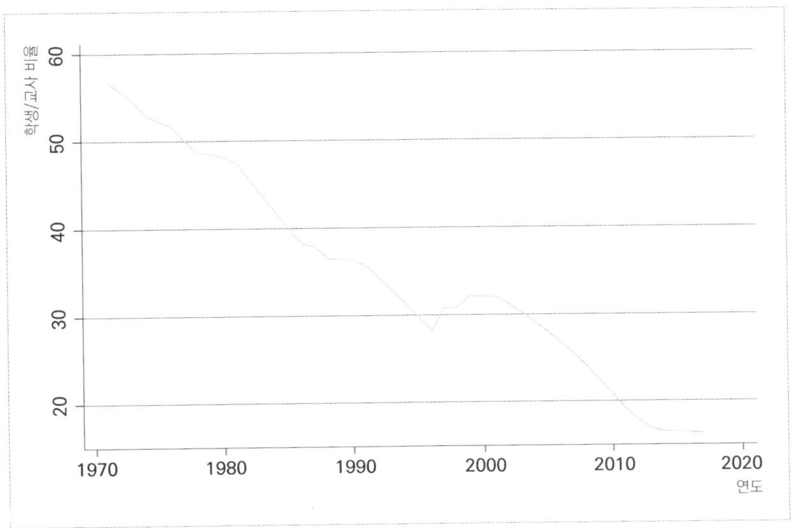

〈출처〉 World Development Indicator(WDI) 자료를 이용하여 저자 계산.

[그림 1-7] 기술 부문 (a) 한국의 특허 출원 및 등록 수 추이

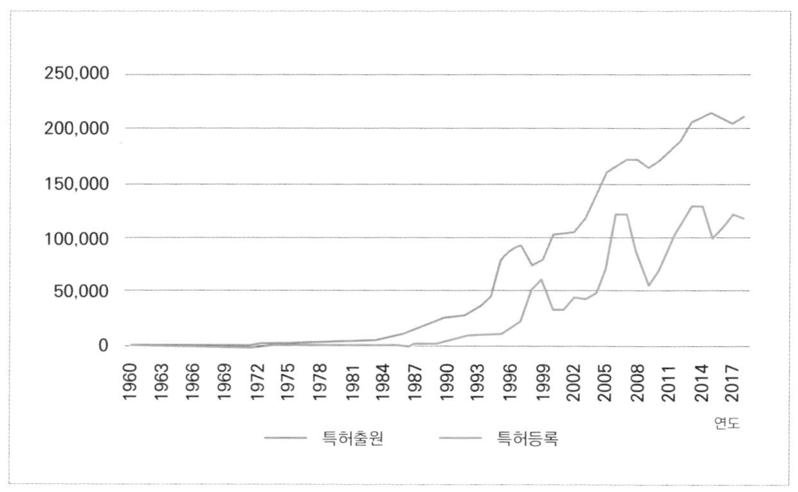

[그림 1-7] 기술 부문 (b) 한국의 정보통신 자본 지수 추이

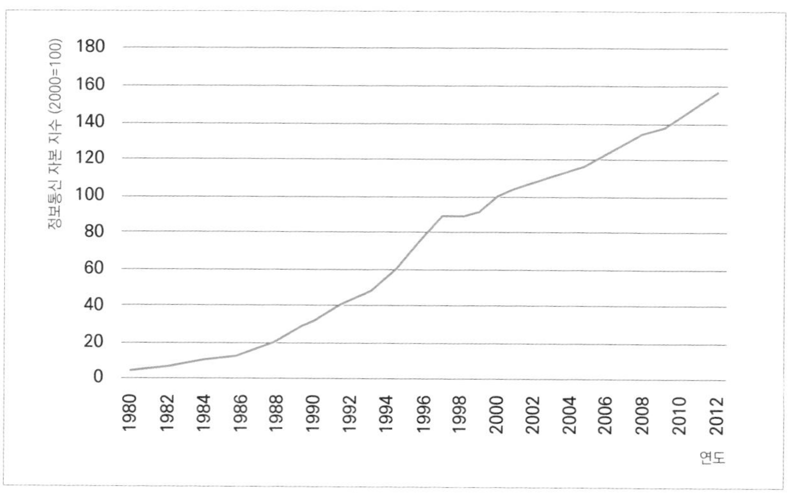

〈출처〉 통계청 및 Asia Klems 자료를 이용하여 저자 계산.

두 배 이상, 그리고 여성은 네 배 이상 증가하기에 이르렀다(그림 1-6 (a)). 같은 기간 초등학교 기준 학생/교사 비율은 획기적으로 감소하여 이제 한 학급의 정원이 20명 안팎인 환경에서 초등교육이 이루어지고 있다(그림 1-6 (b)). 인적자본 수준의 향상은 자연스럽게 기술 수준의 향상으로 이어지며 한국의 특허출원 수가 기하급수적으로 증가하였을 뿐 아니라 정보통신기술ICT 자본 또한 꾸준히 증가하는 등 여러 분야에서 세계 최고의 기술 보유국이 되었다(그림 1-7).

II. 한국의 주요 당면 도전 과제와 국제학연구소의 역할

앞에서 살펴본 지난 반세기에 걸친 눈부신 발전상을 뒤로하고, 이미 저성장 기조에 들어선 한국의 앞날에는 여러 경제·사회적 당면 도전 과제가 놓여 있다. 당장 코로나바이러스 국내 확산이 절정에 이르렀던 2020년 2월에는 외국 투자자들의 이탈로 주식시장의 패닉을 불러일으키고 환율이 급등하는 등, 또 다른 외환 위기의 가능성이 조심스레 점쳐진바 있다. 하지만 이와 같은 예측 불허의 큰 충격이 재발하여 장기간 지속하는 경우를 제외하고는 외환 위기의 가능성은 극히 낮은 것으로 평가된다.

일반적으로 외환 위기에 취약한 금융구조의 큰 특징 중 하나로 단기대외채무short-term external debt 비중을 들 수 있다. 외환 위기의 그림자가 드리울 때, 해외의 투자자들은 만기가 도래하는 단기자금의 상환을 연장하기보다는 회수함으로써 외환 수요가 급증하고, 이에 따라 환율이 급등하면서 외화표시채무부담이 더 커지는 과정에서 중앙은행이 보유한 외환보유고가 고갈되는 나선효과spiral effect는 외환 위기의 전형적인 형태이다. 실제로 1997~1998년 아시아 금융 위기 당시 한국의 총대외채무 중 단기대외채무가 절반 가까이 차지할 정도로 그 비중이 매우 높았던 것과 함께 이를 감당할 외환보유고가 낮은 수준을 유지하였던 사실이 외환 위기가 촉발된 배경에 자리하고 있다. 이를 교훈 삼아 한국의 정책 당국은 외환건전성 향상에 주의를 기울인 결과, 2007~2008년 글로벌 금융 위기 당시에도 다른 주변 국가에 비해 큰 타격 없이 지날 수 있었고, 최근까지 지속된 외환건전성 향상을 위한 노력은 크게 낮아진 단기대외채무 비중과 크게 높아진 외환보유액으로 요약되어, 외환 위기의 가능성은 매우 희박한 상황이다(그림 1-8).

반면 실물 부문의 저성장 고착화 현상은 한국 경제의 구조적인 도전과제를 여실하게 드러내고 있다. 김세직(2016)이 처음 발견한 대로, 한국 경제의 장기성장률은 5년마다 1%씩 감소하는 '5년 1% 하락의 법칙'을 따르면서 연평균 2% 이하의 저성장시대에 들어섰다(그림 1-9 (a)). 이러한 장기성장률 하락의 구조적인 요인을 분석하고자 김세직·안재빈(2020)은 산업구조 회계방식을 이용한 결과 지난 30여 년간 이어진 장기성장률 하락의 50%가량은 평균 노동생산성 증가 속도의 감소로 설명할 수 있으며, 약 35%는 산업구조 변화에 기인하였고, 나머지 약 5%는 고용률 증가율 하락에 따른 것으로 확인되었다(그림 1-9 (b)).[1]

이 중에서도 고용률 증가 속도의 감소는 현재 한국 사회가 직면한 급속한 고령화와 저출산, 그리고 청년실업률 증가 현상 등과 맞물려 향후

1 산업구조 회계 방식에 대한 간략한 설명은 본 장의 부록에 기술하였다.

[그림 1-8] 외환건전성과 금융 위기 가능성 (a) 한국의 만기별 대외채무액 추이

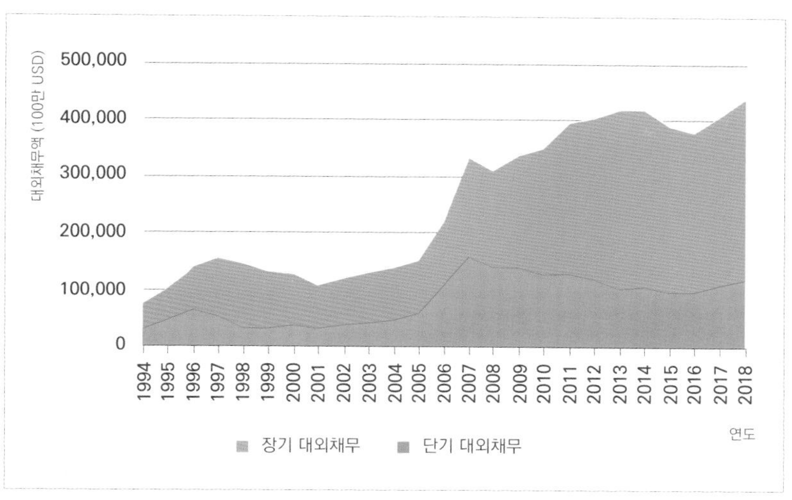

[그림 1-8] 외환건전성과 금융 위기 가능성 (b) 한국의 외화보유액 추이

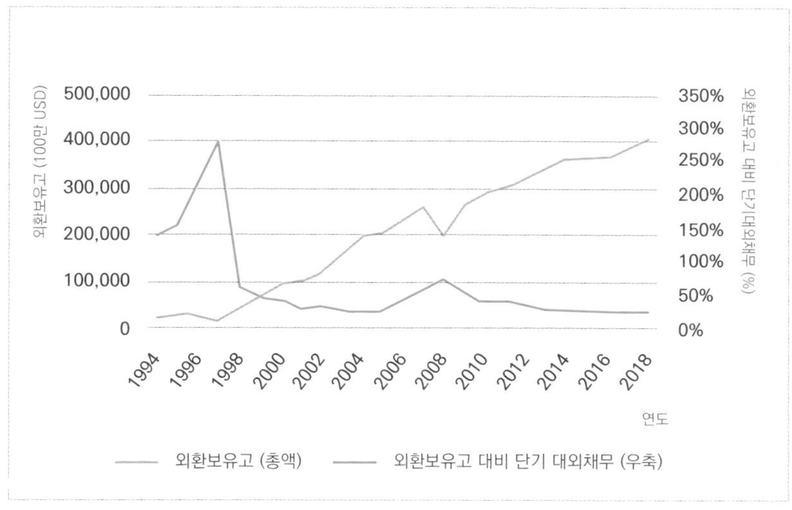

〈출처〉 한국은행 경제통계시스템(ECOS) 자료를 이용하여 저자 계산.

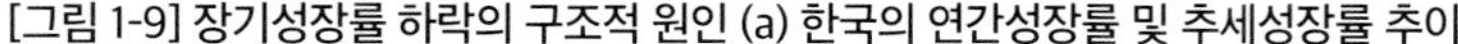

[그림 1-9] 장기성장률 하락의 구조적 원인 (a) 한국의 연간성장률 및 추세성장률 추이

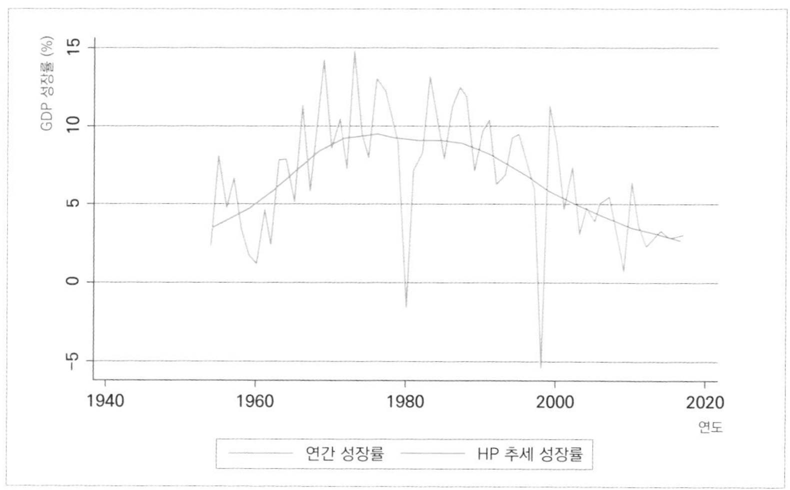

〈출처〉 김세직·안재빈(2020)에서 발췌; Penn World Table 9.1 자료를 이용하여 저자 계산; HP 추세 성장률: 연간 성장률 데이터를 바탕으로 Hodrick-Prescott Filter를 통해 추출해낸 추세성장률.

[그림 1-9] 장기성장률 하락의 구조적 원인 (b) 한국의 장기성장률 분해분석 결과

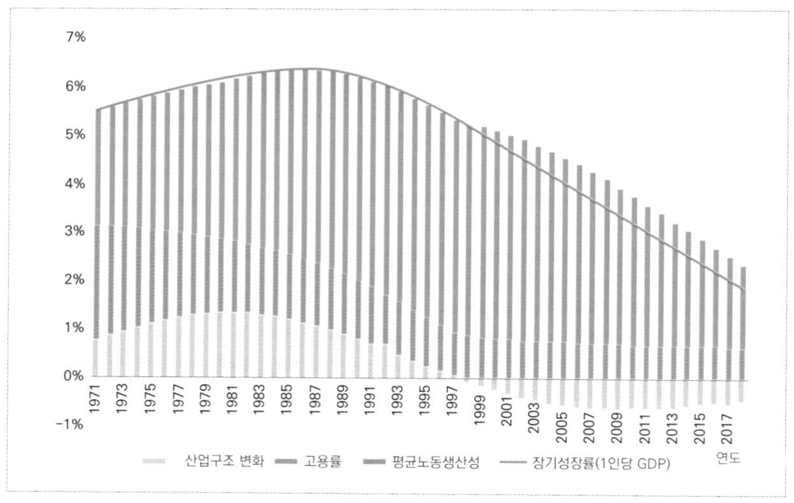

〈출처〉 김세직·안재빈(2020)에서 발췌; World Development Indicator(WDI) 및 Groningen Growth and Development Centre (GGDC) 자료를 이용하여 저자 계산; 모든 변수는 HP 필터링을 통해 추출된 추세부분을 이용.

지속해서 장기성장률을 저하시키는 원인이 될 것으로 예상된다(그림 1-10). 이런 상황에서 고령화, 저출산 등과 같은 구조적인 난관이 가져올 2차적인 피해를 최소화하는 방안에 대한 연구, 그리고 노동가능인구의 감소를 완화할 수 있는 이주노동자의 역할 등에 관한 연구에 국제학연구소의 국제이주와 포용사회센터가 기여할 여지가 매우 클 것으로 기대된다.

같은 맥락에서, 향후 장기성장률의 지속적인 하락을 방지하려면 평균 노동생산성 증가율의 반등과 함께 산업구조 변화에 의한 성장률 하락세의 반전이 절실하다. 이에 필요한 정책적 시사점을 도출하려면 일차적으로 산업구조 변화로 인한 성장률 하락세 현상을 이해해야 한다.

산업별 고용률 추이를 살펴보면, 지난 반세기에 걸쳐 이루어진 고도성장의 과정에서 1차 산업 고용인구가 급격히 감소하였고, 2차 산업 고용인구는 급격히 증가하다가 2000년대 이후로 조금씩 하락하고 있으며, 3차 산업 고용인구는 꾸준히 증가해왔음을 확인할 수 있다(그림 1-11 (a)). 한편, 산업별 노동생산성 추이를 살펴보면, 2차 산업의 노동생산성은 꾸준히 증가하는 반면 3차 산업의 노동생산성은 꾸준히 감소하고 있으며 2차 산업에 비해서도 상대적으로 낮은 수준을 보여준다(그림 1-11 (b)). 결국 산업 전 부문의 총 노동생산성은 고용률을 가중치로 한 각 산업 노동생산성의 가중평균임을 상기한다면, 상대적으로 낮은 노동생산성을 기록하고 있는 3차 산업의 가중치가 점차 증가하면서 전체 가중평균, 즉 총 노동생산성을 감소시키는 현상이 일어난다는 것을 확인할 수 있다. 결국, 다가오는 4차 산업혁명과 AI 시대를 맞이하여, 상대적으로 생산성이 높은 2차 산업의 고용을 최대한 확충하고 3차 산업의 노동생산성을 향상시키는 정책적 노력이 이루어질 때 비로소 산업

[그림 1-10] 고령화와 청년실업 (a) 한국의 인구구조: 2020 vs. 2060

[그림 1-10] 고령화와 청년실업 (b) 한국의 청년실업률

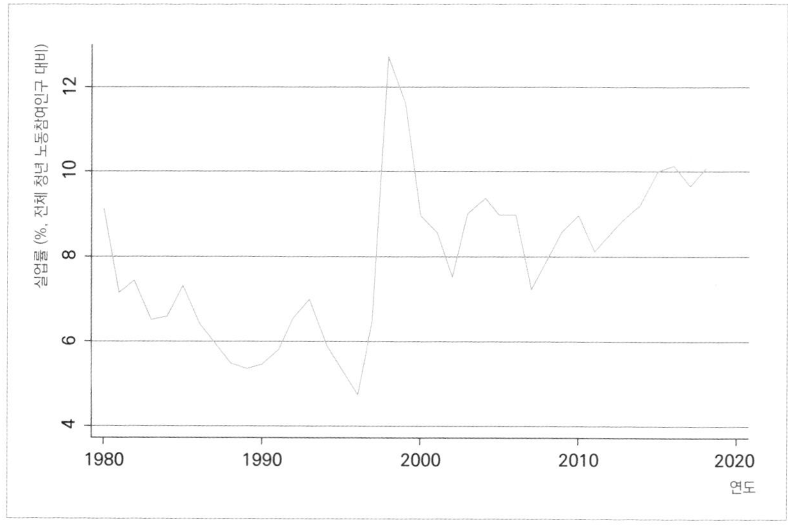

〈출처〉 통계청 및 World Development Indicator(WDI) 자료를 이용하여 저자 계산.

[그림 1-11] 산업구조 변화 (a) 한국의 산업별 고용률 추이

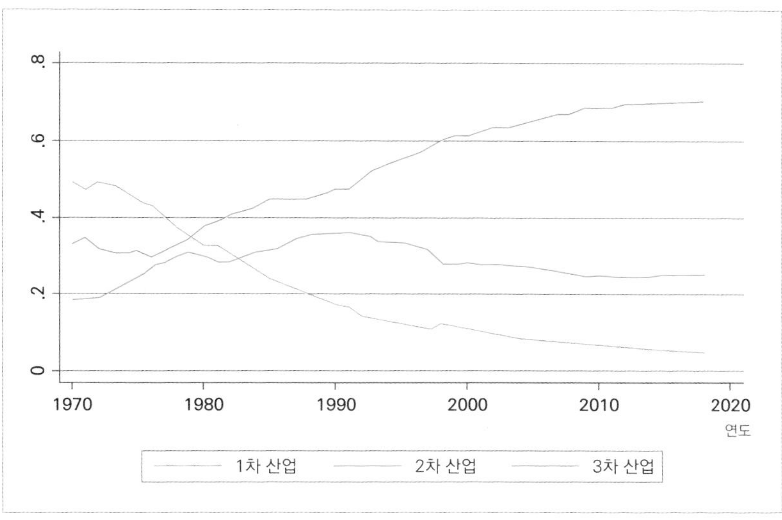

[그림 1-11] 산업구조 변화 (b) 한국의 산업별 노동생산성 추이

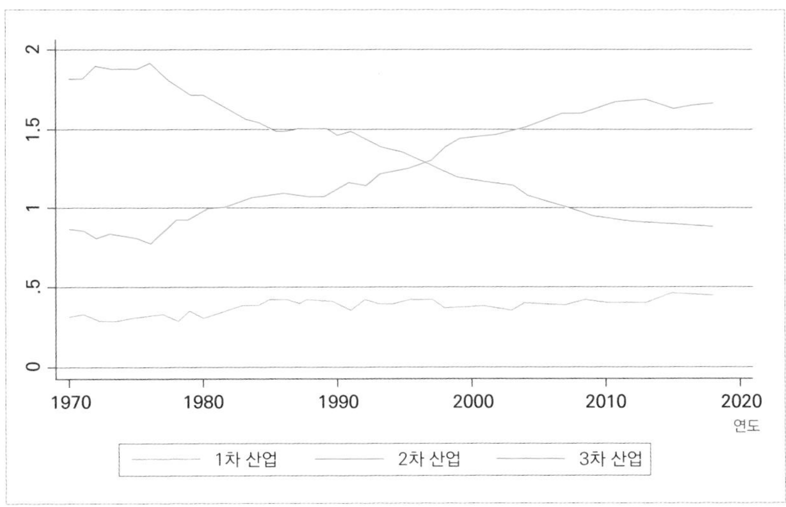

〈출처〉 World Development Indicator(WDI) 및 Groningen Growth and Development Centre(GGDC) 자료를 이용하여 저자 계산.

구조 변화에 의한 성장률 하락세를 막을 수 있을 것이다. 이를 위해 필요한 정책적 대응 방안은 국제학연구소의 국제개발연구센터 내의 경제성장모형 연구를 통해 활발히 제시할 수 있을 것으로 기대한다.

마지막으로, 수출 의존도가 높아 대외 환경에 민감한 경제구조의 특성상 최근의 미·중 무역전쟁에 의해 초래되고 전 세계적인 팬데믹 현상으로 인해 한층 심화한 글로벌 경제의 불확실성은 한국 경제의 가장 큰 위험요소 중의 하나로 자리 잡고 있다. 이러한 대외적인 환경하에서 일부 국가 및 품목에 극도로 편향된 한국의 교역구조는 우려를 증폭시킨다. 한국의 전체 수출에서 중국으로의 수출이 차지하는 비중은 지난 30여 년간 꾸준히 증가하여 현재는 30%를 육박하는 수준에 이르렀다. 중국이 세계 경제에서 차지하는 비중을 고려한다고 하더라도 이 수치 자체는 지나치게 높다. 전 세계 교역에서 중국으로의 수출이 차지하는 비중은 아직 10% 수치에 그치고 있다. 물론, 한국과 중국의 지리적 위치를 생각하면, 한국의 대중 수출이 전 세계 대중 수출 평균보다 높은 것은 당연하겠지만, 거꾸로 중국의 전체 수입에서 한국으로부터의 수입이 차지하는 비중은 10% 수준에서 정체되어 있다(그림 1-12 (a)). 즉, 중국의 대한 교역 의존도에 비해 한국의 대중 교역 의존도가 매우 높고 꾸준히 증가하고 있다는 사실은 잠재적인 불안요소가 되기에 충분하다. 수출품목별로 살펴봐도, 반도체를 비롯한 5~6개 품목이 전체 수출의 50% 가까이 차지할 정도로 소수 품목의 글로벌 경기 변동에 매우 취약한 구조를 여실히 드러내고 있다(그림 1-12 (b)). 이처럼 대외 환경에 취약한 한국의 통상구조의 새로운 패러다임을 제시하는 정책적 제언을 제공해줄 국제학연구소의 국제안보센터와 국제통상전략센터의 역할이 기대되는 한편, 국제협력연구센터, 그리고 각 지역학센터 동아시아

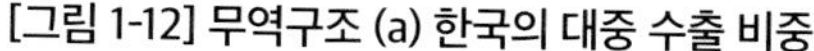

[그림 1-12] 무역구조 (a) 한국의 대중 수출 비중

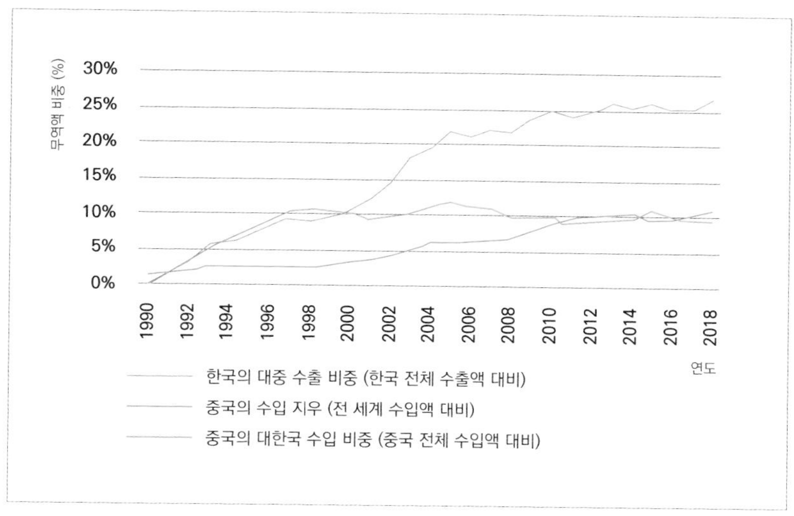

[그림 1-12] 무역구조 (a) 한국의 수출 품목 구성비

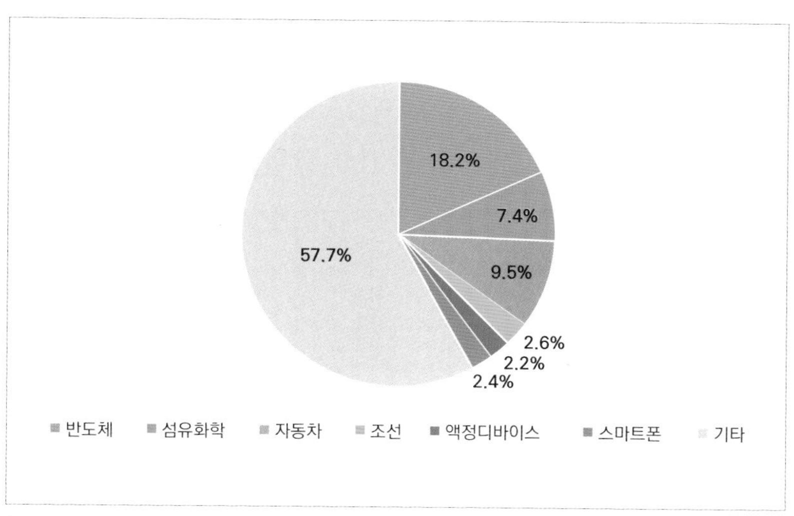

〈출처〉 UN Comtrade 및 IMF Direction of Trade 자료를 이용하여 저자 계산.

연구센터, 미주연구센터, 중국연구센터, EU 연구센터, 한국학센터와의 학제 간 연구를 통한 통상 다각화 실현 방안에 대한 연구가 매우 기대된다.

| 참고문헌 |

김세직. "한국경제: 성장위기와 구조개혁". 『경제논집』 55. 2016c. 1, 3~27쪽.

김세직·안재빈. "한국 거시경제 진단: 장기성장률 하락의 구조적 원인 분석 및 정책적 시사점". 한국경제학회 경제학 공동학술대회 전체회의 발표자료. 2020.

Ahn, JaeBin. "Accounting for Cross-Country Patterns of Structural Change and Economic Development". mimeo. 2019.

| 부 록 |

산업구조 회계방식 방법론 소개

- 1인당 국내총생산GDP per capita은 총노동생산성에 고용률을 곱한 것으로 정의되므로 다음과 같은 항등식identity 관계가 성립함.

$$\overbrace{\frac{GDP}{N}}^{1\text{인당 } GDP} = \overbrace{\frac{GDP}{L}}^{\text{총 노동생산성}} \times \overbrace{\frac{L}{N}}^{\text{고용률}}$$

- 한편, 총노동생산성은 각 산업별 노동생산성의 가중평균으로 정의되므로 총노동생산성은 산업별 평균 노동생산성 수준뿐만 아니라 산업별 고용률에 따른 가중치에 의해서도 결정된다는 사실에 입각해서, 다음과 같이 산업별 노동생산성의 단순평균 항과 공분산covariance 항으로 나누어 표현될 수 있음.

$$\overbrace{\frac{GDP}{L}}^{\text{노동생산성}} = \overbrace{\overline{\frac{GDP_s}{L_s}}}^{\text{단순평균 노동생산성}} \times \overbrace{\sum_s \left[\frac{GDP_s}{L_s} - \overline{\frac{GDP_s}{L_s}} \right] \frac{L_s}{L}}^{\text{공분산항}}$$

- 위에서 공분산covariance 항은 고용이 상대적으로 노동생산성이 높은 산업에서 주로 이루어지고 있는지를 측정하는 역할을 하는데, 단순평균 수준으로 정규화normalization 하는 과정을 통해 다음과 같이 고용의 효율적인 배분 정도를 평가하는 기틀이 되는 고유한 지표를 도출할 수 있게 됨 (Ahn, 2019).

$$Z=\frac{\sum_{s}\left[\frac{GDP_s}{L_s}-\overline{\frac{GDP_s}{L_s}}\right]\frac{L_s}{L}}{\overline{\frac{GDP_s}{L_s}}}$$

- 이렇게 도출된 지표의 경제적 의미를 좀 더 깊게 이해하기 위하여 위에서 표현된 1인당 국내총생산 항등식을 log함수로 치환하고, 정규화된 지표 Z를 대입하면, 다음과 같이 이 지표와 1인당 국내총생산 간에 1:1 관계가 성립함을 알 수 있음.

$$\ln\frac{GDP}{N}=\ln\overline{\frac{GDP_s}{L_s}}+\ln(1+Z)+\ln\frac{L}{N}$$

2장 한국은 세계 어디에 위치해 있는가?

비교적 맥락에서 살펴본 한국의 과거, 현재 그리고 미래

송지연(서울대학교 국제대학원)

I. 서론

한국은 1960년대 이후 급속한 산업화를 통한 경제 성장으로 세계 최빈국에서 선진국으로 진입하였고, 한국의 성공적인 발전 경험은 여러 개발도상국에 주요 참고 모델로 활용되었다. 이러한 눈부신 경제 성장과 민주화를 동시에 달성한 한국의 현재 모습은 어떠한가? 본 논문에서는 한국이 주요 선진국인 프랑스, 독일, 일본, 영국, 미국과 비교하여 세계 어디에 위치해 있는지 살펴보고 이를 통해서 한국의 과거, 현재 그리고 미래에 대한 전망을 제시하고자 한다.

논문의 구성은 다음과 같다. 두 번째 절에서는 한국 경제를 경제성장률과 실업률, 노동시장, 기업환경, 기술개발 및 투자라는 네 가지 측면에서 비교하고자 한다. 세 번째 절에서는 최근 심각하게 논의되고 있는 사회인구학적 변화로 발생하는 한국 사회의 다양한 문제 중에서 인구구조 변화, 생산가능인구 감소 시대의 노동력 확보, 사회복지정책 확대 등을 중점적으로 살펴본다. 네 번째 절에서는 일상생활에서 느끼는 사회문화적 변화를 중심으로 고등교육 확대, 삶의 질과 사회·심리적 불안, 성평등, 그리고 국내 체류 외국인 증가를 중심으로 분석한다. 결론 부분에서는 비교적 맥락에서 살펴본 한국의 과거와 현재에 대한 평가와 앞으로 한국이 나아갈 방향을 모색하고자 한다.

II. 한국 경제, 지금 어디에 와 있는가?

1. 경제성장률과 실업률

고도성장기 동안 한국은 두 자릿수의 경제성장률을 기록하였지만 1990년대 초반 이후 경제성장률은 한 자릿수로 들어서기 시작하였다. 특히 1997년 아시아 금융 위기와 2008년 세계 금융 위기를 경험하면서 경제성장률은 더욱 둔화하였고, 한국 경제 위기론이 계속해서 대두되고 있다. 그렇다면 과연 한국 경제는 위기에 처해 있는가? 〈그림 1〉에서 보여주듯이 한국의 경제성장률은 지난 20년간 점차 낮아졌고, 특히 2008년 세계 금융 위기 이후에는 이러한 경향이 더욱 고착화하였다. 그러나 비교적 맥락에서 살펴본다면 한국의 경제 상황이 아주 비관적이지는 않다. 한국은 2000년 이후 대부분의 기간에 G5 국가인 프랑스, 독일, 일본, 영국, 미국과 비교해서 상대적으로 높은 경제성장률을 보였다. 2018년 미국이 비교 대상 5개 국가 중에서 가장 높은 2.9% 경제성장률을 기록하였고, 한국은 그 뒤를 이어서 2.7% 경제성장률을 기록하였다.

[그림 1] 경제성장률

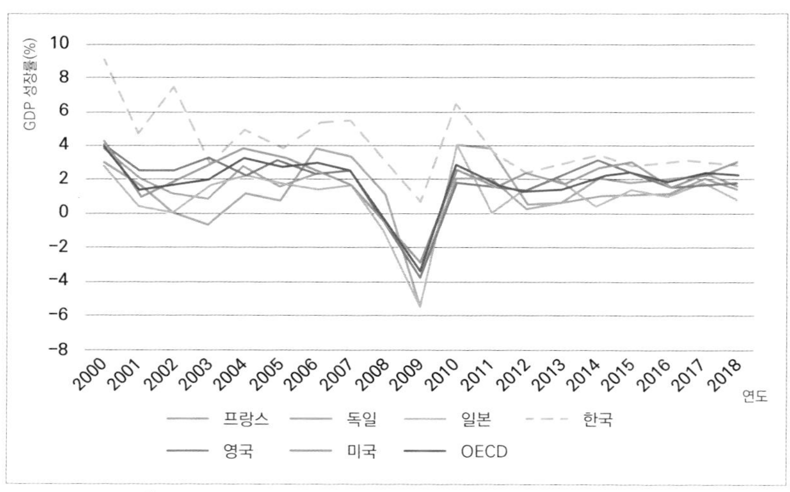

〈출처〉 World Bank [1]

[그림 2] 전체 실업률

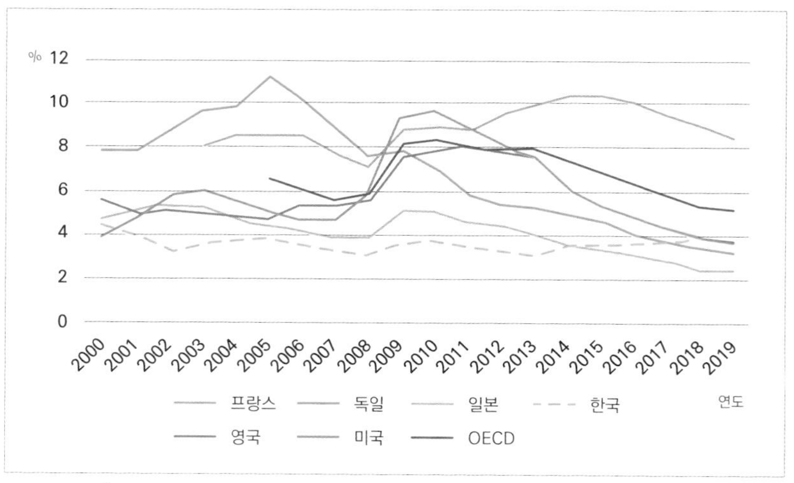

〈출처〉 OECD [2]

[그림 3] 청년실업률 (15-24세)

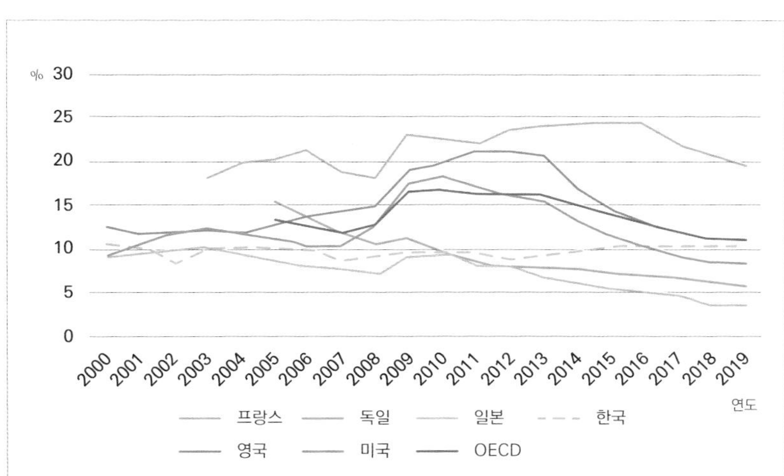

〈출처〉 OECD[3]

한국의 전체 실업률을 살펴보면 주요 선진국과 비교해서 상대적으로는 낮지만, 2013년 이후 이들 국가의 실업률은 감소하는 추세를 보이는 반면 한국의 경우는 오히려 조금 높아지는 경향을 보인다(그림 2). 실업률과 관련해서 우려스러운 현상은 한국의 15~24세 청년실업률이 지난 10년간 다른 국가와 비교해서 크게 나아지지 않고 있다는 점이다(그

1 World Bank, "GDP Growth (annual %)" (https://data.worldbank.org/indicator/NY.GDP.MKTP.KD.ZG, 2020. 5. 3. 검색).

2 OECD, "OECD Data, Unemployment" (https://data.oecd.org/unemp/unemployment-rate.htm#indicator-chart, 2020. 5. 3. 검색).

3 OECD, "OECD Data, Youth Unemployment" (https://data.oecd.org/unemp/youth-unemployment-rate.htm#indicator-chart, 2020. 5. 3. 검색).

림 3). 2019년 기준으로 한국의 청년실업률은 일본, 독일, 미국보다는 높고, 영국과 OECD 평균과 비슷한 수준이다. 이는 교육과 훈련을 마치고 노동시장에 진입하는 한국 청년층이 직면하고 있는 상황이 주요 선진국의 청년층과 비교해서 낙관적이지 못하다는 현실을 보여준다. 특히 경제성장률이 둔화되고 산업구조 전환 및 기술 변화로 가속화하는 노동시장의 구조적 변화 속에서 한국 청년층이 당면한 노동시장 진입 문제는 더욱 심각할 수 있다.

2. 노동시장: 노동생산성과 노동시간 비교를 중심으로

노동생산성 향상은 지속가능한 경제 성장을 달성하기 위한 필수 요건이지만, 한국의 노동생산성은 지난 20년 동안 일본과 함께 OECD 평균보다 낮은 수준이다(그림 4). 2018년 기준으로 미국이 1시간에 74.9달러를 생산하는 반면, 일본은 45.4달러, 한국은 40.8달러 생산에 머무르고 있다는 점은 양국 모두 노동생산성 향상을 위한 적극적 노력이 필요하다는 점을 보여준다. 특히 한국은 〈그림 5〉에서 보여주듯이 OECD 국가 중에서도 장시간 노동으로 잘 알려져 있다. 2018년 기준 한국 노동자들은 연평균 1,993 노동시간을 기록하였는데 OECD 연평균 1,734 노동시간보다 높고 OECD 국가 중에서 가장 짧은 노동시간을 가진 독일의 연평균 1,392시간에 비해서는 1.43배 긴 노동시간에 종사하고 있다. 이는 한국의 장시간 노동이 노동생산성 향상에 그다지 긍정적인 영향을 미치지 못한다고 볼 수 있다. 따라서 한국의 기업과 생산현장에서는 노동시간 연장보다는 효율적인 노동환경과 작업시스템 도입으로 노동생산성을 향상하는 과제를 해결해야 한다.

[그림 4] 노동생산성

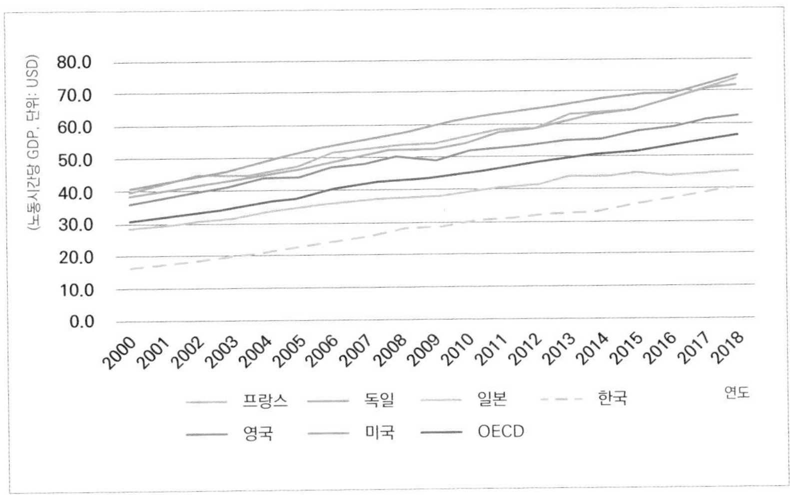

〈출처〉 OECD[4]

[그림 5] 연평균 노동시간 (2018년 기준)

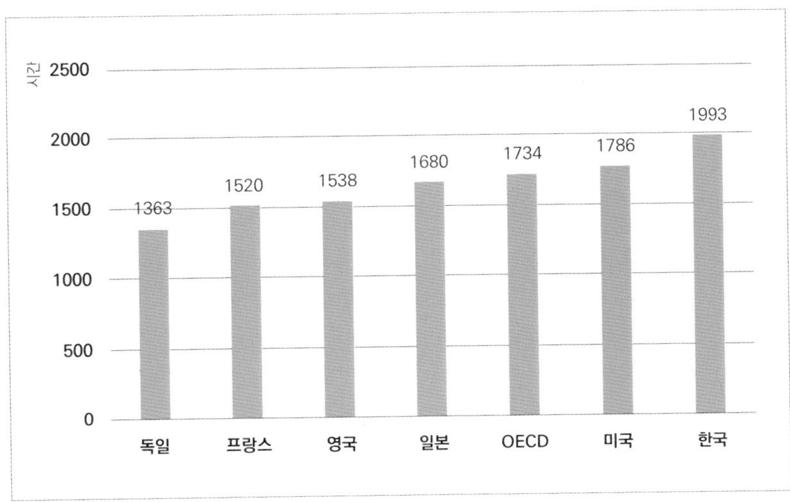

〈출처〉 OECD[5]

3. 기업 환경

여러 언론보도를 통한 한국의 기업 환경에 대한 평가는 부정적인 견해가 다수로, 이는 한국의 지속가능한 성장을 저해하는 주요 요인으로 언급된다. 그러나 이러한 언론보도와는 달리 한국의 기업 환경은 어느 측면을 살펴보느냐에 따라서 평가가 다르다. 첫째, 해당 국가 전문가와 사업가를 대상으로 하는 설문조사에 근거한 세계은행 "Ease of Doing Business Rankings" 자료에 따르면 한국의 기업 환경은 주요 선진국과 비교하더라도 상당히 좋은 수준이다(표 1). 전체적인 기업 환경 순위는 상위권이고, 특히 '전기 사용'과 '계약 준수' 항목에서는 최상위권을 기록하고 있다. 그러나 '사업 시작' 및 '신용과 자금에 대한 접근' 등은 다른 항목과 비교해서 중위권 순위인데 이는 향후 한국 정부가 기업환경 개선 정책을 추진할 때 적극적으로 반영할 수 있는 부분이라고 판단된다. 이러한 전반적인 기업 환경에 대한 긍정적인 평가에도 불구하고, 기업과 관련한 입법을 처리하는 정부의 효율성 측면에서 한국은 주요 선진국과 비교해서 낮은 순위이다(그림 6). 이는 정부가 기업 관련 법안을 처리하는 데 과도한 시간을 소요하거나 정부의 기업 활동에 대한 규제 수준이 여전히 높다는 현실을 반영하는 것이 아닌가 한다. 특히 2005년 이후 나타나고 있는 기업입법에 대한 정부의 효율성 순위 하락은 언론을 통해서 자주 보도되는 기업 환경에 대한 부정적인 견해를 뒷받침하

4 OECD, "OECD. Stat, Level of GDP per Capita and Productivity" (https://stats.oecd.org/Index.aspx?DataSetCode=PDB_LV#, 2020. 5. 3. 검색) 주: 측정기준 USD, current prices, current PPPs.

5 OECD, "OECD Data, Hours Worked" (https://data.oecd.org/emp/hours-worked.htm, 2020. 5. 3. 검색).

는 요소일 수도 있다. 따라서 향후 기업입법과 관련한 정부의 효율성 향상을 통해 기업 활동을 적극적으로 지원한다면 한국의 기업 환경에 대한 긍정적인 평가를 기대할 수 있을 것이다.

[표 1] 기업 환경 순위 (2020)

	전체 순위	사업 시작	건설 허가	전기 사용	재산 등록	신용/자금	소액주 주보호	세금 납부	해외 교역	예약 준수	파산 처리
한국	**5**	**33**	**12**	**2**	**40**	**67**	**25**	**21**	**36**	**2**	**11**
미국	6	55	24	64	39	4	36	25	39	17	2
영국	8	18	23	8	41	37	7	27	33	34	14
독일	22	125	30	5	76	48	61	46	42	13	4
일본	29	106	18	14	43	94	57	51	57	50	3
프랑스	32	37	52	17	99	104	45	61	1	16	26

〈출처〉 World Bank[6]

한국의 주요 기업들이 세계적 수준의 기업경쟁력을 바탕으로 사업 규모를 빠르게 확장하고 있는데, 『포춘』지 선정 500대 기업에 포함된 한국 기업 중에서는 삼성전자가 2019년 기준으로 15위를 기록하면서 가장 높은 순위에 위치해 있다. 〈표 2〉를 통해서 파악할 수 있듯이 중국 경제의 급속한 부상과 함께 나타나는 중국 기업의 빠른 성장 속도는 주목할 만하다. 2019년 기준으로 『포춘』 500대 기업 가운데서 중국 기업은 전체 20% 이상을 차지하고, 500대 기업 수 측면에서는 미국을 바짝 추격하여 2위에 랭크되어 있다.

6 World Bank, "Ease of Doing Business Rankings" (https://www.doingbusiness.org/en/rankings, 2020. 1. 23. 검색).

[그림 6] 기업입법에 대한 정부의 효율성 순위

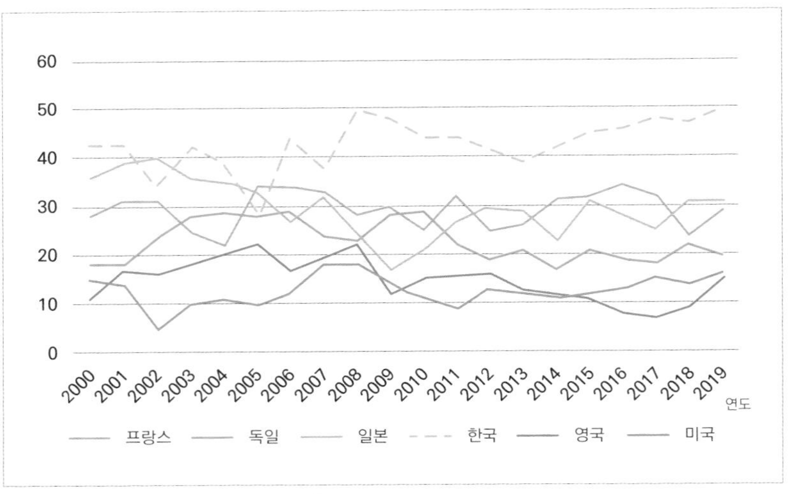

〈출처〉 IMD World Competitiveness Center[7]

[표 2] 주요 연도별 500대 기업 수

주요국가	2000	2005	2010	2015	2019
미국	175	174	139	128	121
중국	9	16	46	98	119
일본	107	81	71	54	52
프랑스	33	34	31	31	31
독일	34	35	34	28	29
영국	40	37	30	29	17
한국	**12**	**11**	**10**	**50**	**16**

〈출처〉 Fortune[8]

4. 기술개발 및 투자

한국은 지난 20년 동안 생산성 향상을 위한 주요 조건인 기술개발과 투자에 적극적이었는데, 〈그림 7〉에서 보여주듯이 2000년대 초반 이후 한국 R&D 지출 비중은 빠르게 증가하였다. 이는 한국 경제의 생산성 향상과 성장 동력 확보를 위한 좋은 신호라고 판단된다. 또한 한국은 미국 특허출원 건수가 많은 상위 5개국에 속하는데, 미국과 일본과 비교해서 여전히 큰 격차가 있지만 2015년에는 독일을 추월하여 3위를 차지하였다(그림 8). 이는 2000년대 초반 이후 한국 기업과 연구기관이 기술개발과 투자에 집중하고 있음을 보여주는 것이다. 노벨과학상 수상 여부가 해당 연구의 중요성을 판단하는 기준은 아니겠지만, 〈표 3〉에서 보여주듯이 노벨과학상 부문에서 한국 출신 수상자가 아직 나오지 못했다는 사실은 기초과학 연구에 대한 장기적이고 집중적인 관심과 투자가 필요하다는 의미이기도 하다.

---

7 IMD World Competitiveness Center, "Overall Competitiveness, Government Efficiency, Business Legislation"(https://worldcompetitiveness.imd.org, 2020. 5. 8. 검색).

8 Fortune, "Fortune Global 500" (https://fortune.com/global500, 2020. 1. 23. 검색).

[그림 7] R&D 지출

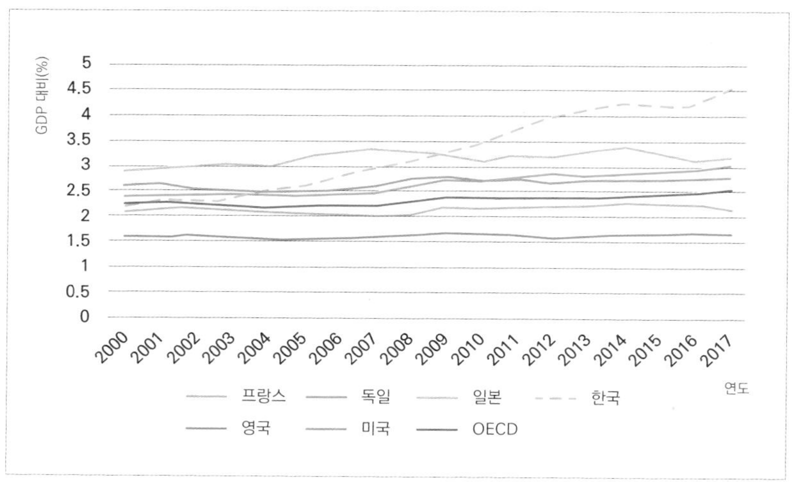

〈출처〉 World Bank[9]

[그림 8] 미국 특허출원

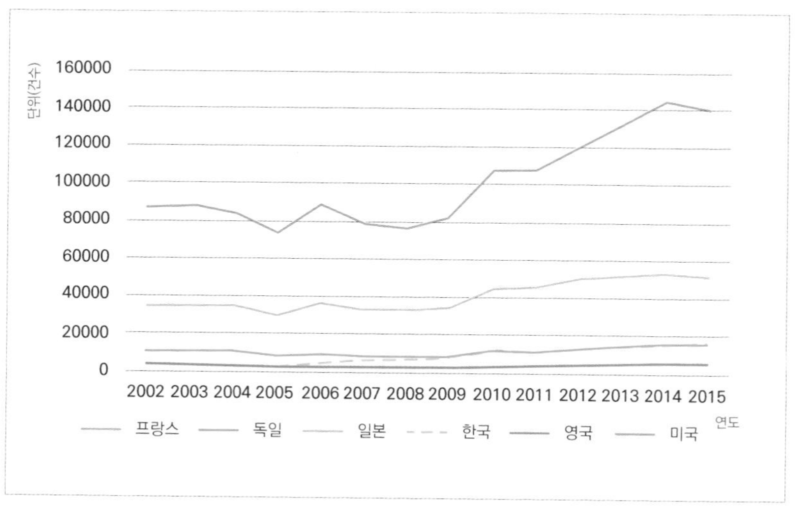

〈출처〉 US Patent and Trademark Office[10]

[표 3] 국가별 노벨과학상 수상자 현황 (2018년 기준 집계, 단위: 명)

국가	2000	2005	2010	2019
미국	94	69	104	267
중국	26	31	31	88
독일	24	29	17	70
프랑스	14	9	11	34
일본	11	7	5	23
한국	**0**	**0**	**0**	**0**
계	219	185	222	626

〈출처〉 차소영 외, 『노벨과학상 종합분석 보고서, 대전: 한국연구재단, 2019, 11~12쪽.

Ⅲ. 사회인구학적 변화는 한국을 어떻게 바꾸고 있는가?

이러한 국내외 경제환경 변화와 함께 한국을 비롯한 주요 선진국은 인구 고령화로 대표되는 급속한 인구구조 변화를 경험하고 있다. 이는 고령자 증가라는 단순한 인구학적 함의를 넘어서 사회 여러 부문에 어려운 도전 과제를 던지고 있다. 우선 인구 고령화는 경제와 생산시스템에 구조적 전환을 가져오는데 특히 15~64세 생산가능인구 감소는 경제활동을 위한 노동력 확보에 어려움을 가져온다. 또한 65세 이상 고령인구 증가는 연금과 건강보험 등 사회복지 지출 증가로 정부의 재정 부담

9 World Bank, "Research and Development Expenditure (% of GDP)," (https://data.worldbank.org/indicator/GB.XPD.RSDV.GD.ZS?view=chart, 2020. 5. 8. 검색).

10 US Patent and Trademark Office, "Patent Counts By Country, State, and Year - Utility Patents (December 2015)" (https://www.uspto.gov/web/offices/ac/ido/oeip/taf/cst_utl.htm, 2020. 5. 15. 검색).

을 가중시킨다. 물론 이러한 구조적 변화는 주요 선진국 역시 공통적으로 경험하는 현상이지만, 한국이 직면한 인구구조 변화의 속도를 고려한다면 그 심각성은 더욱 중대하다.

1. 인구구조 변화

현재 한국이 당면한 심각한 사회구조적 문제 중 하나는 급속한 인구 고령화이다. 1990년대까지 한국의 65세 이상 고령인구 비중은 주요 선진국에 비해서 낮은 편이었다. 그러나 2000년에 65세 이상 고령인구가 전체 인구의 7%를 넘어서는 고령화사회aging society로 접어든 이후 2018년에는 고령인구가 전체 인구의 14%를 넘어서는 고령사회aged society로 접어들었다. 이러한 추세대로라면 2025년에는 고령인구가 전체 인구의 20%를 넘어서는 초고령사회super aged society로 접어들 것이다. 더욱 염려스러운 상황은 급속한 인구 고령화가 지속된다면 2050년에는 한국 전체 인구의 38%가 65세 이상 고령인구로 구성되면서 일본을 제치고 세계 최고령 국가가 될 것이라는 전망이다(그림 9). 주요 선진국 역시 인구 고령화로 대표되는 사회인구학적 변화는 공통적으로 경험하는 문제이지만, 앞서 언급했듯이 한국은 급격한 인구구조 변화에 빠르게 대응해야 한다는 속도의 문제에 직면해 있다.

특히 국가 경제활동의 핵심인 15~64세 생산가능인구 비중 감소는 노동력 부족으로 인한 지속가능한 성장 저해와 생산성 하락을 가져올 수 있다. 〈그림 10〉을 통해서 알 수 있듯이 현재 세계 최고령 국가인 일본은 1990년대 초반 정점을 기록한 이후 생산가능인구 비중이 계속해서 줄어들고 있다. 한국은 일본과 약 15년의 시차를 두고 2016년 생산가능인구 비중이 정점에 다다른 이후 감소를 시작하였다.

[그림 9] 전체 인구 대비 65세 이상 고령인구 비중

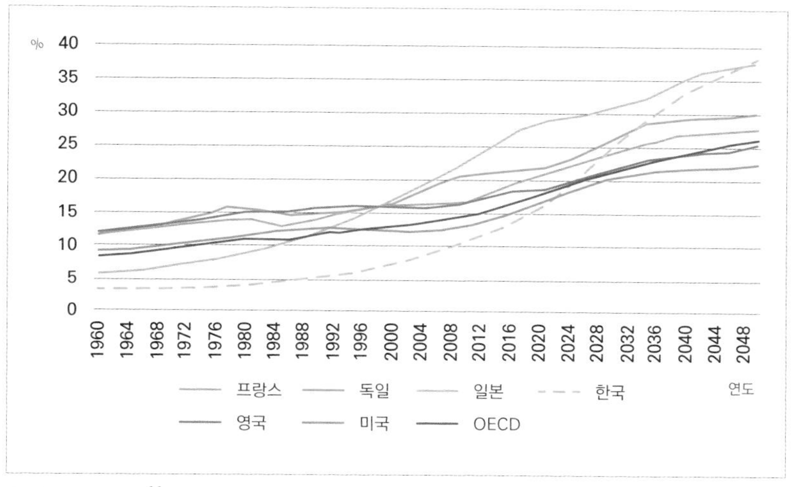

〈출처〉 World Bank[11]

[그림 10] 전체 인구 대비 생산가능인구 비중

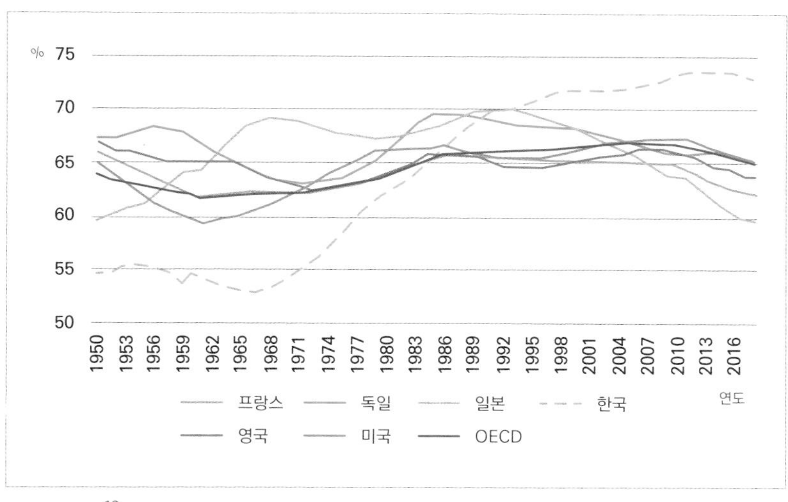

〈출처〉 OECD[12]

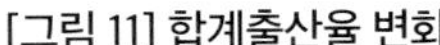

[그림 11] 합계출산율 변화

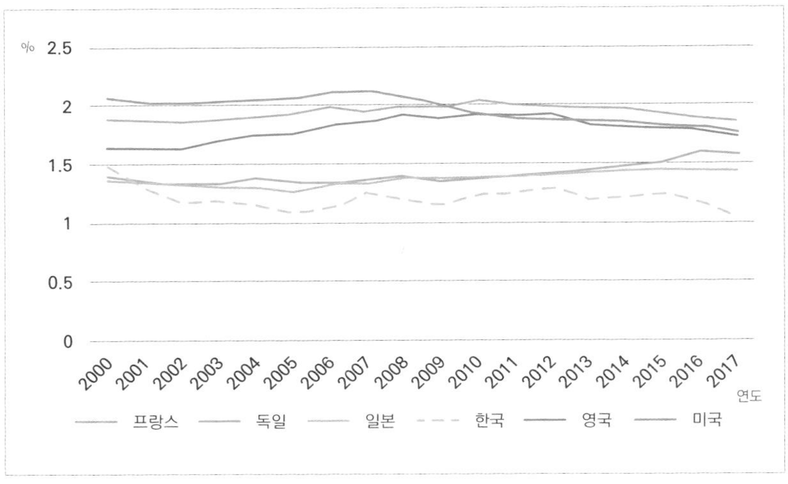

〈출처〉 OECD[13]

아래에서 다시 언급하겠지만 이는 생산 현장에 필요한 노동력 확보 측면에서 심각한 과제를 한국에 던지고 있다. 중장기적으로는 0~14세 유소년인구 비중 증가를 통한 노동력 확보를 목표로 할 수 있지만, 〈그림 11〉에서 보여주듯이 한국의 급격한 합계출산율 감소는 이러한

11 World Bank, "Population Projections and Estimates" (https://databank.worldbank.org/source/population-estimates-and-projections#, 2019년 9월 19일 업데이트 버전, 2020. 5. 8. 검색).

12 OECD, "OECD Data, Working Age Population" (https://data.oecd.org/pop/working-age-population.htm#indicator-chart, 2020. 5. 8. 검색).

13 OECD, "OECD Data, Fertility Rates" (https://data.oecd.org/pop/fertility-rates.htm, 2020. 5. 8. 검색).

시나리오가 현실화 될 수 있는 가능성을 더욱 낮추고 있다. 2018년 기준으로 한국의 합계출산율은 0.98을 기록하였는데 이는 한국이 직면한 인구구조 변화가 아주 심각한 수준임을 잘 보여준다.

2. 노동력 확보 전략

인구 고령화 시대에 충분한 노동력 확보가 주요 정책과제로 떠오르면서 한국을 비롯한 주요 선진국은 다양한 노동시장과 고용정책을 추진하고 있다. 우선 생산가능인구 비중이 감소하고 있는 상황에서 현재 노동시장에 적극적으로 참여하지 않는 대상을 적극적으로 활용하는 방안을 고려하고 있다. 〈그림 12〉에서 보여주듯이 2000년대 초반 이후 한국의 생산가능인구 노동시장 참가율은 꾸준히 증가하지만, 다른 국가들과 비교한다면 생산가능인구 노동시장 참가율은 10% 이상 낮은 편이다. 이러한 격차는 한국 정부가 인구 고령화 시대에 경제활동에 참여하는 노동력을 충분히 확보하려면 좀 더 적극적인 노동시장과 고용정책을 추진할 필요가 있다는 점을 환기시킨다. 한국 남성 노동자들은 일본, 독일, 영국 남성 노동자들과 비교해서는 낮은 수준이지만 지속적인 노동시장 참가율 증가를 보여준다는 측면에서는 노동력 확보를 위한 긍정적인 신호이다(그림 13). 그러나 한국 여성 노동자들은 주요 선진국 여성 노동자들과 비교해서 5~15% 정도 낮은 수준의 노동시장 참가율을 보여준다. 이러한 상황에서 한국 정부가 인구 고령화 시대에 직면한 노동력 확보 전략의 일환으로 여성 노동자의 적극적 노동시장 참여를 증진하는 방향으로 노동시장과 고용정책을 추진할 가능성이 크다(그림 14). 비교적 맥락에서 흥미로운 사실은 〈그림 15〉에서 보여주듯이 한국은 65세 이상 고령인구의 노동시장 참가율이 OECD국가 중에서 가장

[그림 12] 노동시장 참가율 (전체 인구, 15-64세)

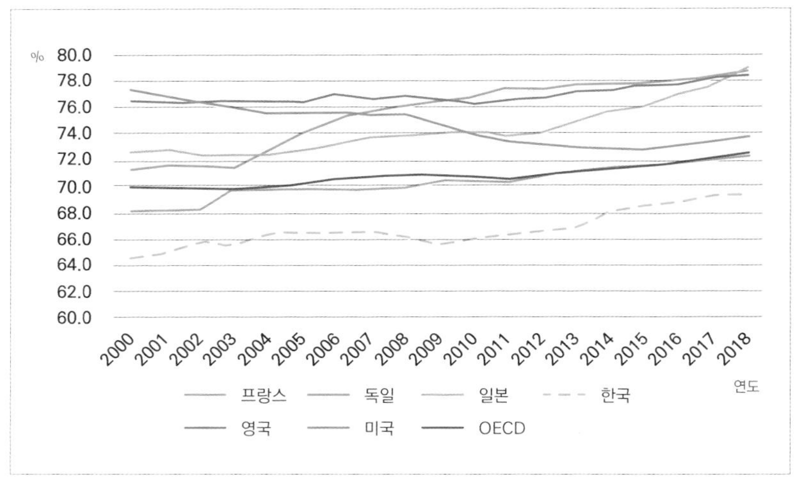

〈출처〉 OECD[14]

[그림 13] 노동시장 참가율 (남성, 15-64세)

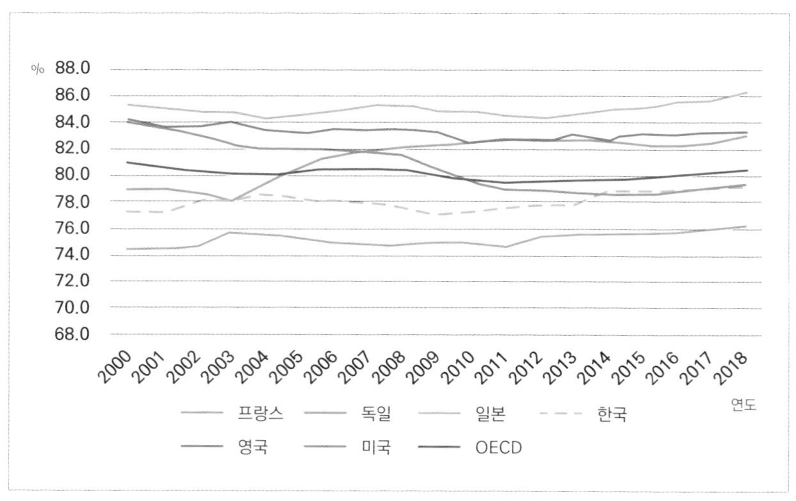

〈출처〉 OECD[15]

[그림 14] 노동시장 참가율 (여성, 15-64세)

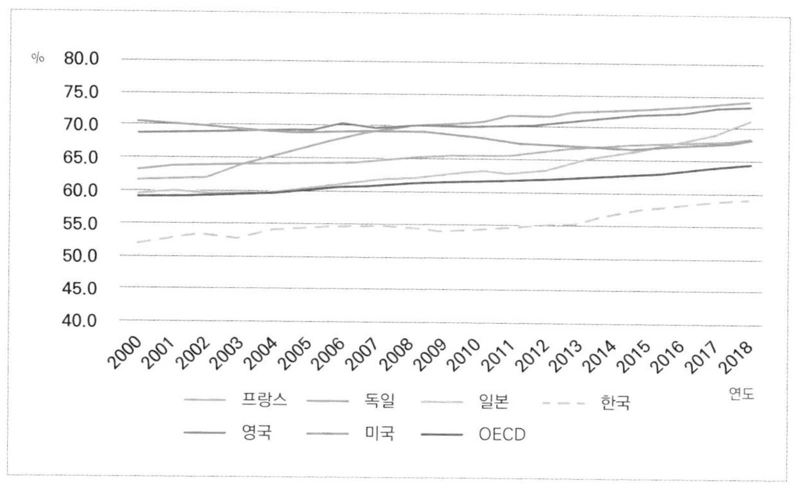

〈출처〉 OECD[16]

[그림 15] 노동시장 참가율 (전체, 65세 이상 고령인구)

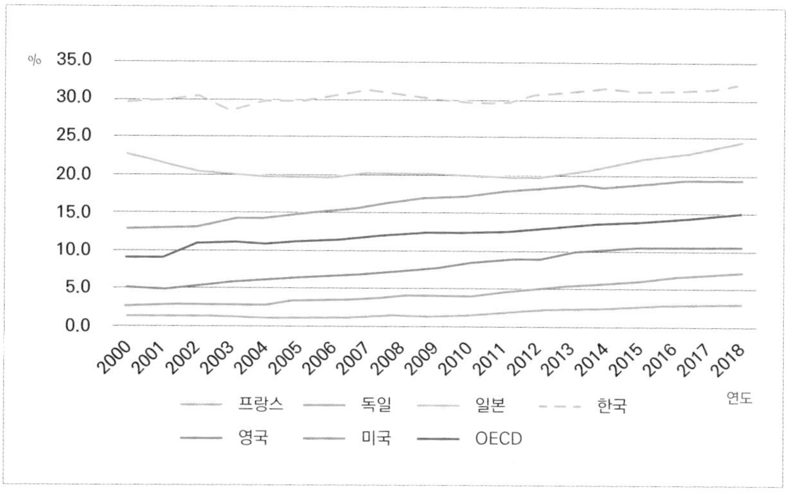

〈출처〉 OECD[17]

높은 수준이라는 점이다. 한국 65세 이상 고령자 세 명 중 한 명이 노동시장에 참여하고 이는데 이는 사회복지 지출 부문에서 언급할 한국 고령인구의 높은 경제적 불안정성과 관련이 있는 것으로 판단된다. 그리고 〈그림 16〉 남성 노동자 실제 은퇴 연령과 명목 은퇴 연령의 차이를 통해서 파악할 수 있듯이 한국의 고령자 대다수는 주요 선진국의 고령자들이 은퇴 이후 연금소득 등으로 안정적인 노후생활을 영위하는 것과는 달리 주요 일자리에서 은퇴한 이후에도 경제활동에 적극적으로 참여하고 있는 현실을 보여준다. 더욱 심각한 문제는 한국에서는 많은 수의 고령자가 노동시장에 참여하지만, 이들 대다수는 비정규직으로 대표되는 불안정한 저임금 일자리에 집중되어 있다는 점이다(송지연, 2019: 105~112).

3. 사회복지정책

인구 고령화는 증가하는 고령인구에 대한 사회복지비용 지출 확대를 가져오는데, 복지 재정의 지속가능성을 확보하고 안정적인 인구구조를 유지하기 위해 한국을 비롯한 주요 선진국은 합계출산율을 높이고 여성의 노동시장 참여를 지원하는 다양한 가족정책을 적극적으로

---

14 OECD, “OECD. Stat, Employment: Labor Force Participation Rate, by Sex and Age Group” (https://stats.oecd.org/index.aspx?queryid=54741, 2020. 5. 3. 검색).

15 OECD, “OECD. Stat, Employment: Labor Force Participation Rate, by Sex and Age Group” (https://stats.oecd.org/index.aspx?queryid=54741, 2020. 5. 3. 검색).

16 OECD, “OECD. Stat, Employment: Labor Force Participation Rate, by Sex and Age Group” (https://stats.oecd.org/index.aspx?queryid=54741, 2020. 5. 3. 검색).

17 OECD, “OECD. Stat, Employment: Labor Force Participation Rate, by Sex and Age Group” (https://stats.oecd.org/index.aspx?queryid=54741, 2020. 5. 3. 검색).

[그림 16] 남성 노동자 실제 은퇴 연령과 명목 은퇴 연령 차이 (2009-2014)

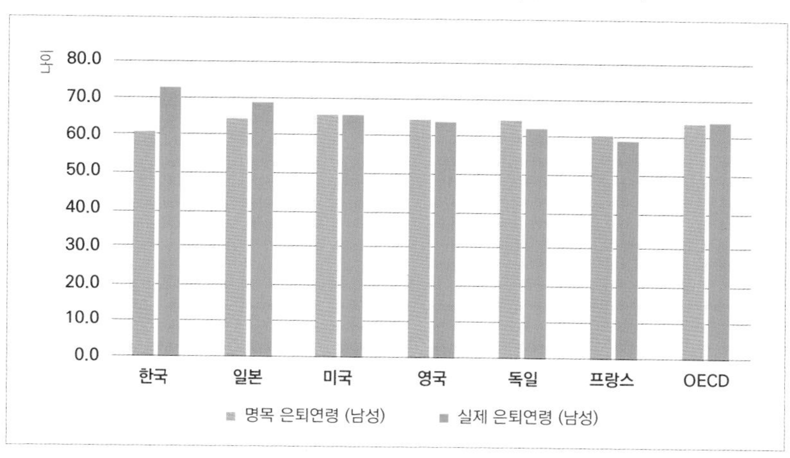

〈출처〉 OECD[18]

추진하였다. 우선 사회인구학적 변화에 직면한 정부의 재정 상태를 살펴본다면, 일본이 가장 높은 수준의 중앙정부 부채비율을 가지고 있다(그림 17). 이는 1990년대 초반 거품경제 붕괴 이후 지속되고 있는 일본의 장기 불황과 고령인구 증가로 인한 연금과 의료보험 등의 사회복지비용 증가에 기인한 것으로 파악된다. 한국은 아직까지는 상대적으로 건전한 정부재정 상태를 보이고 있지만, 앞서 언급했듯이 급속한 인구 고령화가 가져올 사회복지비용 지출 증가는 장기적으로는 정부재

18 OECD, "Ageing and Employment Policies-Statistics on Average Effective Age of Retirement: Download the Average Effective Age of Retirement versus the Normal Age in 2014 in OECD Countries" (https://www.oecd.org/els/emp/ageingandemploymentpolicies-statisticsonaverageeffectiveageofretirement.htm, 2019. 8. 28. 검색).

[그림 17] 중앙정부의 GDP 대비 부채비율

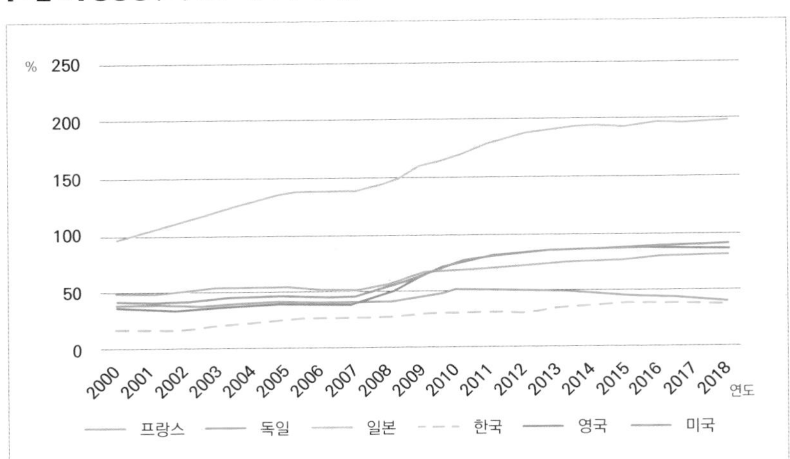

〈출처〉 IMF[19]

정 안정에 커다란 위협이 될 수도 있다. 한국 공공부문의 사회복지 지출을 살펴본다면 지난 20년 동안 완만하게 증가하였지만, 주요 선진국에 비해서 아직 낮은 수준이다(그림 18).

하지만 한국이 주요 선진국과 비교해서 염려스러운 부분은 〈그림 19〉에서 보여주듯이 한국 고령자의 상대적 빈곤율이 전체 인구대비 상당히 높은 수준이고 OECD 평균과 비교한다면 4배 정도 높다는 점에서 한국 고령자의 경제적 빈곤문제가 심각하다는 것이다. 또한 한국 공적

19 IMF, "Central Government Debt: Percent of GDP"(https://www.imf.org/external/datamapper/CG_DEBT_GDP@GDD/CHN/FRA/DEU/ITA/JPN/GBR/USA, 2020. 1. 23. 검색).

[그림 18] 사회복지 지출, 공공 부문

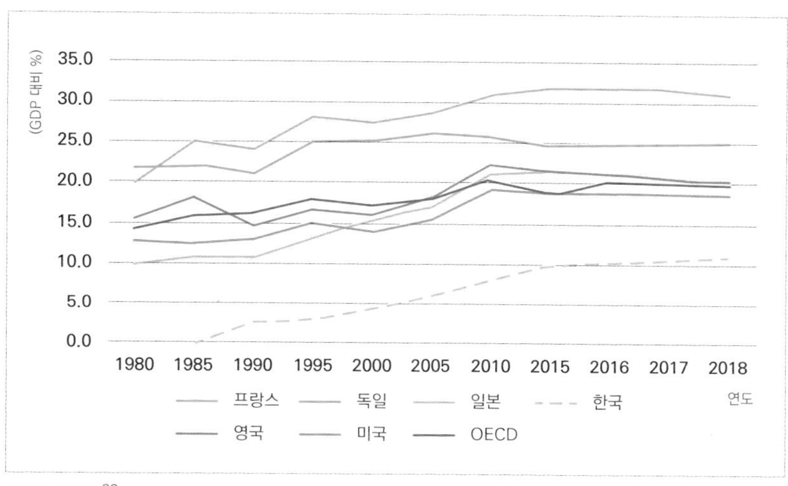

〈출처〉 OECD[20]

연금의 소득대체율은 주요 선진국의 연금과 비교해서 낮은 수준이기 때문에 공적연금을 통한 고령자의 안정적인 노후생활 보장은 담보하기 어렵다(그림 20). 앞에서 간략하게 설명했지만, 한국 65세 이상 고령인구의 30% 이상이 노동시장에 참여하고 있고 남성 노동자의 명목 은퇴 연령은 61세이지만 실제 은퇴 연령은 72.9세라는 점은 고령자들의 경제적 어려움을 입증하는 자료라고 볼 수 있다. 이러한 노후생활의 경제적 어려움에 대한 대비 때문인지 한국의 저축률은 주요 선진국과 비교해

20 OECD, "Social Expenditure-Aggregated Data: Net Total Social Expenditure, in % GDP" (https://stats.oecd.org/Index.aspx?DataSetCode=NCC, 2020. 1. 23. 검색).

[그림 19] 65세 이상 고령인구 상대적 빈곤율 (2016년 기준)

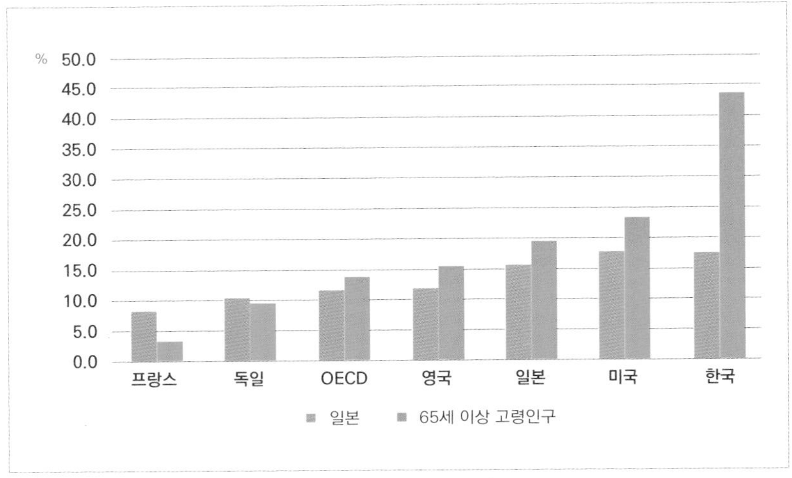

〈출처〉 OECD, *Pensions at a Glance 2019* (OECD: 2019), p. 23.[21]

[그림 20] 연금 소득대체율 (정규직 평균 노동자 기준)

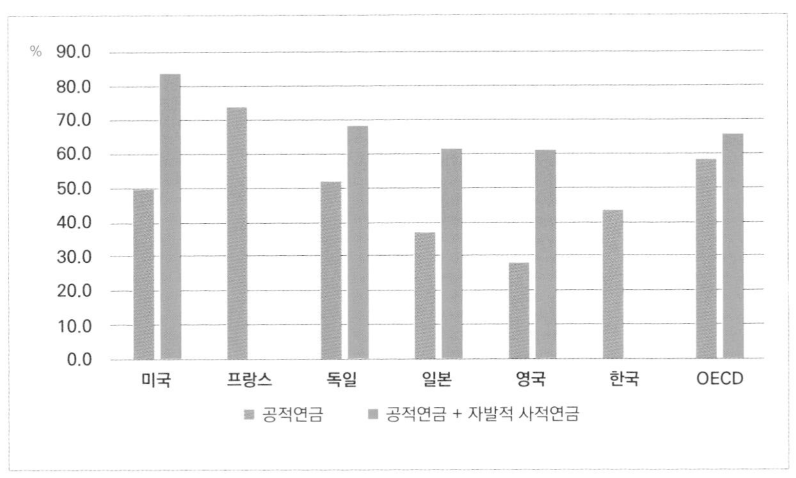

〈출처〉 OECD, *Pensions at a Glance 2019* (OECD: 2019), p. 23.

[그림 21] 저축률

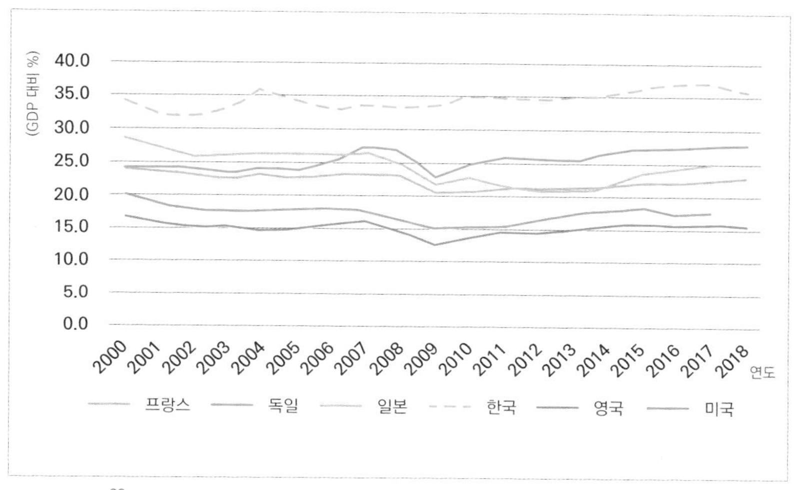

〈출처〉 통계청[22]

서 높은 편이다(그림 21). 그리고 여성의 노동시장 참여를 지원하고 합계출산율을 높이려고 한국을 비롯한 주요 선진국은 보육정책에 대한 공공지출을 늘려 왔는데, 특히 한국은 2000년대 초반 이후 보육시설 확대, 양육수당 도입 등을 통한 다양한 보육정책을 적극적으로 추진하며 공공지출을 빠르게 확대하였다(그림 22). 그러나 보육정책에 대한 정부의 공공지출 확대에도 불구하고 한국의 합계출산율은 계속해서 감소하

21 상대적 빈곤율은 국가별 가처분소득 중간값(median)의 50% 이하 소득 그룹의 비중.

22 통계청, "국내총생산에 대한 저축률(당해년가격)(G20)" (http://kosis.kr/statHtml/statHtml.do?orgId=101&tblId=DT_2KAA909_G20&vw_cd=MT_RTITLE&list_id=UTIT_G20_UTIT_G20_I&seqNo=&lang_mode=ko&language=kor&obj_var_id=&itm_id=&conn_path=A4, 2020. 1. 23. 검색).

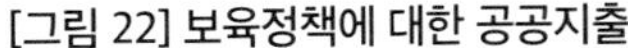

[그림 22] 보육정책에 대한 공공지출

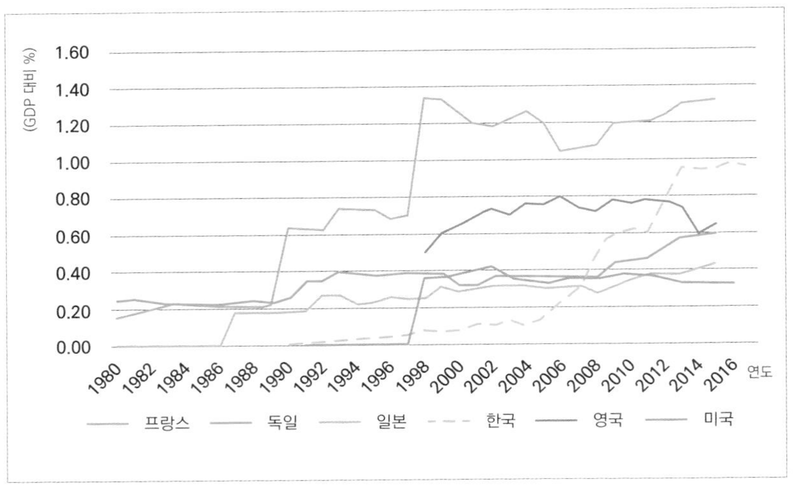

〈출처〉 OECD[23]

고 있다는 점에서보육정책과 합계출산율의 상관관계가 크지 않다는 한계를 보인다.

IV. 한국 사람들은 어떠한 삶을 살고 있는가?

한국이 지난 20년 동안 경험한 정치, 경제, 사회 변화는 사람들의 일

23 OECD, "Public Spending on Childcare and Early Education," (http://www.oecd.org/social/family/database.htm, 2020. 1. 23. 검색).

상생활에도 큰 영향을 미쳐왔다. 다양한 변화 중에서 고등교육 확대, 삶의 질 및 사회·심리적 불안, 성평등, 외국인 거주자 비율 등을 비교적 맥락에서 살펴보겠다.

1. 고등교육 확대

한국의 높은 교육열은 우수한 인적자원 확보를 통한 급속한 경제 성장을 가능하게 한 중요한 동력으로 평가받는다(World Bank, 1993). 세계 최빈국이라는 어려운 경제 상황에도 불구하고 한국 정부는 인적자원에 대한 투자를 강조하였다. 이승만 정부는 정부예산의 10%를 교육부문에 투자하였고, 이러한 정부의 투자와 국민들의 교육에 대한 강력한 열망에 힘입어 1959년에는 96.64%의 초등학교 등록률을 기록하였다(안병영·하연섭, 2015: 41; Park, 2010: 581). 초등교육primary education이 1950년대 빠르게 확대한 이후 박정희 정부가 국가 주도의 산업화와 경제 성장을 추진하던 1960년대와 1970년대에는 우수한 기술인력 확보를 위한 중등교육과 직업교육에 교육정책을 집중하였다. 김영삼 정부가 1995년 5월 31일 발표한 '5.31 교육개혁'을 통한 고등교육 확대 방안은 세계화 시대에 국제경쟁력 있는 우수한 인재 육성을 주요 목표로 하였다(Song, forthcoming). 〈표 4〉에서 보여주듯이 한국의 교육 부문에 대한 지출은 OECD 평균을 상회하지만, 상당한 부분은 사적 지출이 담당한다는 점에서는 개별 가정의 교육에 대한 투자가 정부에 못지않게 중요하다는 점을 보여준다. 이러한 국가의 교육에 대한 정책 우선순위와 부모들의 높은 교육열 덕분에 같은 기간 한국은 급격한 고등교육 확대를 경험하였다. 고등교육 확대는 같은 기간 주요 선진국이 공통적으로 경험하는 현상이지만, 한국의 고등교육 확대 속도는 특히 주목할만

[표 4] 교육 부문 지출 (GDP 대비 %)

	공적지출	사적지출	전체지출
영국	4.2	1.9	6.1
미국	4.1	1.9	6
한국	**3.8**	**1.6**	**5.4**
프랑스	4.5	0.7	5.2
독일	3.6	0.6	4.2
일본	2.9	1.2	4
OECD	4	0.9	4.9

〈출처〉 OECD, *Education at a Glance 2019* (OECD: 2019), p. 287.

[그림 23] 대학교육 확대 (25-34세)

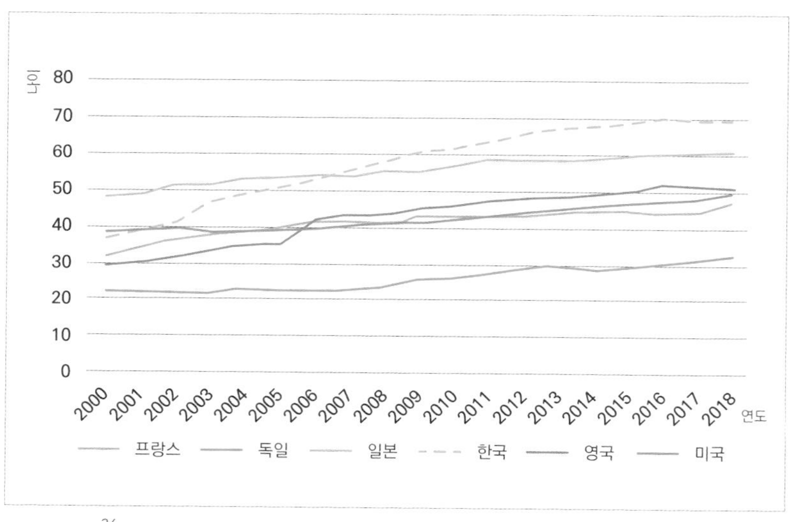

〈출처〉 OECD[24]

[그림 24] 세대 간 고등교육 격차

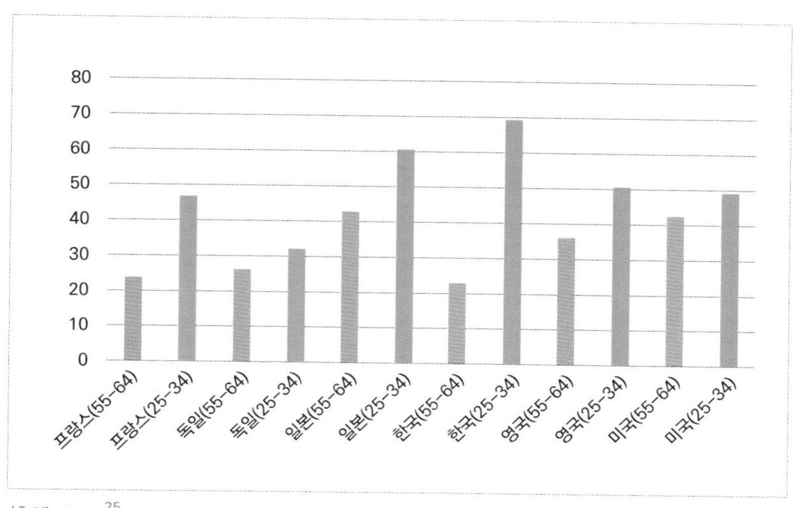

〈출처〉 OECD[25]

하다(그림 23). 한국에서 나타나는 급속한 고등교육 확대는 대학교육의 성격이 이전 세대가 경험한 소수의 엘리트 교육에서 보편적인 대학교육으로 변하고 있음을 잘 보여준다. 〈그림 24〉에서 나타나듯이 주요 선진국과 비교했을 때 한국에서의 고등교육은 한 세대를 거치면서 빠르게 확대하였고 이와 함께 대학교육의 방향과 목적이 변했다고 볼 수 있다.

24 OECD, "OECD Data, Population with Tertiary Education" (https://data.oecd.org/eduatt/population-with-tertiary-education.htm, 2020. 1. 23. 검색).

25 OECD, "OECD Data, Population with Tertiary Education" (https://data.oecd.org/eduatt/population-with-tertiary-education.htm, 2020. 1. 23. 검색).

2. 삶의 질 및 사회·심리적 불안

한국은 산업화와 경제 성장을 통해서 급속한 생활수준 향상을 경험하였고 전반적인 삶의 질은 높아졌다. 하지만 지난 20년 동안 한국 사회는 새로운 문제에 직면해 있다. 우선 한국 사람들이 느끼는 삶에 대한 만족도는 경제적 풍요와 비교해서는 상대적으로 낮은 수준이다(표 5). 한국은 일본과 함께 OECD 평균보다 낮은 삶의 만족도 점수를 보이는데 이는 양국 국민들이 느끼는 사회·심리적 불안을 반영하는 것이라고 할 수 있다. 그리고 한국에 대한 부패인식 지수는 주요 선진국보다 여전히 낮은 순위인데 이는 한국 사회가 투명성과 공정성을 더욱 강화하는 방향으로 나아가야 한다는 과제를 던져준다(표 6).

[표 5] 삶에 대한 만족도

	만족도 점수
독일	7
미국	6.9
영국	6.8
프랑스	6.5
일본	5.9
한국	**5.9**
OECD	6.4

〈출처〉 OECD[26]

[표 6] 부패인식지수 (2018년 기준)

	순위	점수
독일	11	80
영국	11	80
일본	18	73
프랑스	21	72
미국	22	71
한국	**45**	**57**

〈출처〉 Transparency International[27]

26 OECD, “Better Life Index,” (https://stats.oecd.org/Index.aspx?DataSetCode=BLI#, 2020. 1. 23. 검색) 주: 만족도 점수는 2015~2017년 3년 조사의 평균값.

27 Transparency International, “CORRUPTION PERCEPTIONS INDEX 2018” (https://www.transparency.org/cpi2018, 2020. 5. 15. 검색).

[그림 25] 자살률 (인구 10만 명 기준)

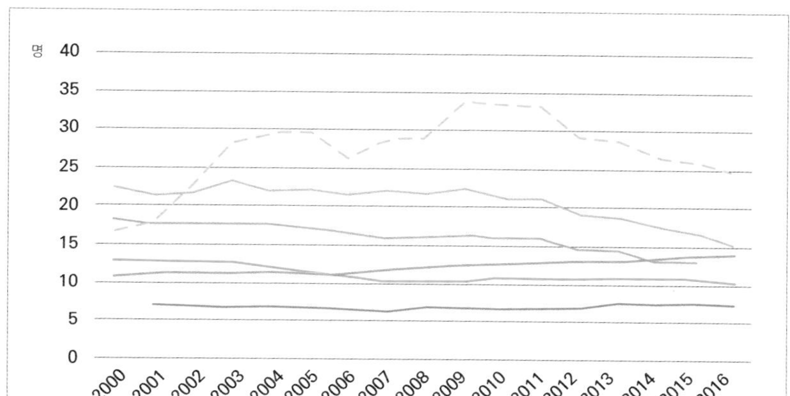

〈출처〉 OECD[28]

이러한 사회·심리적 불안과 함께 국민이 일상생활에서 느끼는 생활안전은 어떠한가? 흥미로운 사실은 한국의 범죄율은 주요 선진국과 비교해서 높은 편은 아니지만 한국 국민들은 일상생활에서 느끼는 불안감이 높은 편이다(표 7). 미국의 경우는 살인율과 수감자 수의 비중이 한국을 비롯한 주요 선진국에 비해서 아주 높지만, 국민들이 일상생활에서 느끼는 불안감은 그다지 높지 않다 (그림 26, 그림 27). 이러한 차이를 통해서 파악할 수 있는 것은 범죄 관련한 객관적인 수치뿐만 아니

28 OECD, "OECD Data, Suicidal Rates" (https://data.oecd.org/healthstat/suicide-rates.htm, 2020. 1. 23. 검색).

[표 7] 일상생활의 안전

	야간에 혼자 걸을 때 안전하다고 느끼는가?
영국	77.7
미국	73.9
독일	72.5
일본	72.5
프랑스	70.5
한국	**66.6**
OECD	68.4

〈출처〉 자료: OECD[29]

[그림 26] 살인율 (인구 10만 명 기준)

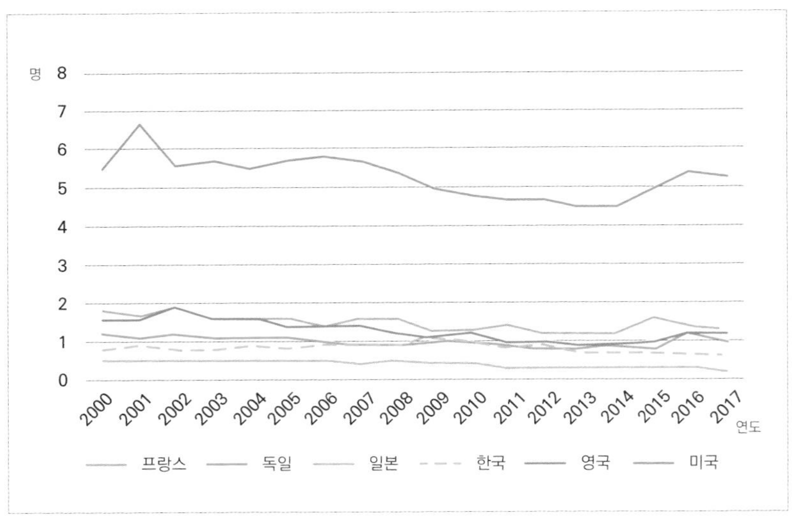

〈출처〉 World Bank[30]

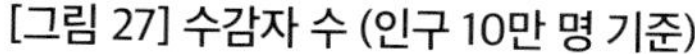
[그림 27] 수감자 수 (인구 10만 명 기준)

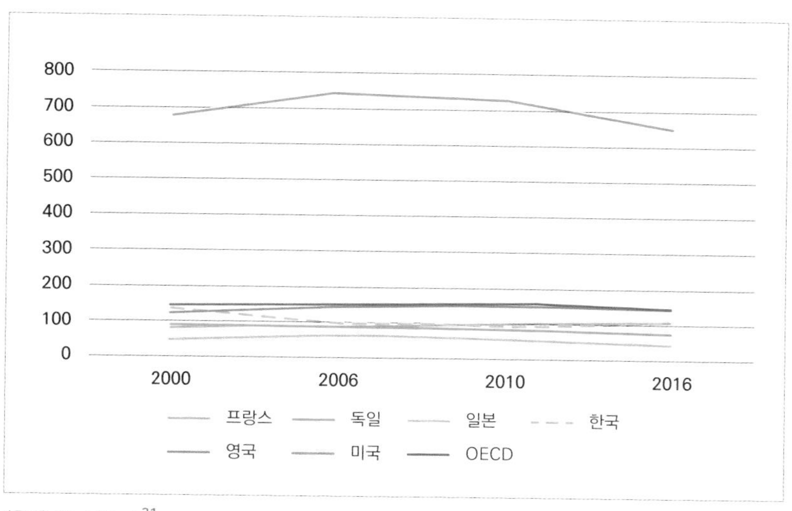

〈출처〉 World Bank[31]

라, 국민이 일상에서 경험하는 생활안전을 더욱 강화할 필요가 있다는 점이다.

---

29 OECD, “Better Life Index” (https://stats.oecd.org/Index.aspx?DataSetCode=BLI#, 2020. 1. 23. 검색) 주: Gallup World Poll 자료 근거; 지수는 2015~2017 3년 평균값.

30 World Bank, “Intentional Homicides (per 100,000 people)” (https://data.worldbank.org/indicator/VC.IHR.PSRC.P5, 2020. 5. 15. 검색).

31 OECD, “Additional Social Indicators: Prison Population” (http://www.oecd.org/social/society-at-a-glance-19991290.htm, 2020. 5. 15. 검색).

3. 한국 사회의 성평등

한국은 급속한 경제 성장과 정치·사회 발전을 경험하였지만, 성평등 부분에서는 아직 가야 할 길이 멀다. 우선 노동시장에서의 성평등을 보여주는 성별 임금 격차를 살펴보면 한국의 성별 임금 격차는 OECD 국가 중에서 최고를 기록하고 있다(그림 28). 지난 수십 년 동안 성별 임금 격차가 완만하게 줄었지만 여전히 상당히 높은 수준의 성별 임금 격차를 보인다는 점은 여성 노동자들이 남성 노동자들에 비해서 저임금

[그림 28] 성별 임금 격차

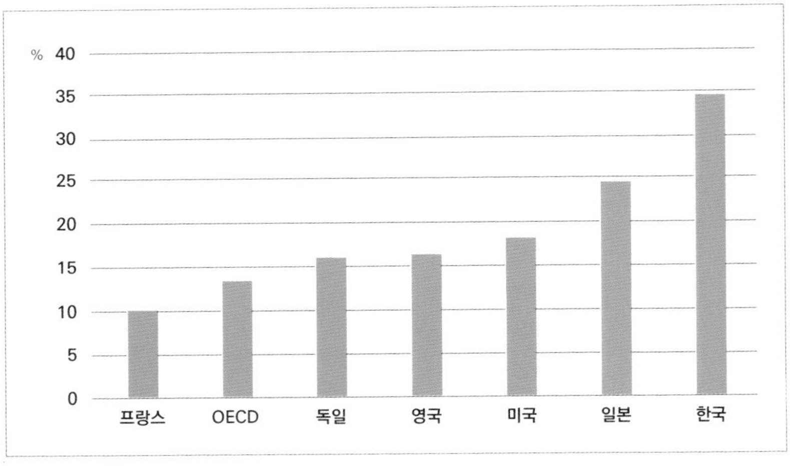

〈출처〉 OECD[32]

32 OECD, "OECD Data, Gender Wage Gap" (https://data.oecd.org/earnwage/gender-wage-gap.htm, 2020. 5. 16. 검색) 주: 성별임금격차는 남성 노동자의 임금 중간값(median income)과 여성 노동자와 남성 노동자 임금 중간값의 차이로 측정; 정규직 풀타임 노동자 대상 조사.

[그림 29] 여성 이사회 멤버 비율

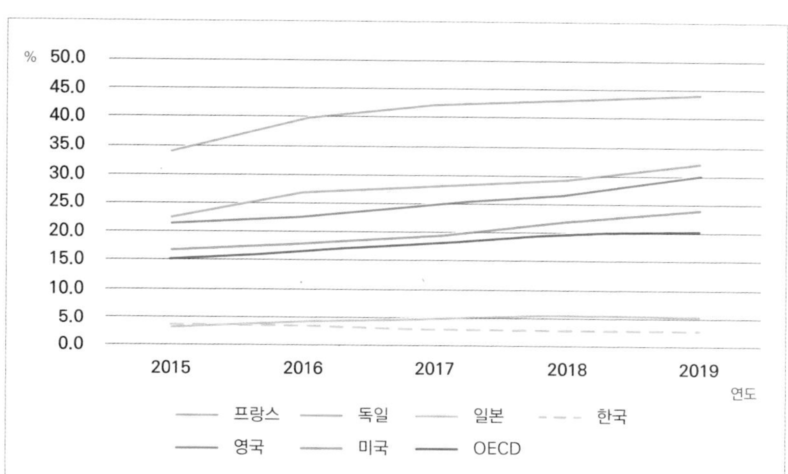

〈출처〉 Credit Suisse[33]

일자리에 집중해 있는 현실을 보여준다. 또한 여성 고위임원 비중을 나타내는 여성 이사회 멤버 비율을 살펴본다면, 한국과 일본은 OECD 평균에 훨씬 미치지 못하는 낮은 비율이다. 이는 한국의 고학력 전문직 여성들 역시 고위직으로 진출할 기회가 주요 선진국의 여성들과 비교했을 때 많지 않다는 현실을 나타낸다. 여성 정치인의 비율 역시 지난 20년 동안 꾸준히 증가하였는데 이는 변화하는 시대의 흐름을 반영한다고 볼 수 있다. 하지만 여성 의원 비율의 증가는 2004년 17대 총선을 앞

33 Credit Suisse, *The CS Gender 3000 in 2019: The Changing Face of Companies* (Credit Cuisse 2019), p. 10 (https://www.credit-suisse.com/about-us-news/en/articles/news-and-expertise/cs-gender-3000-report-2019-201910.html, 2020. 1. 23. 검색).

[표 8] 여성 의원 비율 (양원제 경우 하원만 포함)

	2005년		2010년		2015년		2020년	
	순위	여성의원 비율(%)	순위	여성의원 비율(%)	순위	여성의원 비율(%)	순위	여성의원 비율(%)
독일	17	31.8	18	32.8	21	36.5	48	31.2
영국	54	19.7	52	22	40	29.4	39	33.9
미국	79	15.2	71	16.8	75	19.4	82	23.4
한국	85	13.4	79	14.7	88	16.3	124	17.3
일본	132	9.0	95	11.3	119	9.5	165	9.9

〈출처〉 e-나라지표[34]

두고 정당법 개정으로 통해서 비례대표 후보의 절반 이상을 여성으로 공천하기로 결정한 정치제도적 변화에 힘입은 바가 크다.

4. 한국 사회의 구성원 변화: 체류 외국인 비중을 중심으로

한국 정부는 노동집약적 중소기업의 인력난 해소를 위해 1993년 외국인 산업연수생 제도를 도입하였고, 이를 계기로 외국인 노동자가 한국 사회에 대규모로 유입되기 시작하였다. 이후 외국인 노동자들이 산업연수생 신분으로 노동자의 권리를 제대로 보호받지 못하는 상황이 계속 발생하자 정부는 2004년 고용허가제를 도입하여 외국인 노동자에 대한 보호를 확대하였다. 외국인 노동자 증가와 함께 1990년대 후반 이후 급증한 결혼이민자, 외국인 유학생 등으로 인해 한국 사회의 구성원

34 e-나라지표, "IPU 여성 국회의원 비율 및 각국의 순위" (http://www.index.go.kr/potal/main/EachDtlPageDetail.do?idx_cd=1588, 2020. 5. 14. 검색).

[그림 30] 전체 인구 대비 외국에서 태어난 인구 비율 (%)

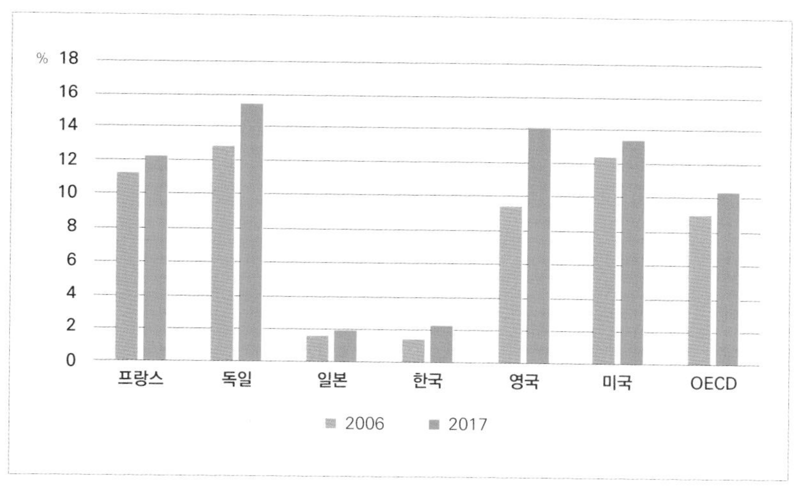

〈출처〉 OECD, *Society at a Glance 2019: Social Indicators* (OECD: 2019), p. 79.

에 변화가 생겨나고 있다. 그동안 한국은 단일민족이라는 인종적 문화적 동질성을 강조해왔지만, 최근에는 전체 인구의 2% 이상이 외국인으로 구성되어 있다. 물론 이는 주요 선진국과 비교해서는 여전히 낮은 수준이지만, 일본과 비교해서는 조금 높은 수준이다(그림 30). 이러한 새로운 사회구성원의 유입은 한국 사회에 다문화와 사회 통합이라는 새로운 과제를 던져주고 있다. 정부 자료에 따르면 2018년 기준으로 전체 체류 외국인 인구 236만 7,607명의 약 15%인 35만 5,126명이 불법체류 상태로 분류되는데 이는 활발한 국제적 인적 교류 흐름 속에서 효과적인 외국인 출입국 관리가 필요하다는 점을 보여준다.[35]

V. 결론

한국이 1960년대 이후 급속한 산업화와 경제개발을 통해 선진국으로 진입하고 국민들의 삶의 수준 향상을 가져왔다면, 지난 20년은 고도성장기 이후 경험하는 국내외 환경 변화에 대한 적응기라고 할 수 있다. 경제성장률이 둔화하였지만 이는 주요 선진국 역시 공통적으로 경험하는 문제이다. 앞으로 한국이 해결해야 하는 경제 부문의 주요 과제는 저성장 시대를 돌파할 수 있는 지속가능한 성장동력 확보라고 할 수 있겠다. 이는 노동생산성 향상과 기술개발 및 투자를 통한 노력과 함께 정부의 기업 활동에 대한 적극적인 지원을 통해서 달성할 수 있을 것이라고 본다.

반면 구조적인 사회인구학적 변화는 더 적극적인 정책 개입과 대응을 통해서 해결해야 한다. 앞서 언급했듯이 한국이 당면한 가장 심각한 문제 중 하나인 급속한 인구 고령화는 경제 활동의 주축이 되는 생산가능인구 감소와 노동력 부족 및 사회복지 지출로 증가로 인한 정부재정 안정성에 커다란 위기를 가져올 수 있다. 또한 고령인구의 증가는 안정적인 노후생활을 위한 사회안전망 확보와 국가의 재정안정성이라는 과제를 동시에 부과하고 있다. 한국 정부는 지난 20년 동안 보육 지출 확대를 통한 저출산 문제 해결과 여성들의 노동시장 참여를 지원하고 있지만 정책 성과는 기대한 정도에 미치지 못하고 있다.

---

35 e-나라지표, 체류외국인 현황 (http://www.index.go.kr/potal/main/EachDtlPageDetail.do?idx_cd=2756, 2020. 5. 16. 검색).

국민들의 일상생활 측면에서는 고등교육이 빠르게 확대되면서 우수한 인적자원을 확보할 수 있게 되었지만, 1990년대 후반 경제 위기를 경험하면서 나타나고 있는 사회·심리적 불안 및 일상생활의 안전문제는 정부가 더욱 고민해야 부분이다. 한국 사회의 성평등은 점진적으로 개선되고 있지만, 여전히 다양한 영역에서의 불평등은 지속되고 있다는 점에서 사회구성원에 대한 기회의 평등과 실질적 평등을 확보하려는 노력에 정부와 사회가 함께 매진해야 할 것이다. 또한 다양한 신분의 체류 외국인 증가는 한국 사회 구성원에 중요한 변화를 가져오고 있고 한국 사회의 미래 모습과 다양성에 대한 고민을 불러일으키고 있다.

한국이 경험한 압축적인 경제 발전은 여러 문제를 빠르게 해결하기도 했지만, 동시에 새로운 정치·경제·사회 문제를 야기하였다. 앞으로의 과제는 한국 사회의 과거와 현재에 대한 성찰과 고민을 바탕으로 미래를 향한 발전 방향을 모색하는 것이다. 이러한 과정은 국가와 사회 공동체의 발전뿐만 아니라 구성원 개개인의 성장과 행복을 함께 찾는 방향으로 진행해야 한다.

| 참고문헌 |

송지연. 「인구 고령화와 노동시장」. 윤영관 편. 『저출산 · 고령화의 외교안보와 정치경제』. 서울: 사회평론아카데미. 2019. 93~122쪽

안병영 · 하연섭. 『5.31 교육개혁 그리고 20년』. 서울: 다산출판사. 2015.

차소영 · 이성민 · 황수정 · 장현주 · 고예진 · 박민아. 『노벨과학상 종합분석 보고서』. 대전: 한국연구재단. 2019.

통계청. "국내총생산에 대한 저축률(당해년가격)(G20)". (http://kosis.kr/statHtml/statHtml.do?orgId=101&tblId=DT_2KAA909_G20&vw_cd=MT_RTITLE&list_id=UTIT_G20_UTIT_G20_I&seqNo=&lang_mode=ko&language=kor&obj_var_id=&itm_id=&conn_path=A4. 2020. 1. 23. 검색).

e-나라지표. "체류외국인 현황" (http://www.index.go.kr/potal/main/EachDtlPageDetail.do?idx_cd=2756. 2020. 5. 16. 검색).

e-나라지표. "IPU 여성 국회의원 비율 및 각국의 순위" (http://www.index.go.kr/potal/main/EachDtlPageDetail.do?idx_cd=1588. 2020. 5. 14. 검색).

Credit Suisse. *The CS Gender 3000 in 2019: The Changing Face of Companies 2019.*

(https://www.credit-suisse.com/about-us-news/en/articles/news-and-expertise/cs-gender-3000-report-2019-201910.html. 2020. 1. 23. 검색).

Fortune. "Fortune Global 500" (https://fortune.com/global500. 2020. 1. 23. 검색).

IMD World Competitiveness Center. "Overall Competitiveness. Government Efficiency. Business Legislation"(https://worldcompetitiveness.imd.org. 2020. 5. 8. 검색).

IMF. "Central Government Debt: Percent of GDP" (https://www.imf.org/external/datamapper/CG_DEBT_GDP@GDD/CHN/FRA/DEU/ITA/JPN/GBR/USA. 2020. 1. 23. 검색).

OECD. *Education at a Glance 2019*. Paris: OECD. 2019a.

OECD. *Pensions at a Glance 2019*. Paris: OECD. 2019b.

OECD. *Society at a Glance 2019: Social Indicators*. Paris: OECD. 2019.

OECD. "Additional Social Indicators: Prison Population" (http://www.oecd.org/social/society-at-a-glance-19991290.htm. 2020. 5. 15. 검색).

OECD. "Ageing and Employment Policies-Statistics on Average Effective Age of Retirement: Download the Average Effective Age of Retirement versus the Normal Age in 2014 in OECD Countries." (https://www.oecd.org/els/emp/ageingandemploymentpolicies-statisticsonaverageeffectiveageofretirement.htm. 2019. 8. 28. 검색).

OECD. "Better Life Index". (https://stats.oecd.org/Index.aspx?DataSetCode=BLI#. 2020. 1. 23. 검색).

OECD. "Public Spending on Childcare and Early Education." (http://www.oecd.org/social/family/database.htm. 2020. 1. 23. 검색).

OECD. "OECD Data. Fertility Rates" (https://data.oecd.org/pop/fertility-rates.htm. 2020. 5. 8. 검색).

OECD. "OECD Data. Gender Wage Gap" (https://data.oecd.org/earnwage/gender-wage-gap.htm. 2020. 5. 16. 검색).

OECD. "OECD Data. Hours Worked" (https://data.oecd.org/emp/hours-worked.htm. 2020. 5. 3. 검색).

OECD. "OECD Data. Population with Tertiary Education"(https://data.oecd.org/eduatt/population-with-tertiary-education.htm. 2020. 1. 23. 검색).

OECD. "OECD Data. Suicidal Rates"(https://data.oecd.org/healthstat/suicide-rates.htm. 2020. 1. 23. 검색).

OECD. "OECD Data. Unemployment" (https://data.oecd.org/unemp/unemployment-rate.htm#indicator-chart. 2020. 5. 3. 검색).

OECD. "OECD Data. Working Age Population" (https://data.oecd.org/pop/working-age-population.htm#indicator-chart. 2020. 5. 8. 검색).

OECD. "OECD Data. Youth Unemployment" (https://data.oecd.org/unemp/youth-unemployment-rate.htm#indicator-chart. 2020. 5. 3. 검색).

OECD. "OECD. Stat. Employment: Labor Force Participation Rate. by Sex and Age Group" (https://stats.oecd.org/index.aspx?queryid=54741. 2020. 5. 3. 검색).

OECD. "OECD. Stat. Level of GDP per Capita and Productivity" (https://stats.oecd.org/Index.aspx?DataSetCode=PDB_LV#. 2020. 5. 3. 검색).

OECD. "OECD. Stat. Social Expenditure-Aggregated Data: Net Total Social Expenditure. in % GDP"(https://stats.oecd.org/Index.aspx?DataSetCode=NCC. 2020. 1. 23. 검색).

Park. Sang-Young. "Crafting and Dismantling the Egalitarian Social Contract: The Changing State-Society Relations in Globalizing Korea." *The Pacific Review*. vol. 23. no. 5. 2010. 579~601쪽.

Song. Jiyeoun. Forthcoming. "The Political Dynamics of South Korea's Human Development Strategies". *Asian Perspective*.

Transparency International. "Corruption Perceptions Index 2018" (https://www.transparency.org/cpi2018. 2020. 5. 15. 검색).

US Patent and Trademark Office. "Patent Counts By Country. State. and Year - Utility Patents (December 2015)" (https://www.uspto.gov/web/offices/ac/ido/oeip/taf/cst_utl.htm. 2020. 5. 15. 검색).

World Bank. *The East Asian Miracle: Economic Growth and Public Policies*. Oxford: Oxford University Press. 1993.

World Bank. "Ease of Doing Business Rankings" (https://www.doingbusiness.org/en/rankings. 2020. 1. 23. 검색).

World Bank. "GDP Growth (annual %)" (https://data.worldbank.org/indicator/NY.GDP.MKTP.KD.ZG. 2020. 5. 3. 검색).

World Bank. "Intentional Homicides (per 100.000 people)" (https://data.worldbank.org/indicator/VC.IHR.PSRC.P5. 2020. 5. 15. 검색).

World Bank. "Population Projections and Estimates" (https://databank.worldbank.org/source/population-estimates-and-projections#. 2019년 9월 19일 업데이트 버전. 2020. 5. 8. 검색).

World Bank. "Research and Development Expenditure (% of GDP)." (https://data.worldbank.org/indicator/GB.XPD.RSDV.GD.ZS?view=chart. 2020. 5. 8. 검색).

3장 국제 연계로 본 한국: 대외 경제·인적 교류·외교 안보 분야를 중심으로

오윤아(서울대학교 국제대학원)

Ⅰ. 서론[1, 2]

한국은 대외 개방과 세계화에 적극적으로 참여한 국가이고 많은 분야에서 상당한 성과를 거두었다. 한국의 대외 개방과 세계화는 경제 부문에서 먼저 시작된 후 사회 문화 부문으로 대대적으로 확대되었다. 현재 한국은 경제력 성장을 바탕으로 국제개발협력과 국제기구를 통해 국제사회에도 적극적으로 참여하고 있으며, 동아시아 지정학적 특성으로 인해 외교 안보에서도 국제 협력의 수준이 매우 높은 편이다.

이 글에서는 한국의 국제 연계를 대외 경제, 인적 교류, 외교 안보의 세 분야로 나누어 살펴본다. 앞의 두 분야는 상품과 자본, 인력이 좀 더

---

1 자료조사에 도움을 준 서울대학교 국제학연구소 윤태희, 조비연 연구교수께 감사드린다.

2 본문에 등장하는 통계의 자료 출처는 별도의 표기가 없을 경우 해당 단락에 이어 등장하는 그림이나 표의 출처와 동일하다.

자유롭게 국경을 건너 움직이는 세계화가 한국 상황에 작용한 것이라면, 마지막 외교 안보는 한국이 위치한 동아시아의 지정학적 요인의 특수성에 크게 영향을 받는다고 할 수 있다. 따라서 이 글은 한국의 세계화와 동아시아 지정학 현황에 대한 글이라고도 할 수 있다. 현황 파악이 목적이므로 한국의 대외 경제, 인적 교류, 외교 안보를 통시적, 국제비교적 관점에서 일별하여 그 특성을 파악하되, 이를 바탕으로 향후 과제를 도출할 수 있는 연결고리도 제시하고자 한다.

II. 대외 경제

한국은 대외지향적 개방경제체제를 수립한 1960년대 이래 무역을 통해 세계시장에 적극적으로 편입하였고, 1990년대 이후는 해외 직접투자와 외국인 투자 개방을 본격적으로 추진하였다. 2010년 이후에는 높아진 경제력을 바탕으로 원조공여국, 그리고 송금지급국으로 변모하였다.

한국은 2019년 한국의 수출입 규모는 1조 456억 달러로 전 세계에서 9위를 차지하는 주요 무역국이다. 또한 한국은 대외 부문이 경제에서 차지하는 비중이 매우 높으며, 이는 수출의존도에서 잘 나타난다. 이는 한국이 세계시장에 적극적으로 편입하였다는 사실과 동시에 대외 부문의 충격에 한국 경제가 특별히 더 취약하다는 것을 의미한다. GDP 대비 수출 규모를 나타내는 수출의존도는 매우 높은 수준으로 2018년 44%를 기록했다. 한국의 수출의존도는 2012년 56%로 최고 수준을 기록한 후 하락하고 있으나 주변국인 중국과 일본과 비교했을 때 여전히

[그림 1] 한중일 수출의존도 추이

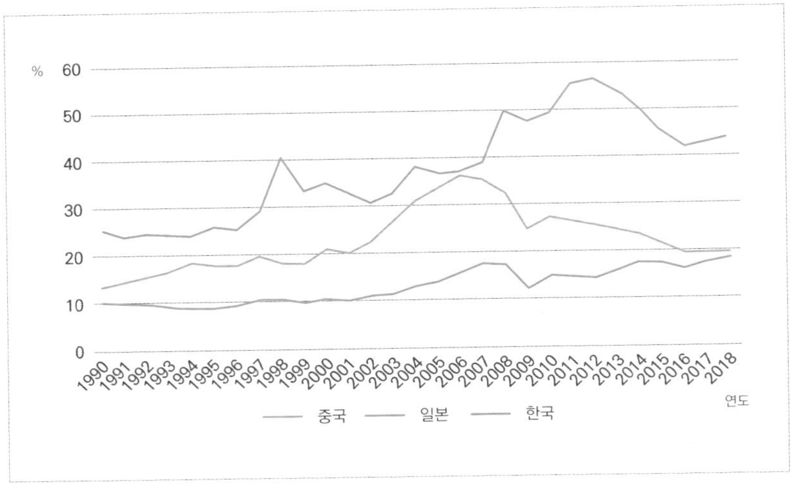

〈출처〉 World Bank, World Development Indicators

높은 수준이다. 이는 중국이 고도성장기인 2000년대 중반인 2006년에 수출의존도가 최고점인 36%에 도달했다가 이후 급격히 그 수준이 하락하고 있고, 일본의 경우에는 2000년 이후 수출의존도가 비교적 완만하게 상승하여 20%대에 근접하고 있는 것과 큰 차이를 보인다.

또한 수출의 규모뿐 아니라 수출의 구조에서 한국 경제의 이러한 양면적 성격은 더욱 두드러진다. 한국은 글로벌가치사슬Global Value Chains, GVC에 적극적으로 참여한 결과 생산의 국제 분업 수준이 매우 높은 특징이 있다. 중국과 일본, 동남아를 중심으로 형성된 동아시아 지역생산네트워크Regional Production Networks, RPN를 통해 한국은 그동안 생산의 규모 확대와 효율화를 달성할 수 있었다. GVC 참여를 나타내는 지표 중 하나인 수출의 수입내용물Import content of exports의 경우 2016년 기준 한국은

[그림 2] 수출의 수입내용물 국가별 비교

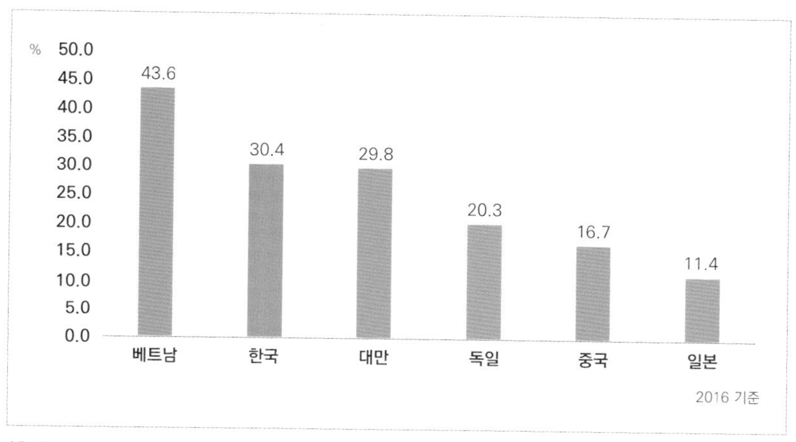

〈출처〉 OECD

30.4%로 대만과 거의 비슷한 수준이나 이는 일본의 11.4%보다 월등히 높다. 이는 한국이 그동안 GVC를 적극적으로 활용하여 경제적 혜택을 보았으나, 무역분쟁이나 감염병의 국제적 확산으로 GVC에 교란이 생기면 자국 수출에 큰 타격을 받는 구조를 가지고 있음을 의미한다.

무역상대국 분포에서도 한국의 수출입은 특정 국가에 집중되어 있는 경향이 강하다. 한국의 최대 수출입 상대국은 중국인데 수출입 중국 집중은 주요 무역국 중에서도 높은 편에 속한다. 2018년 한국 수출입에서 중국이 차지하는 비중은 총수출의 27%, 총수입의 24%, 총교역의 24%를 보였다.

한국은 세계적인 자유무역협정FTA 확산 추세에 대응하여 무역장벽 완화를 통해 기업의 해외시장 진출을 촉진하고, 개방에 따른 국내제도 개선을 통해 기업의 국제경쟁력을 강화하기 위해 FTA 체결에도 적극적

[그림 3] 세계 주요 교역국의 대중국 무역의존도

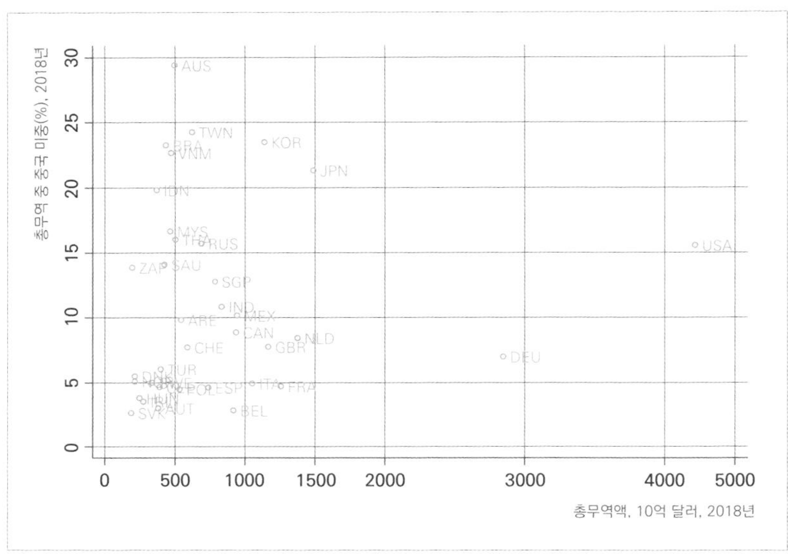

〈출처〉 IMF DOTS

주: 총무역액이 세계 평균 이상인 국가만 포함.

으로 임하였다. 그 결과 한국은 현재 발표 기준 56개국과 16개 자유무역협정을 체결한 상태이다.

한국의 내국인 해외투자와 외국인 직접투자는 모두 1990년대 이후 크게 증가하였으며, 2006년 이후 해외 직접투자가 외국인 직접투자를 크게 압도하고 있다. 한국 기업이 외국에 투자하는 내국인 해외투자는 2000년대 후반 한국 제조업의 해외 생산기지 건설의 확대로 비약적으로 증가하였다. 2018년 한국의 해외 직접투자는 국제수지표상 355억 달러, 외국인 직접투자는 106억 달러를 기록하였다. 참고로 한국의 해외투자는 절대규모에서는 중국과 일본보다 크게 작으나 경제 규모 대비로는 대체로 유사한 수준이다.

[그림 4] 아시아 주요국 발효 기준 FTA 현황

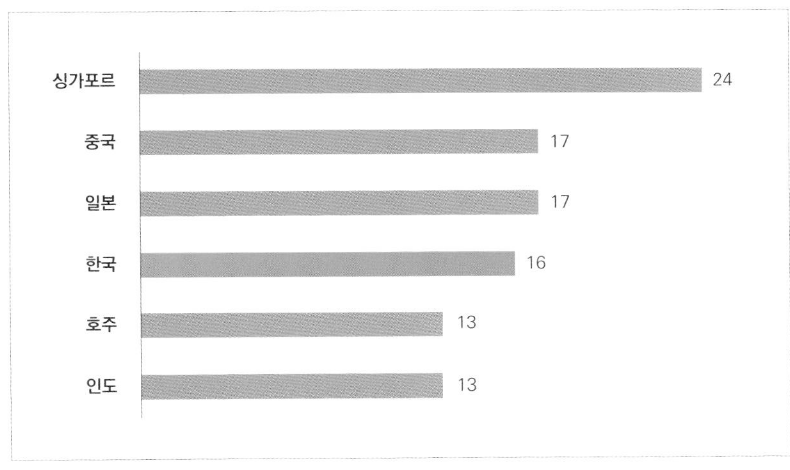

〈출처〉 ADB

[그림 5] 한국의 직접투자 추이

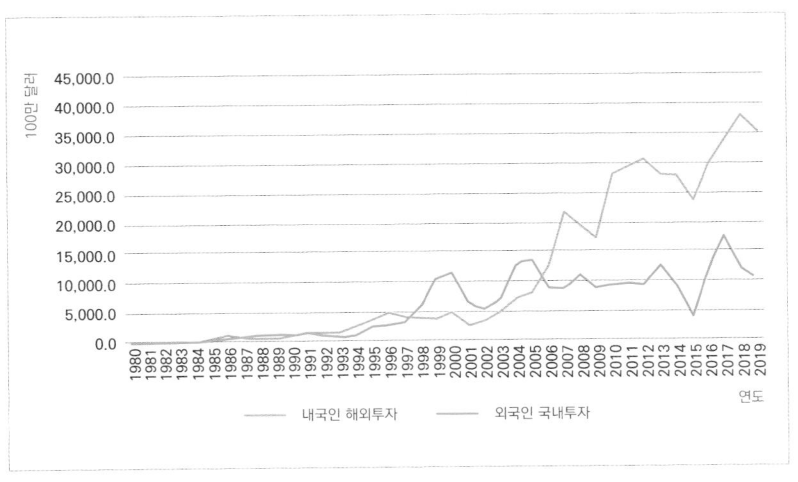

〈출처〉 한국은행

해외 기업이 한국에 투자하는 외국인 국내투자의 경우 1997년 외환위기 이후 외국인 투자에 대한 대외 개방에 따라 크게 증가하였다가 이후 증가세가 둔화되었고, 상대적 규모는 1999년 이후 하락세가 지속되고 있다. 한국의 외국인 국내투자가 낮은 이유로는 높은 수준의 규제가 지적되고 있으며, 실제 한국의 외국인 직접투자에 대한 규제는 OECD 평균 이상으로 높은 실정이다. 특히 농수산업과 전력산업, 그리고 운송,통신,미디어 등 서비스 업종에서 FDI 규제가 특히 높은 것으로 나타난다.

한국 기업들의 해외 직접투자 상위국은 미국(22%), 중국(10%), 홍콩(7%), 베트남(6%) 등으로 한국 기업의 생산과 판매 활동에서 미국시장이 가지는 중요성과 함께 중국, 홍콩, 그리고 최근 한국 기업의 투자가

[그림 6] 한중일 외국인 국내투자 비교

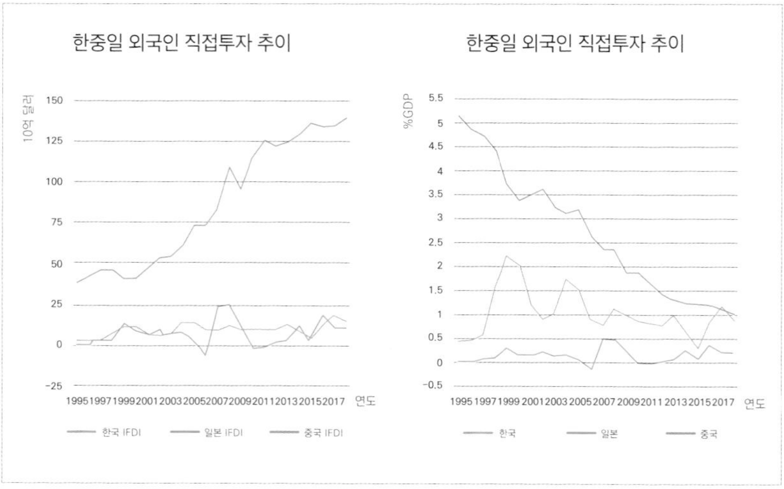

한중일 외국인 직접투자 추이

10억 달러

연도

한국 IFDI 일본 IFDI 중국 IFDI

한중일 외국인 직접투자 추이

%GDP

연도

한국 일본 중국

〈출처〉 UNCTAD

급속히 증가하고 있는 베트남 등 동아시아에 한국의 생산네트워크가 집중되었음 반영한다. 한국에 투자하는 외국인 직접투자 상위국은 일본(15%), 미국(13%), 싱가포르(10%), 네덜란드(10%), 영국(5%), 홍콩(5%), 중국(4%) 등으로 나타난다.

한국은 2010년 OECD 개발협력위원회Development Assistance Committee, DAC에 가입한 이후 원조 규모를 2010년 11억 7,000만 달러에서 2019년 25억 2,000만 달러로 10년 사이에 115% 확대하였다. 한국은 2018년 국내총생산GNI 대비 비율이 0.15%로 DAC 회원국 29개국 중 15위를 차지한다.

한국의 양자원조는 지역적으로는 아시아에 중점적으로 지원되고 있는데, 아시아 상위 10개국이 한국 양자원조의 43%를 차지하고 개별

[그림 7] 한국 해외 직접투자 상대국 비중

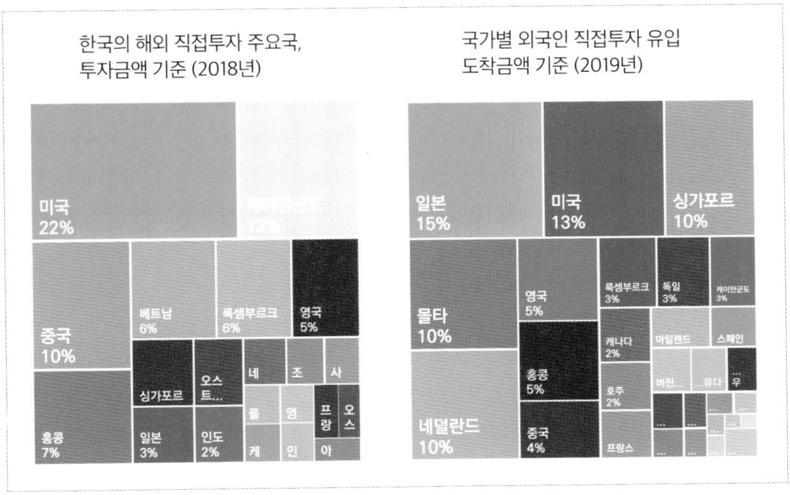

〈출처〉 한국수출입은행, 산업통상자원부

[그림 8] 한국의 ODA 공여 현황

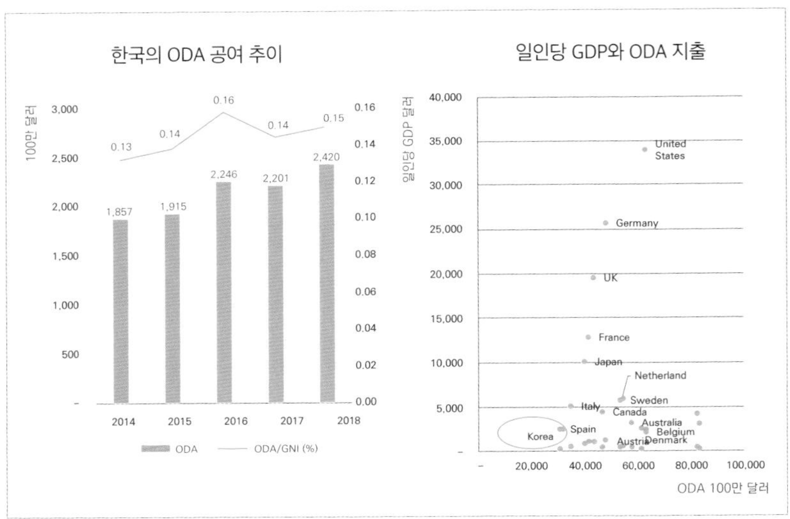

〈출처〉 OECD, World Bank

국가로는 베트남이 제1위의 수원국이다. 아시아 중심의 한국개발원조는 아시아 국가들의 경제 성장으로 인해 구조적 도전에 직면해 있다. 여러 아시아 개도국들이 경제 성장을 통해 멀지 않은 미래에 중진국에 진입할 것으로 예상되면서 한국은 지역별 지원 비중을 재조정하거나 아시아에 대해서 계속 협력을 집중할 경우 중진국 협력을 중심으로 협력 전략을 재구성해야 하는 과제를 안고 있다.

경제 발전, 세계화, 그리고 한국 사회의 급속한 인구구조 변화의 복합적 작용의 결과 한국의 외국인 인구는 빠르게 증가하였다. 특히 2000년 이후 한국 거주 외국인 인구의 빠른 증가로 근로자 해외송금 지급 역시 수입을 크게 상회하며 성장세를 지속하고 있다. 2018년 한국의 근로자 해외 송금 지급은 16억 달러이고, 수입은 10억 달러이다.

[그림 9] 한국의 양자ODA 공여 현황

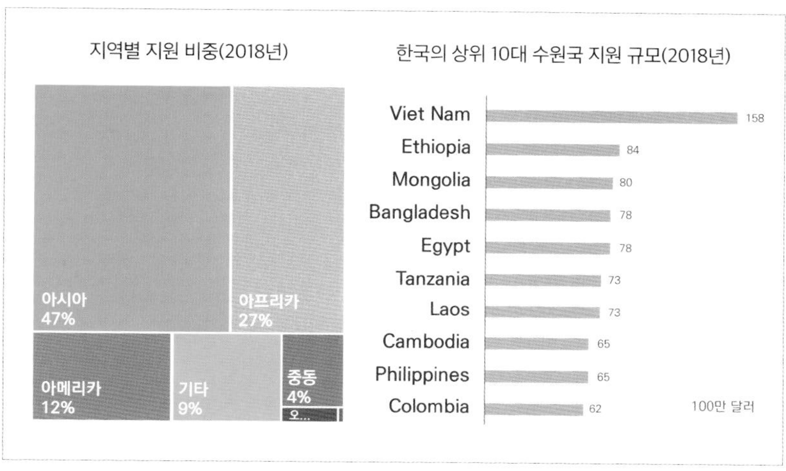

〈출처〉 OECD

한국은 2018년 기준 세계 10위의 해외 송금 지급국이다. 개발 재원의 정의가 기존의 공적개발 재원에서 민간재원과 혼합금융까지 폭넓게 확대되면서 민간재원의 하나인 송금에 대한 관심도 높아지고 있다. 송금은 개인 차원 및 가구 차원의 공여이기 때문에 공적개발원조에 비해 개발 수요에 더 민감하게 반응하고 거래 비용이 낮아 빈곤 감소 등 개발 효과성이 높은 것으로 알려져 있다. 따라서 해외 송금 지급 수준이 높은 국가는 지급 대상 국가가 주로 개발도상국이라면 국제개발 분야에서 그 기여를 높이 평가할 수도 있다.

한국의 해외 송금 지급 대상은 지역적으로 중국과 아시아가 대부분을 차지하는데 추정데이터에 근거해 보면 2018년의 경우 전체의 70%가 중국으로 송금되었다. 다만 한국에 체류하는 중국 국적 외국인의 상당수가 한국계 중국 국민들이고, 중국이 한국의 개발재원상 수원국이라

[그림 10] 한국의 해외 송금 현황

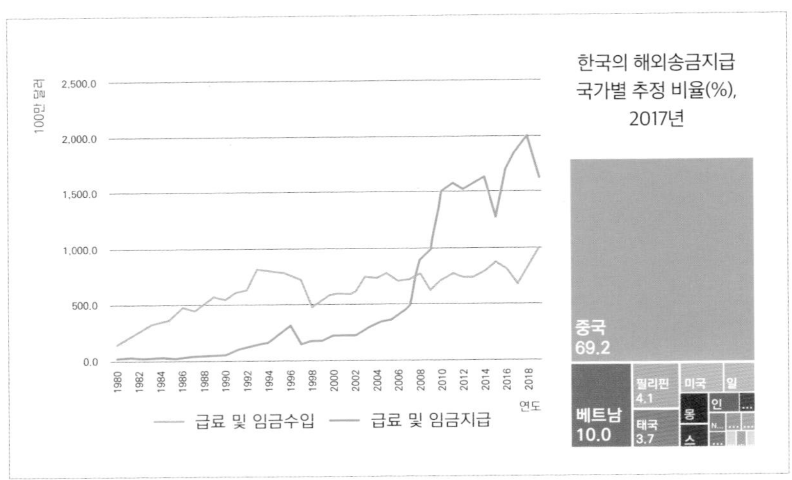

〈출처〉 한국은행, World Bank

[그림 11] 한국의 해외 송금 국제 비교

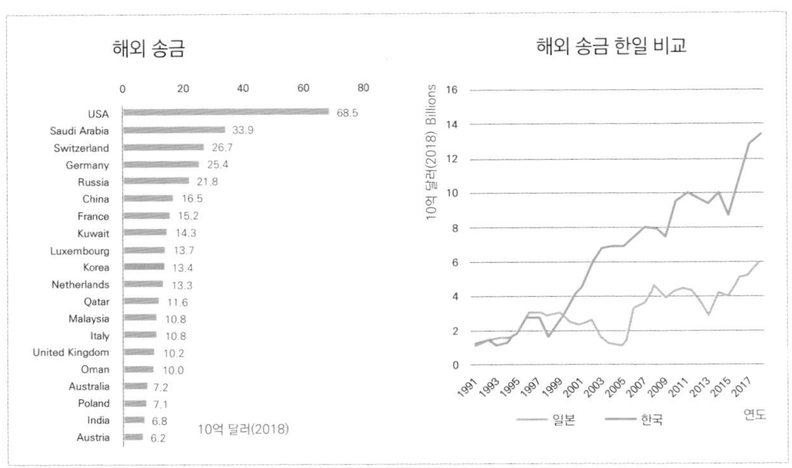

〈출처〉 World Bank, World Development Indicators

고 볼 수 없는 상황에서 한국의 송금 지급을 한국의 공적원조와 단순히 비교하는 것은 어렵다.

III. 인적 교류

한국의 교역 및 기업 활동의 세계화, 한국 사회의 구조적 변화와 함께 민간 인적 교류도 급속히 증가하였다. 이하에서는 한국과 국제사회의 사회문화적 교류 또는 인적 교류를 해외여행, 이주, 유학생으로 나누어 살펴보기로 한다.

해외여행의 경우 한국 국민의 해외여행은 2010년 이후 무엇보다 저가항공사LCC의 공급이 빠르게 증가하면서 큰 폭으로 확대되었다. 한국의 2017년 기준 해외여행객출국자 규모는 2,600만 명으로 전체 인구의 51%에 해당한다. 이는 상대적 비율로는 중국(10%)과 일본(14%) 등 주변국에 비해 압도적으로 높은 수준이다. 한국의 해외여행객의 규모와 추이에서 일본은 2011년에 비해 2017년 절대, 상대 규모에서 해외여행객 수준에 변화가 없었던 것에 비해 한국과 중국은 같은 기간 해외여행객이 절대적, 상대적 규모에서 모두 두 배 증가하였다.

한국 국민의 해외여행이 크게 증가하면서 2000년대 이후 관광지출이 수입을 크게 압도하면서 관광수지 적자가 큰 폭으로 늘어나 2018년 관광수입 152억 달러, 관광지출 284억 달러로 관광수지 적자는 132억 달러로 집계되었다. 한국 관광객의 해외 주요 행선지는 2017년 기준 일본이 압도적인 1위(27%)를 차지하였고, 2위가 중국(15%), 3위가 베트남(9%), 4위가 미국(9%), 5위가 태국(6%)으로 상위 행선지는 주로 아시아

[그림 12] 한중일 해외여행 추이 비교

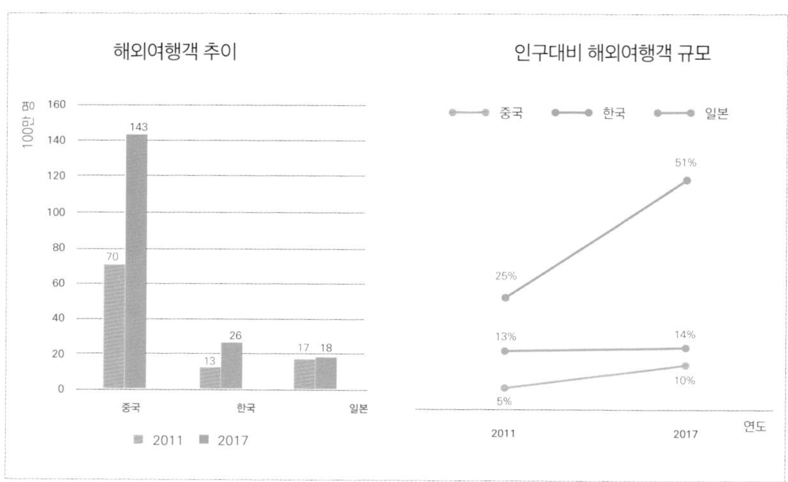

〈출처〉 World Bank, World Development Indicators

로 나타난다.

한국을 방문하는 외래 관광객방문객 규모는 2018년 총 1,530만 명으로 2012년 1,000만 명을 넘은 이후 지속적으로 늘고 있다. 국내 관광시장에서 관광객 유입 규모, 지출경비 모두 중국 관광객에 대한 의존도가 높은 편으로 특히 2018년 중국 관광객이 전체 관광객의 31%를 차지하는 것으로 나타났다.

한국 관광시장의 중국 의존도는 2018년 기준 32%로 대단히 높은 편이다. 비록 GDP 대비 관광산업의 규모가 1.15%로 다른 상위 국가에 비해서는 낮은 편이지만 경제 규모를 감안했을 때 매우 특이한 상황이라고 할 수 있다.

한국에 체류하는 외국인 인구는 그동안 크게 증가하여 2018년 한국

[그림 13] 한국 관광수지와 해외관광객 주요 행선지

한국의 관광수지 추이

100만 달러

35000
30000
25000
20000
15000
10000
5000
0
-5000
-10000
-15000
-20000

2000 2002 2004 2006 2008 2010 2012 2014 2016 2018 연도

관광수지 관광수입 관광지출

한국관광객 주요 행선지(2017년)

행선지	천 명
일본	7140
중국	3855
베트남	2415
미국	2335
태국	1718
필리핀	1608
홍콩	1488
대만	1054
마카오	874
싱가포르	631
말레이시아	485
인도네시아	423
기타	2470

〈출처〉 한국관광공사

[그림 14] 한국 외래 방문객 국적 및 지출 규모

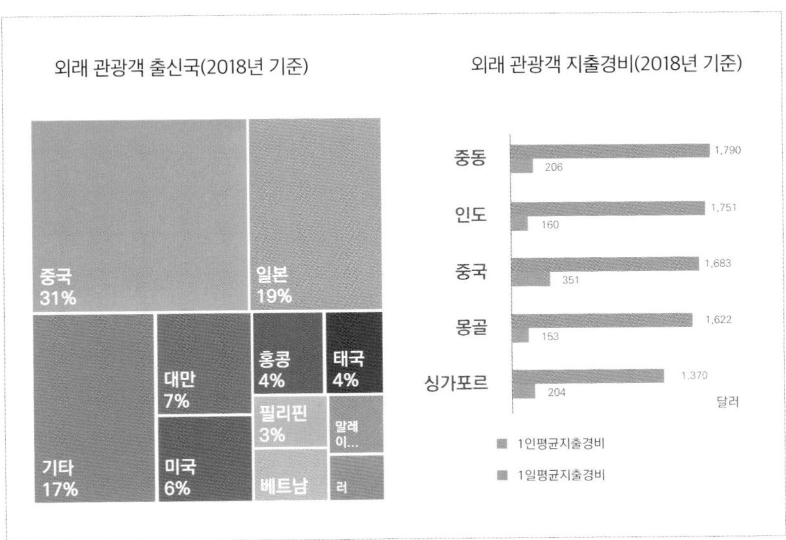

〈출처〉 한국관광공사, 한국관광통계, 문화체육관광부, 2019년 3분기 외래관광객조사

[그림 15] 중국 관광의존도 국제비교

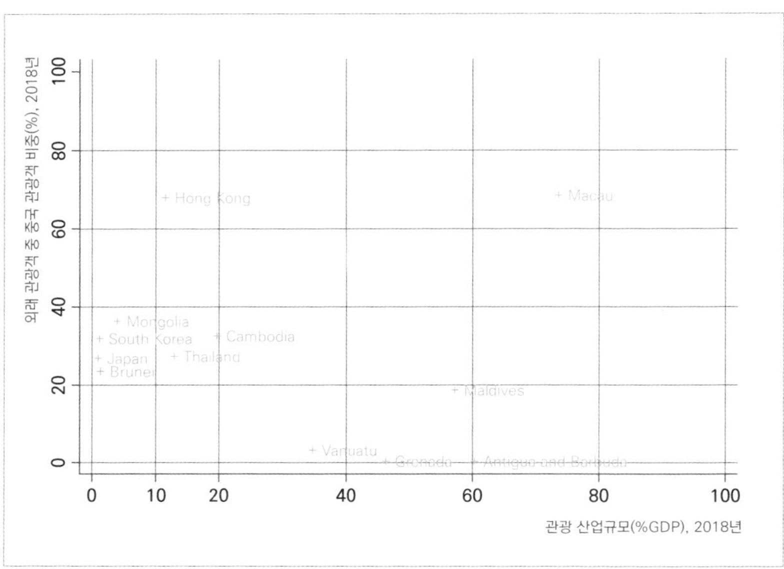

〈출처〉 UNWTO, World Bank

의 체류 외국인 인구는 240만 명으로 10년 전에 비해 두 배로 증가하였다. 이는 전 인구의 약 4.6%에 해당되며 거주 목적은 노동, 결혼, 학업 이주가 대다수를 차지한다.

국적별로 보면 체류외국인의 출신국은 중국(동포 30%, 비동포 15%), 태국, 베트남 순이다. 60만 명 노동이민은 단순기능인력이 대다수를 차지하고, 결혼이민자는 16만 명 정도이며 그 결과 형성된 다문화가구는 100만 가구, 소속된 다문화학생 12만 명으로 집계되고 있다.

교육에서의 인적 교류를 살펴보면, 한국인 국외 유학생은 2018년 22만 930명, 외국인 국내 유학생은 14만 2,205명으로 10년 전에 비해 각각 8% 감소, 87% 증가하였다. 이는 한국인 국외 유학은 정체되어 있음에

[그림 16] 체류외국인 추이와 구성

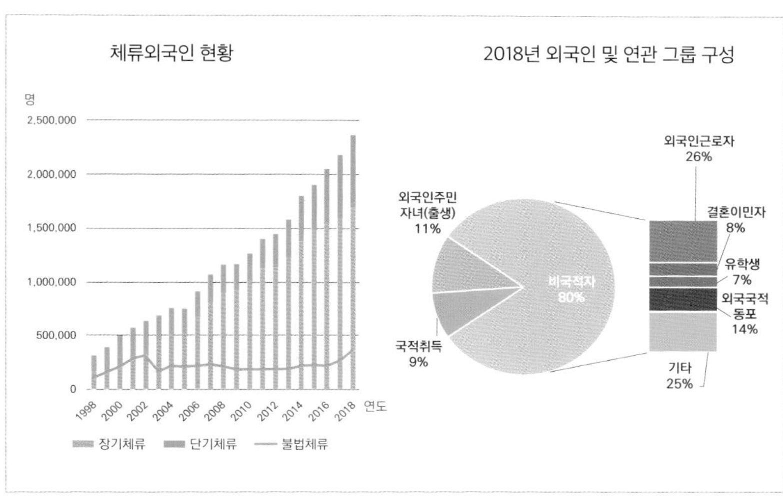

〈출처〉 법무부 출입국 · 외국인정책 통계연보, 행정안전부, 2018년 인구주택총조사 기준

반해 한국으로 유학 오는 외국인 학생들이 크게 늘어났음을 의미한다. 다만 국외 유학생이 국내 유학생보다 많은 현상이 지속되는 것이 유학수지에 반영되어 만성적인 적자 상태를 유지하고 있다. 2018년에는 유학수지 적자폭이 다소 감소하여 36억 달러 적자를 기록하였다.

한국 학생의 해외 유학에 해당하는 국외 유학생은 국가별로 미국(24%)과 중국(26%)에 50% 이상 집중되는 경향이 지속되고 있다. 외국인 학생이 한국에서 유학하는 국내 유학생의 경우 2017년까지 55%를 차지하던 중국 유학생 비율이 이후 서서히 감소하면서 2019년 44%로 하락하였고, 베트남 유학생 비율이 2017년 12%에서 2019년 23%로 크게 증가하였다. 국내 외국인 유학생의 국가별 분포는 한국에서 정책적으로 어느 정도 영향을 줄 수 있는 측면이 있으므로 향후 국가 분포가 보다

[그림 17] 국제이주자의 출신국별 현황 및 노동이주 및 결혼이주 현황

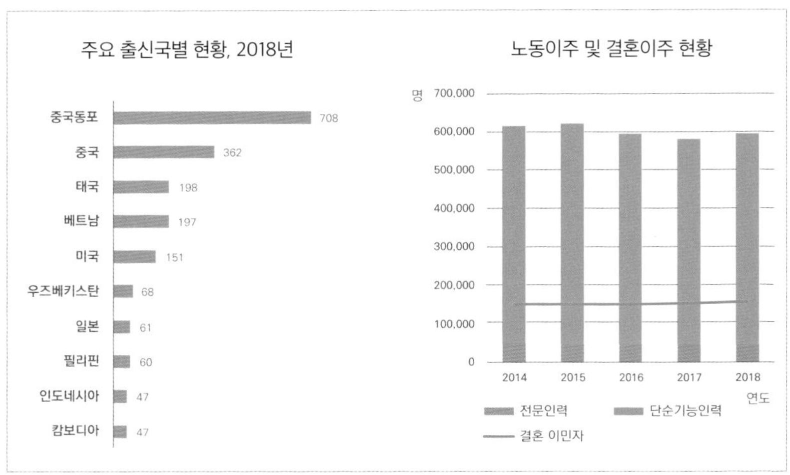

〈출처〉 법무부, 출입국·외국인정책 통계연보

[그림 18] 유학생 및 유학수지

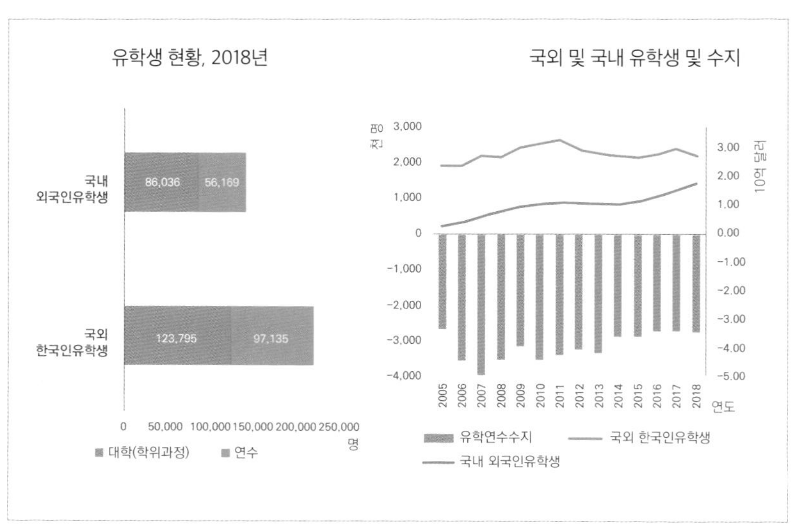

〈출처〉 통계청, 출입국·외국인정책 통계연보

다양화되도록 노력을 기울일 필요가 있다.

이주민, 유학생의 지속적 증가는 외국인의 한국어 사용 능력을 측정·평가하는 한국어능력시험TOPIK 지원자 규모 추이에도 반영된다. 한국어능력시험은 외국인 및 교포의 국내 대학 및 대학원 입학, 정부 초청 외국인장학생 선정, 외국인의 한국 기업체 취업비자 획득, 결혼이민자 비자 발급 신청 등에 요구되고 있다. 한국어능력시험 지원자는 1997년 2,692명에서 21년 후인 2018년 32만 9,224명으로 비약적으로 늘어났다가 2019년에는 32만 6,763명으로 다소 감소하였다.

한류의 세계적 확산을 살펴볼 수 있는 지표 중 하나인 한국의 문화콘텐츠 수출은 2005년 13억 달러에서 2017년 88억 달러로 늘었고, 수출의 대부분은 게임이 견인하고 있다. 2017년 문화콘텐츠 수출에서 게임

[그림 19] 유학생 국가별 현황

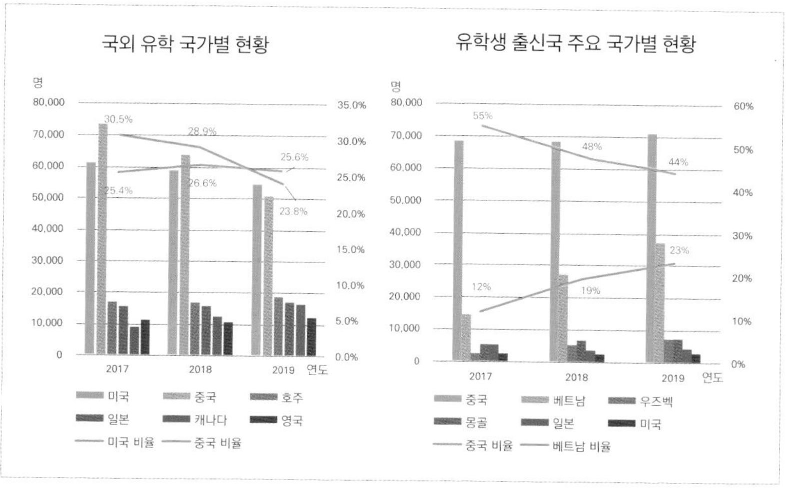

〈출처〉 통계청

[그림 20] 한국어능력시험(TOPIK) 지원자

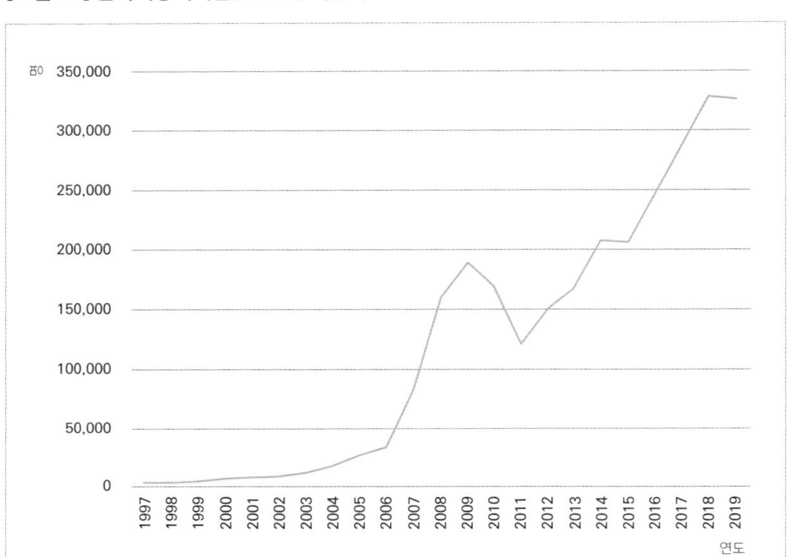

〈출처〉 공공데이터포털

이 차지하는 비중은 67%에 이르고 음악이나 방송, 영화 등은 11% 정도의 규모를 차지한다.

Ⅳ. 외교 안보

이 장에서는 한국의 국제연계성의 마지막 분야로 한국의 외교관계 및 안보관계를 살펴본다. 한국의 수교 현황, 국제기구 가입 현황, 그리고 무비자 방문국 현황 등을 통해 국제사회에서의 한국의 위치를 확인해볼 수 있다. 또한 국제기구 분담금과 유엔평화유지군PKO 파병을 통해

[그림 21] 한국의 문화콘텐츠 수출 추이

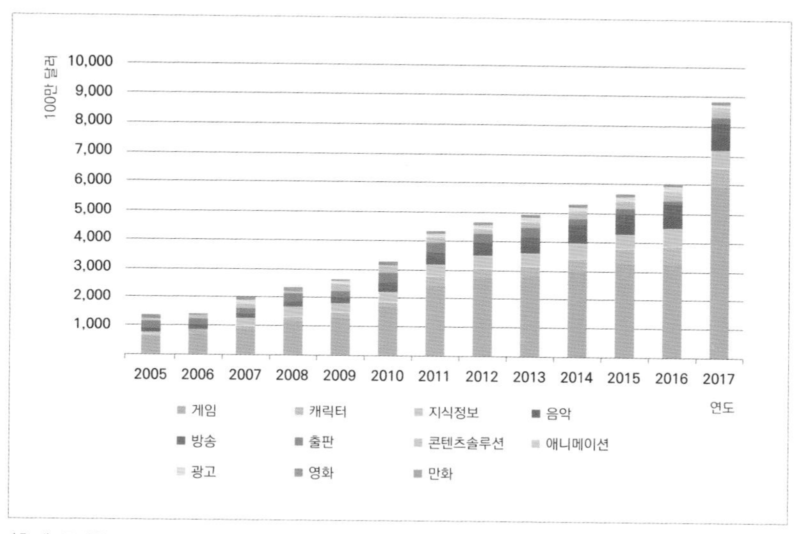

〈출처〉 통계청

국제사회에 대한 한국의 기여 현황 또한 파악해 볼 수 있다. 그리고 이어 한국의 국방력과 군사동맹 현황을 일별한다.

한국은 현재 116개 국제기구에 가입하였고 191개국과 수교관계를 유지, 166개국에 대외공관을 설치하였다. 무비자 방문 국가는 189개국으로 세계 3위에 해당한다.

한국은 성장한 국력에 부응하여 국제사회 기여에 적극적으로 참여하고 있다. 한국은 2019년 유엔 정규예산 분담금 비율 2.3%로 유엔회원국 중 11위이며, 정규예산 분담금 5,340만 달러, 평화유지군PKO 분담금 1억 4,300만 달러를 납부하였다.

한국의 국방비는 2018년 430억 달러로 세계 10위 수준이며, GDP 대비로는 2.6%로 세계 26위 정도이다. 현재 매년 1,000명 정도를 유엔평

[그림 22] 남북한 국제기구 가입, 수교국 현황 및 무비자 방문 국가 수

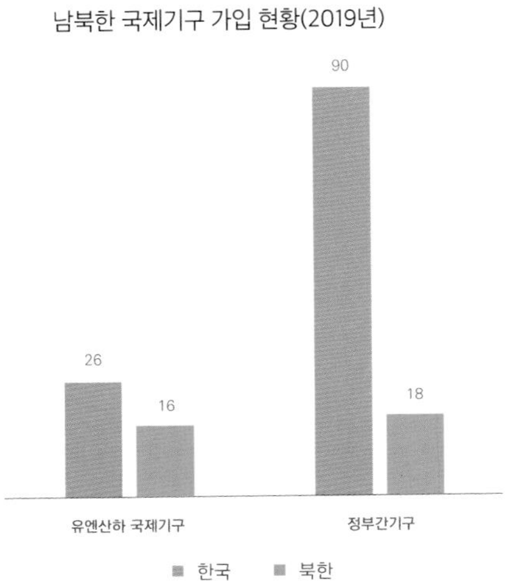

남북한 국제기구 가입 현황(2019년)

	한국	북한
유엔산하 국제기구	26	16
정부간기구	90	18

■ 한국 ■ 북한

국가	한국	북한	동시수교
수교국	191	161	158
대외공관	166	53	

순위	국가	무비자 방문 가능 국가 수
1	일본	191
2	싱가포르	190
3	독일	189
3	한국	189
4	핀란드	188
4	이탈리아	188
5	덴마크	187
5	룩셈부르크	187
5	스페인	187

〈출처〉 외교부

[그림 23] 한국의 국제기구 기여

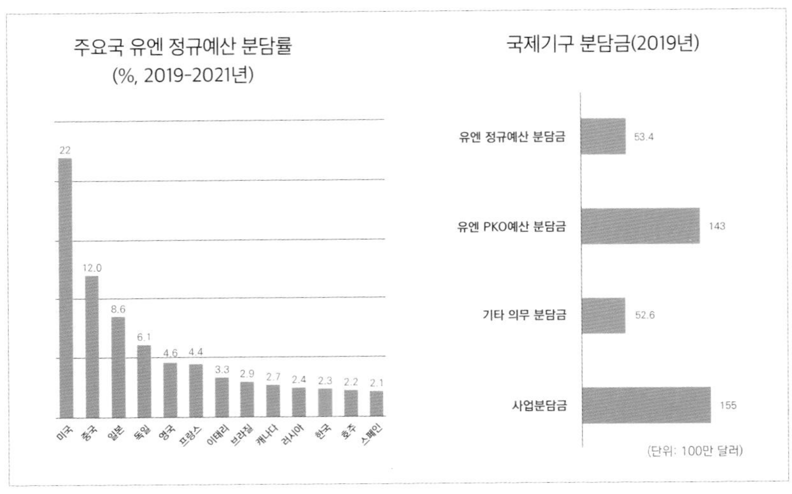

〈출처〉 외교부

[그림 24] 한국 국방비와 해외파병

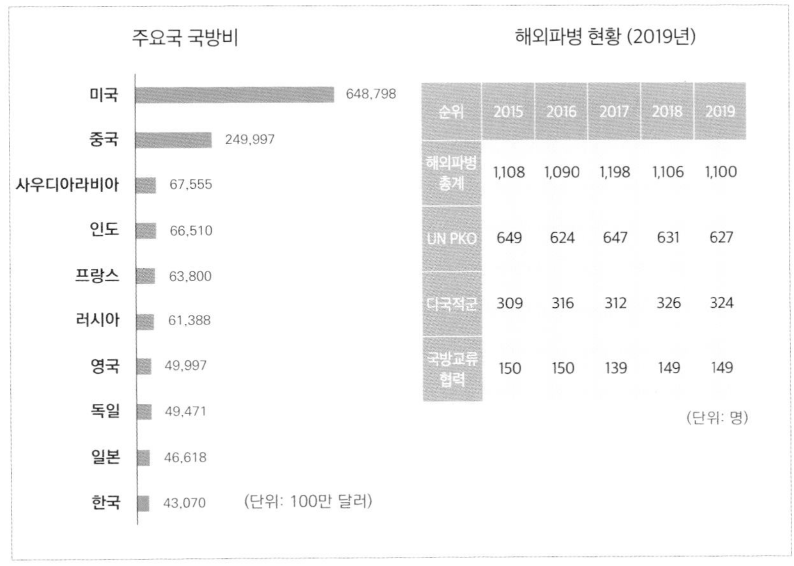

순위	2015	2016	2017	2018	2019
해외파병 총계	1,108	1,090	1,198	1,106	1,100
UN PKO	649	624	647	631	627
다국적군	309	316	312	326	324
국방교류 협력	150	150	139	149	149

(단위: 명)

〈출처〉 SIPRI, 국방부

화유지군을 중심으로 파병하고 있다.

한국은 한미동맹의 틀 안에 미국과 다양한 한미군사훈련을 실시해 오고 있다. 다만 2019년 이후 대부분의 훈련이 축소·재정비·변경되었다. 또한 미국이 아태지역에서 주도하는 국제 군사훈련인 림팩 훈련과 코브라 골드 훈련에도 지속해서 참여하고 있다.

한미관계와 동아시아 지정학적 동학에 대한 자세한 서술이나 분석은 이 글에서는 시도하지 않고, 동아시아의 안보-경제 딜레마에 대해 간단히 통계를 이용해 언급하고자 한다. 아시아태평양 지역에서 미국과 공식방위조약을 맺은 국가는 일본(1951년), 한국(1953년), 호주(1951년), 필리핀(1951년)이 있다. 싱가포르와 태국은 미국에 중요한 군사시설 사

[표 1] 주요 한미연합군사훈련

<table>
<tr><th>연습명</th><th>2019년 이후</th><th>연혁</th><th>주기</th></tr>
<tr><td>을지프리덤가디언 연습
(Ulchi-Freedom Guardian)</td><td>한국 단독
'을지태극연습'으로 축소 및 변경</td><td>1954년 포커스렌즈에서 시작, 1968년 을지포커스렌즈를 거쳐 2008년부터 UFG로 명칭 변경</td><td>매년</td></tr>
<tr><td>키리졸브 연습
(Key Resolve)</td><td>상반기 '19-1 동맹'훈련으로 축소, 하반기 '후반기 한미연합지휘소훈련'으로 축소</td><td rowspan="2">1997년 독수리훈련,
2008년 키리졸브연습/ 독수리훈련으로 정비</td><td rowspan="2">매년</td></tr>
<tr><td>독수리 훈련
(Foal Eagle)</td><td>명칭 없이 대대급 이하에서 실시</td></tr>
<tr><td>Max Thunder</td><td>연합편대군
종합훈련으로 축소</td><td>2009-2018년 시행</td><td>매년</td></tr>
</table>

〈출처〉 저자 정리

[표 2] 한국 참여 미국 주도 국제 군사훈련

연습명	장소	개시	주기	참가국	한국 최초 참여
림팩 훈련	하와이	1971년	격년	2018년 24개국 참가	1990년
코브라 골드 훈련	태국	1982년	매년	2019년 9개국 (20개국 참관)	2010년

〈출처〉 저자 정리

용을 제공하는 아태지역 주요 군사협력국이다. 이들 대부분 수출에서 중국이 차지하는 비중은 10% 이상이며, 특히 일본과 한국, 호주와 같은 동맹국은 중국 수출의존도는 각각 19.5%, 26.8%, 그리고 34.8%에 달한다. 이들 국가는 앞에서 살펴본 중국 관광의존도 역시 최상위권에 속하고 있다.

[그림 25] 아태지역의 미국 동맹국 및 우방국의 중국 수출의존도

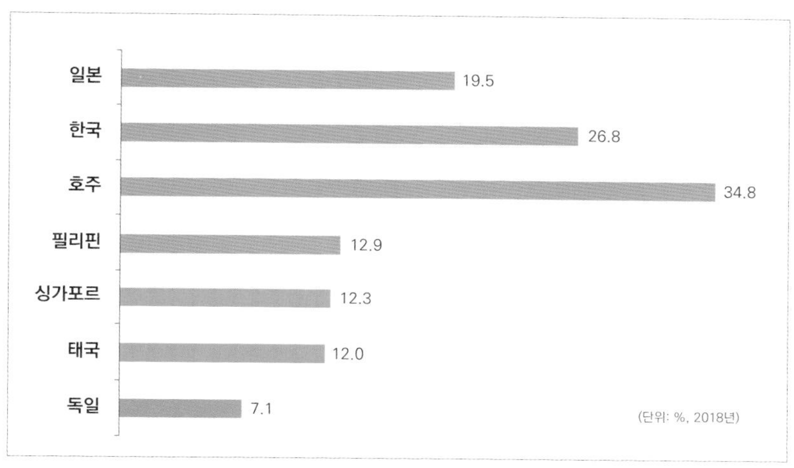

〈출처〉 IMF DOTS

V. 결론

한국은 그동안 경제 교류와 인적 교류 측면에서 높은 수준의 세계화를 달성하였고 외교 안보 분야에서도 수교 현황, 국제기구 가입, 그리고 PKO 파병 등을 볼 때 국제사회에서 상당한 지위와 자원을 가지고 활발하게 활동한다고 평가할 수 있다. 한국의 국제 연계는 무역과 투자 등 경제 분야가 그 세계화를 선도하였으나, 최근 인적 교류 부분과 사회문화 역시 놀라울 정도로 세계화가 빠르게 진행되고 있다. 이러한 국제 연계의 확대와 심화를 통해 한국은 경제 성장과 국민의 삶의 질 향상, 다양성 확대에서 상당한 성과를 거두었다고 평가할 수 있다.

그러나 이러한 성과에도 불구하고 해결해야 할 과제도 상당하다. 한

국은 개방의 양적 수준에서는 큰 성과를 거두었으나 이제 질적 수준 역시 제고해야 하는 시점에 도달하였다. 경제 분야에서는 예를 들어 수출 총량의 확대뿐만이 아니라 수출의 고부가가치화에도 주력하고, 기업의 해외투자 역시 투자 총액만이 아닌 투자 기업의 경영 성과와 투자수익성 개선에도 노력해야 한다는 점이 오래 전부터 지적되고 있다. 국제개발협력 역시 공여액 확대만이 아니라 개발 효과성과 같은 질적 성과 달성에도 더욱 노력을 경주해야 한다는 점도 지속해서 지적되고 있다. 교육과 해외관광에서는 고부가가치화와 상대국 다변화의 과제가 지속적으로 제기되고 있다. 또한 한국 사회에서 중요해진 이주민 통합과 공생의 과제 역시 양적 논리만으로는 풀 수 없는 다면적이고도 복잡한 문제이다.

세계화는 개방을 통해 한국 사회에 풍요로움을 가져다주었지만 동시에 상호의존성 증가로 인한 취약성 또한 과제로 남겨주었다. 한국은 대외무역과 글로벌가치사슬에 활발히 참여하고 있기 때문에 대외 충격에 특별히 더 취약하고, 특히 무역과 국제관광산업에서 중국이라는 특정 국가에 대한 의존성이 높기 때문에 중국이 관련된 경제, 보건 위기에는 더욱 취약한 모습을 보이고 있다. 개방과 국제 연계성이 한국 경제와 사회의 번영에 핵심적인 기반인 만큼 이에 수반되는 위험을 어떻게 관리할 것인지가 향후 더욱더 중요한 과제가 될 것이다.

| 참고문헌 |

공공 데이터 포털. 국립국제교육원_한국어능력시험(TOPIK) 지원자 현황. https://www.data.go.kr/dataset/3059526/fileData.do (2020. 1. 27. 검색)

국방부. 『2018 국방백서』. 서울: 국방부. 2019.

문화체육관광부. 『2019년 3분기 외래관광객조사』. 세종: 문화체육관광부. 2019.

법무부. 『2018 출입국외국인정책 통계연보』. 과천: 법무부. 2019.

산업통상자원부. 외국인투자통계. http://www.motie.go.kr/motie/py/sa/investstatse/ investstats.jsp (2020. 2. 17. 검색).

외교부. 『2019 외교백서』. 서울: 외교부. 2019.

통계청. 국가통계포털. http://kosis.kr/index/index.do (2020. 1. 27. 검색).

통계청. e-나라지표. http://www.index.go.kr (2020. 1. 27. 검색).

한국관광공사. 한국관광 통계자료 검색. http://kto.visitkorea.or.kr/kor/ktom/stat/stat.kto (2020. 1. 27. 검색).

한국수출입은행. 해외직접투자통계. https://stats.koreaexim.go.kr/ (2020. 2. 17. 검색).

한국은행. 경제통계시스템. https://ecos.bok.or.kr/ (2020. 2. 17. 검색).

행정안전부. 2018년 지방자치단체 외국인주민 현황. https://www.mois.go.kr/frt/sub/a05/statistics/screen.do (2020. 1. 27. 검색).

Asian Development Bank (ADB). Asia Regional Integration Center. https://aric.adb.org/fta-country (accessed 17 February 2020).

International Monetary Fund (IMF). Direction of Trade Statistics (DOTS). https://data.imf.org/ (accessed 17 February 2020).

Organisation for Economic Co-operation and Development (OECD). Statistics. https://stats.oecd.org/ (accessed 17 February 2020).

SIPRI. Military Expenditure Database. https://www.sipri.org/databases/milex (accessed 17 February 2020).

United Nations Conference on Trade and Development (UNCTAD). Bilateral FDI Statistics. https://unctad.org/en/Pages/DIAE/FDI%20Statistics/FDI-Statistics-Bilateral.aspx (accessed 17 February 2020).

World Bank. World Development Indicators. http://data.worldbank.org/data-catalog/world-development-indicators (accessed 17 February 2020).

World Bank. Migration and Remittances Data. https://www.worldbank.org/en/topic/migrationremittancesdiasporaissues/brief/migration-remittances-data. (accessed 27 January 2020).

World Tourism Organization (UNWTO). *Yearbook of Tourism Statistics: Data 2014-2018*. Madrid: World Tourism Organization. 2020.

제 2 부
한국은 국제학과 지역학이 왜 필요한가?

4장 21세기 미중 패권 경쟁과 한국 안보 연구의 과제와 역할

신성호(서울대학교 국제대학원)

Ⅰ. 서론

안보문제는 한국 사람의 삶에 항상 가장 심각한 문제로 다가온다.[1] 한국전쟁이 발발한지 70년이 되는 오늘도 많은 사람이 제2의 한국전쟁 가능성을 염려한다. 지난 세월 눈부시게 성장한 한국 경제는 항상 코리아 디스카운트라는 근본적인 짐을 지고 있다. 한국전쟁이 평화협정으로 끝난 것이 아니라 임시방편의 휴전협정으로 이어진 법적인 문제를 떠나 북한이라는 존재가 대한민국에 항상 잠재적 위협으로 다가오기 때문이다. 더욱이 이러한 상황에서 한국을 둘러싼 동북아와 세계의 안보 지형이 또다시 요동치는 모습을 보이고 있다. 중국의 급속한 부상으

1 본문은 『국제·지역연구』 29권 3호 (2020 가을) 29~54쪽에 게재된 신성호, "21세기 미중 패권 경쟁과 한국 안보 연구의 과제와 역할"을 원문으로 하고 있다.

로 동북아를 중심으로 형성되던 세력 전이의 불안한 정세가 트럼프 행정부하에서 미중 패권전쟁으로 본격화한 것이다. 많은 전문가가 트럼프가 재선이 안 되더라도 미중 패권전쟁은 21세기의 가장 중요한 국제정치 쟁점으로 더욱 가속화할 것으로 예측한다. 한편, 21세기 4차 산업혁명은 군사 분야에도 혁명적인 변화를 가져오고 있다. 이러한 가운데 한국 안보의 가장 큰 기둥인 한미동맹도 용산기지 이전과 전시작전권 환수라는 근본적인 변화를 거치고 있다. 그야말로 군사안보 분야에서 한반도와 한국이 전대미문의 변화와 도전을 거치고 있는 것이다. 이러한 변화에 올바른 대응 전략, 정책은 무엇인가? 정책 당국의 고민이 심각하다. 이럴 때일수록 긴 호흡의 진지한 이론과 학문적 연구가 필요한 이유이다. 한국의 안보 연구가 가지는 고민과 책임이 그 어느 때보다 커지고 있다. 본 소고는 탈냉전 이후 서구를 중심으로 진행된 안보 연구의 역사와 내용을 살펴보고, 미국 학계에서 이루어지는 안보 연구의 최근 현황을 고찰한다. 마지막으로 한국의 안보 연구가 수행해야 할 방향과 역할을 제시코자 한다.

II. 탈냉전 이후 1990년대 비전통 안보 연구에서 2000년대 테러리즘 연구

탈냉전 직후 미소 간 냉전을 중심으로 진행되던 안보 연구는 급속한 변화를 겪는다. 냉전시대 안보 연구는 주로 자본주의와 사회주의 이념을 둘러싼 미소 강대국, 그리고 이들 진영 간의 대결에 초점이 맞추어졌다. 이 과정에서 이론적으로는 미국의 왈츠를 시발로 하는 구조적 현실주의를 중심으로 미소 대결이 가지는 양극체제의 안정성과 이들과 주변국 사이의 동맹 형성, 유지, 관리 등에 관한 논의가 활발히 전개되었다. 또한 냉전 대결의 상징으로 부상한 핵무기와 핵 억제에 관한 이론과 정책 논의도 활발하였다. 냉전의 종식은 이러한 안보 연구가 더는 필요 없게 되는 결과를 초래한다. 대신 미국 중심의 단극체제, 혹은 무극체제, 다극체제에 대한 논의가 진행되고, 국가 간 전쟁이나 대결 위험이 감소하고 대신 취약지역이나 국가의 내전과 사회적 혼란이 진행되면서 국가 내부의 취약성과 이에 대한 국제사회의 대응 필요성과 방안에 대한 연구가 활발히 진행되었다. 한편, 냉전 시기 국가 간 전쟁이나 전통적인 분쟁으로 인한 안보 위협에 대한 연구에 비해 다양한 비국가행위자가 미치는 안보 위협에 대한 논의가 새로이 등장한다. 개인이나, 비국가단체, 범죄조직 등 다양한 비국가 군사행위자에 의한 안보 위협이나 지구온난화·홍수·가뭄과 같은 기후변화, 지진과 해일 등의 자연재해, 급속한 전염병, 물 부족, 에너지 공급난과 같은 새로운 위험요소가 안보 위협으로 주목 받기 시작하였다. 그 결과 인간안보human security, 종합안보comprehensive security와 같은 포괄적인 안보 개념과 접근법이 등장하고 동시에 지구상의 모든 문제가 안보 위협으로 전이될 수 있다는 비전통 안보 문제의 안보화securitization가 제기되기도 하였다(Buzan et al., 1998; Williams, 2003; Thierry, 2005).

21세기의 시작과 함께 2001년 9월 11일 미국을 강타한 테러는 안보 연구의 새로운 전환점이 되었다. 미국 경제의 심장부인 뉴욕은 물론 수도 워싱턴의 국방부를 공격당한 미국은 그 공격행위자가 소수 민간인으로 구성된 중동 출신의 테러분자라는 점과 공격 수단이 전통적인 무기나 파괴 수단이 아닌 민간 비행기를 이용했다는 사실에 더욱 경악하였다. 미국 부시 행정부는 본격적인 테러와의 전쟁을 선포하고 아프가

니스탄과 이라크를 침공하면서 안보 연구의 중심도 21세기 테러의 특징에 몰입된다. 연구자들은 재래식 무기를 사용한 국가 간의 전통적인 전쟁에 대비되는 개념으로 비전투요원으로 구성된 소수 민간 테러분자가 비전통적인 수단을 사용하여 미국과 같은 초강대국에 심대한 타격과 안보 위협을 줄 수 있다는 점에 주목한다. 이들 테러의 원인과 대응 방안에 대한 연구가 쏟아져 나오면서, 동시에 이들 테러분자가 과격 이슬람 신앙을 믿는 중동 출신들이 대부분이라는 점에 착안하여 이슬람 종교의 중동과 서구세계의 문명충돌적 속성이 부각되기도 한다. 현실적으로 이들 과격 이슬람 종파들에 관한 연구와 오사마 빈 라덴을 중심한 알카에다 테러 조직의 속성과 운영방식, 전략, 전술 등에 관한 연구가 활발히 진행되고 동시에 이라크를 중심한 중동지역의 정치, 경제, 사회적 문제와 이들 간의 지정학적 경쟁과 갈등이 연구된다. 또한 미국이 이들 지역에서 재래식 군대를 이용해 어떻게 비전통 군사행위인 테러와의 전쟁을 수행하면서 동시에 이들 점령지역의 안정화 작전을 효과적으로 수행할 수 있는지에 대한 대반란작전COIN: Counter Insurgency의 연구가 진행되기도 한다.

III. 2010년대 미중 패권경쟁 연구와 4차 산업기술의 부상

2000년대를 지배한 테러와의 전쟁은 그러나 2010년대로 넘어오면서 미국의 중동 개입이 장기화하는 가운데, 이로 인한 국내적인 피로감과 중동지역 혼란의 가속화와 각종 부작용, 유럽을 중심으로 한 테러 활동의 점진적인 감소, 9·11 이후 미국 내 심대한 테러 공격의 부재 등으로 인해 테러가 점차 안보 연구의 중심에서 벗어나는 모습을 보인다. 대신 2008년 경제 위기 속에 등장한 오바마 행정부가 중국을 중심으로 한 아시아를 미국 외교 안보의 새로운 중심축으로 설정하는 아시아 재균형 정책을 공식화하면서 중국의 부상과 이에 따른 미중 경쟁이 국제 안보의 새로운 화두로 등장하게 된다(Clinton, 2011; Rudd, 2013; Bush, 2012).

미국의 사회과학학술원에서는 2018년 최근 국제 안보 연구의 동향에 대한 전문가들의 수차례 워크숍과 세미나를 개최하고 그 결과를 보고서로 발간하였다(National Academies of Sciences, 2018). 이 보고서는 외교, 군사, 국내 정보를 담당하는 미국의 17개 정보기관을 관장하는 국가정보국에서 국가안보 관련 현안에 대해 최근의 사회 및 행동과학적 접근이 제공할 수 있는 새로운 함의에 관한 연구를 의뢰한 결과물이다. 보고서는 우선 국제 안보에 영향을 미치는 행위자가 그 수와 다양성에서 증가하는 모습을 보인다고 정의한다. 그 결과로 국제 안보 연구에 연관되는 학문 분야, 이론학파, 방법론, 그리고 존재론의 모든 영역에서 그 다양성이 증가하고 있다고 분석한다. 구체적으로 이들이 주목한 최근 국제 안보 연구의 동향은 다음과 같다.

1. 지위Status, 힘Power, 명성Reputation과 국제 안보

첫째로 이들이 주목한 것은 국제 정치 일반, 특히 국제 안보에서 지위의 문제에 관한 것이다. 코넬대학의 스티븐 와드Steven Ward에 의하면 국제정치에서 가장 기본적인 특정 행위자, 즉 국가의 파워와 관련한 국가의 지위status와 명성·평판reputation에 관한 주제가 여전히 중요한 주제라고 진단한다(Ward, 2020; Ward, 2019; Ward, 2017; Ward, 2013). 여기서 지위는 강대국great powers이나 서구the West의 개념과 같이 특정 엘리트 그룹에 속한다는 회원국과 같은 상대적인 개념으로 한 국가의 파워와 그에 따른 영향력의 변동에 따라 그 국가의 서열이 국제정치의 위계질서에서 동기화되어 변화하는 것을 말한다. 특정한 지위는 일방적으로 정해지는 것이 아니라 다른 국가들이 여기에 적극적으로 부응하여 주어지거나 연관된 다른 행위자의 인정을 통해 부여되며, 근본적으로 국가 간 힘의 구조 관계가 가지는 상대성에 의해 제로섬의 성격을 보인다. 이에 반해 명성은 지위와 마찬가지로 다른 국가들의 인정에 의해 형성되지만 반드시 상호 제로섬의 기제를 가지지는 않는다고 정의된다. 국제정치 권력의 서열에서 패권국가의 지위는 공동 1위가 존재하기는 불가능하지만 명성이나 평판에서는 복수의 경제 선진국이나 경제 후진국 혹은 복수의 인권 선진국이나 독재국가가 존재할 수 있다는 것이다. 한편, 명성이나 평판은 국제체제에서 하나의 레버리지를 가지는 주요한 도구적 가치가 있지만, 국제정치의 지위 획득은 외교정책의 주요 목표로 종종 인식된다(Ward, 2020).

와드는 특히 국제 안보에서 국가가 추구하는 지위와 위상의 문제에 주목한다. 국가의 파워에 관련된 위상과 지위의 추구는 기원전 5세기 그리스 패권전쟁을 다룬 투키디데스에게로 거슬러 올라가는 국제정치 일반, 특히 국제안보의 주요한 현상으로 21세기에도 여전히 중요한 안보 연구의 주제라는 것이다. 와드는 국가는 자기 지위에 중요한 관심을 가지며, 이러한 지위에 관한 관심은 모든 외교정책에 주요한 영향을 미친다고 주장한다. 특히 새로이 부상하는 패권국은 자기 지위에 매우 민감하며, 많은 학자가 불만족한 국가들이 가지는 지위에 대한 야심과 이들의 파괴적인 외교정책에 긴밀한 상관관계가 존재한다는 것을 연구해왔다고 지적한다. 그러나 와드는 이러한 국가들이 지위에 관한 관심이

지대하다는 것은 밝혀졌지만 왜 지위에 집착하는지에 대한 이유를 밝히지는 못했다고 지적한다(Ward et al., 2019).

한편, 이러한 국가의 지위에 관심을 갖는 것의 정책적 함의는 만약 기존의 패권국이 새로이 부상하는 패권국의 지위에 관한 야망을 수용할 의지가 있었다면 그동안 국제정치의 많은 분쟁을 피할 수 있었을 것이라는 점이다. 하지만 아직 이를 위해 어떤 형태의 수용이 필요하며 그 수용을 어떻게 할 수 있는지에 관한 연구는 아직 이루어지지 않았다. 예를 들어 과연 중국의 지위에 대한 야망을 미국이 수용한다는 것이 무엇을 의미하는지, 또 그 경우 미국이 어떠한 대가를 치를지 아무도 모른다는 것이다. 따라서 앞으로 국제 안보 연구의 향후 과제는 개별 국가의 태도나 행동과 관련된 지위에 관한 이론의 검증이나 지위를 측정하는 정량적 수치의 개발이 필요하다고 예측한다. 또한 지역패권국이나 중견국, 혹은 쇠퇴하는 국가들이 자기 지위에 대해 느끼는 불안감이 미치는 역할이나 국제적 지위와 국내 정치의 상관관계에 관한 연구가 더욱 중요하리라고 전망한다. 특히 이러한 지위에 관한 연구는 북한이나 이란과 같은 국가가 가지는 지위에 대한 우려가 이들의 체제 취약성과 핵확산 노력을 이해하는 데 결정적인 단서를 제공할 수 있다는 것이다(National Academies of Sciences, 2018: 7~9).

UCLA의 라슨Deborah Larson 교수는 사회정체성이론social identity theory이 국제체제의 명성·평판reputation, 힘power, 정당성legitimacy의 문제와 관련하여 국제 안보 연구에 가지는 함의를 논의한다(Larson et al., 2014). 사회정체성이론이란 특정 사회그룹의 구성원으로서 개인이 자신에 대해 가지는 자의식이 개인의 행동에 미치는 영향을 설명하는 이론으로 라슨은 여기에서 각 개인은 자신이 속한다고 생각하는 그룹이 다른 그룹에 비해 우수하거나 특수하게 보이기를 원한다는 점에 주목한다. 그 결과 개인들은 자신들이 속한 그룹의 위상을 항상 자신의 그룹보다 비슷하면서도 좀 더 높다고 생각하는 그룹에 비교 평가하는 경향이 있다는 것이다. 이를 국제정치에 도입하면 러시아나 중국은 항상 미국과 비교하며, 인도는 중국에 비교하고 프랑스는 독일과 비교한다는 것이다. 동시에 이들 국가는 정체성 관리 전략을 통해 항상 자기 위상이나 랭킹을 높이려고 한다. 그중 하나가 사회적 이동성social mobility의 추구이다. 즉, 국가는 자신이 속하고자 하는 엘리트 그룹의 멤버가 되려고 그 그룹의 규칙을 따르거나 자신들의 속성을 개선하려고 노력한다는 것이다. 예를 들면 냉전의 종식 후 동유럽 국가들이 바르샤바 조약기구를 탈퇴하고 나토나 유럽연합의 멤버가 되고자 민주주의와 자유시장과 자본주의를 앞 다투어 채택한 사례가 있다.

두 번째 전략은 다른 상위 지배 그룹과 동등하게 되거나 넘어서려는 사회경쟁social competition전략이다. 이는 하위 그룹의 국가가 상위 그룹의 속성이 기본적으로 배타적이고 이중적 잣대를 가지고 나머지 그룹을 무시함으로써 이들 그룹이 기본적으로 정당성을 가지지 못한다고 믿는 경우이다. 이 경우 하위 그룹의 국가들이 기존 국제체제의 규칙이나 규범에 지속해서 자신들의 입장을 반영해달라고 요구하는 현상이 나타난다. 더 구체적으로는 하위의 도전자가 엘리트 그룹의 동맹국이나, 후견국, 무기체계를 놓고 경쟁하는 현상이 나타나며 결국 기존의 엘리트 국가가 도전국을 위협으로 인식할 경우 이들 간의 충돌이 일어난다. 그러나 한편 이들 도전국의 힘이 아직 충분하지 못할 경우는 상위국가의 위상에 흠집을 내거나 이들이 추구하는 목표를 방해하는 훼방꾼spoiler의 역할을 한다. 푸틴의 러시아가 좋은 예로서 미국의 경제나 국방력에 못

미치면서도 자신의 지위가 그에 상응하다고 믿기 때문에 자신을 인정하지 않는 현재 국제질서가 부당하다고 믿고 행동한다는 것이다(Larson and Shevchenko, 2003).

세 번째 전략은 사회창조성social creativity 전략이다. 여기에는 두 가지 형태가 나타나는데 먼저 자신들이 전통적으로 가졌던 부정적인 속성에 대한 인식을 바꾸려는 노력이다. 대표적으로 시진핑 주석이 이전에 모택동이 비판했던 공자사상을 새로이 진흥시키려는 정책을 펴는 것이다. 또한, 중국이 자신들의 부상이 남에게 위협이 되지 않을 것이라고 강조하는 것도 사회창조성의 하나로 볼 수 있다. 사회창조 전략의 또 다른 형태는 새로운 분야에서 두각을 나타내려는 노력이다. 과거 소련의 고르바초프가 미국과의 군사나 경제 분야의 경쟁을 포기하면서 대신 상호안보, 무력 불사용, 비공세적 방어 등의 신개념을 주장하며 새로운 국제질서a New World Order의 주도국을 주창했던 사례를 들 수 있다(Larson and Shevchenko, 2010).

이러한 시도는 도전국 입장에서 기존 상위국의 지위나 체제가 매우 안정적이고 정당화되어 이에 직접 도전하기가 어려울 때 시도하는 전략이다. 그러나 상위국이 이 새로운 분야나 도전국의 주장을 인정하지 않을 때는 결국은 효과적이지 못하다고 분석한다. 또한 라슨은 사회창조 전략의 경우도 도전자가 최소한의 물적인 힘hard power이나 군사력을 갖추어야 한다고 지적하면서 사회경제 전략과 마찬가지로 결국은 두 세력 간의 충돌이 일어날 수 있다고 본다. 따라서 라슨은 현재 국제체제의 안정을 위해서는 첫째, 미국이 전반적인 압도적 지위를 유지함으로써 도전국이 현 위계체계의 안정성을 인정토록 해야 하며 둘째, 동시에 현 지위의 위계성이 그 정당성을 인정받으려면 도전국이 엘리트

[표 1] 국제정치의 비국가행위자

	영리(For-Profit)	비영리(Not-for-Profit)
폭력적(Violent)	범죄조직, 마약카르텔	테러그룹, 반란군
비폭력적(Nonviolent)	산업계, 다국적 기업	NGOs, 종교단체, 대학

그룹에 들어갈 수 있는 길이 열려 있다고 인식하는 두 조건이 필요하다고 주장한다. 라슨은 향후 연구과제로 와드와 마찬가지로 국가의 위상이 가지는 한계와 동기부여에 대한 연구와 함께 발칸, 세르비아, 몬테니그로와 같은 소국가들의 위상에 대한 욕망이 현 국제체제에서 어떻게 다루어질 수 있을지에 대한 연구가 필요하다고 제기한다. 더불어 국제정치에서의 신뢰와 신뢰관계에 대한 새로운 관심과 신뢰 구축과 신뢰를 보완 대체할 제도적 장치의 구축에 관한 연구의 필요성도 제기한다(National Academies of Sciences, 2018: 9~11).

국제안보연구의 또 다른 경향은 비국가행위자의 속성과 역할에 대한 연구의 증가이다. 조지아대학의 아만다 머디Amanda Murdie 교수에 의하면 1980년에서 2015년 사이에 발표된 국제정치와 국제 안보 연구 주요 학술지의 데이터베이스를 분석한 결과 비국가행위자에 대한 연구가 전체의 10% 정도를 차지하고 있으며, 아직 그 비중은 전체적으로 작지만 시간이 흐르면서 뚜렷한 증가세를 보인다고 분석한다. 머디에 따르면 국제정치에서 비국가행위자란 정부나 국제기구에 속하는 기구를 제외한 다양한 형태를 말하며, 쉽게는 앰네스티나 그린피스와 같은 '착한' 행위자와 테러조직, 마약조직, 반란군과 같은 '나쁜' 행위자와 함께 안젤리나 졸리나 디카프리오 같은 국제적 영향력을 가진 개인도 포함된다. 머디는 실제 이들 비국가행위자들을 〈표 1〉과 같이 영리와 비영리, 그리고 폭력과 비폭력의 기준으로 구분한다(Campbell et al., 2019; Murdie, 2014; Peterson et al., 2018).

머디에 의하면 2008년 이후 증가세를 보인 이들 비국가행위자에 대한 연구가 대부분 테러그룹이나 NGOs, 그리고 종교조직에 집중되는 경향을 보이면서 상대적으로 마약카르텔과 같은 영리 추구의 폭력적 행위자나 개인 행위자가 국제안보에 미치는 영향에 대한 연구는 여전히 미진하다고 분석한다. 이들의 영향력은 다양하게 측정될 수 있으며, 예를 들어 비폭력, 비영리 조직의 활동은 언론보도나 리포트 등을 통해 드러나는 반면 폭력적 테러조직의 경우 테러사건의 빈도나 이들 사건의 사상자 수로 그 영향력이 측정될 수 있다는 것이다. 또한 이러한 행위자의 실적이 얼마나 언론의 주목을 받느냐가 이들의 지위나 힘, 혹은 명성을 나타내는 지표가 될 수 있다. 각종의 비정부행위자들은 국제적 관심을 얻음으로써 자신들의 국제적 위상, 권력, 평판을 높이려고 하는데, 이들 중에서도 매우 크고 유명한 국제적 비정부기구는 자기 지위를 이용하여 어떠한 이슈가 국제적 관심을 받을지를 선정하는 문지기로서 영향력을 행사한다(Carpenter, 2010).

머디는 빅데이터나 머신러닝을 이용하여 이들 비국가행위자가 국제 안보에 미치는 영향력과 여타 전통적 행위자 간의 상호작용을 보다 구체적으로 파악할 수 있으리라고 제시한다. 구체적인 예로 복잡한 위기 상황이나 대반군 작전에서 군이 다양한 NGO나 반란 세력과 서로 복잡하게 접촉하는 상황이 발생한다는 것이다. 머디는 국가 사이의 국제안보 문제의 중요한 동학인 위상이나 지위, 명성의 문제가 이들 비국가행위자 특히 테러조직이나 폭력적 영리조직에도 중요한 작동 요인이 된다고 분석하고 앞으로 비국가 행위자에 나타나는 이러한 요소에 대한 연구가 필요하다고 결론 내린다(Bell and Murdie, 2018).

2. 4차 산업혁명과 사이버 안보

미중 패권경쟁과 더불어 21세기 안보의 가장 중요한 화두로 등장한 분야는 사이버 혹은 정보전쟁information warfare이다. 스탠퍼드대학의 허브 린Herb Lin 교수는 정보 전쟁과 영향력 작전influence operations에 대해 "의도적인 정보의 활용을 통해 적을 교란confusion, 기만mislead하여 적의 선택과 결정에 영향을 미치는 것"으로 정의한다. 그러나 이러한 행위는 전통적인 의미의 유엔헌장이나 무력 충돌에 관한 국제법에 적시되지 않은 새로운 형태의 전쟁 행위로 보아야 한다. 한편으로는 프로파간다나 설득이라는 의미의 '정보'와 무력 분쟁이라는 의미의 '전쟁'의 결합인 '정보 전쟁'은 이미 중국 고대의 전략가인 손자가 '가장 최고의 전쟁 기술은 싸우지 않고 적을 제압하는 것'이라고 손자병법에서 설파한 바 있다.

사이버 전쟁은 크게 사회 전체에 타격을 주거나 주요 기간산업을 공격하고, 무기체계를 파괴하는 높은 수준의 영역과 마약 거래나 미성년 음란물, 신용카드 사기나 지식재산권 탈취와 같은 낮은 수준의 영역으로 구분된다. 정보 전쟁은 그 자체로 고유한 전장battle space과 작전이론을 가진다. 사이버 공간의 정보 환경에서 벌어지는 정보 전쟁은 물리적 충돌이 아닌 뇌의 인지와 감정 부분을 놓고 충돌이 벌어진다. 정보 전쟁의 승리는 상대가 군사적으로 저항할 수 있는 능력이 없어서가 아니라 상대의 지식과 진실에 대한 신뢰, 그리고 자신감에 심각한 혼란이나 손상을 끼침으로써 상대의 의사결정 과정에 두려움, 분노, 불확실성을 전염시켜 자신들이 원하는 정치적 목표를 받아들이게 하는 것이다. 정보전쟁에는 비전투원의 구분이 없이 정부, 대학, 언론과 같은 모든 주체가 주요 타격 대상이 된다(Lin and Zegart, 2019; Lin and Zegart, 2017).

혼란과 혼돈이 적국에 미치는 영향은 먼저 불확실성과 분쟁을 야기하고, 또 국제적 명성을 손상시킨다는 것이다. 더욱 중요한 것은 이러한 적대행위가 여전히 실제 전쟁 행위에 해당하는 일반적인 요건에 못 미치기 때문에 대응하기가 어렵다는 점이다. 이와 관련하여 만약 이러한 사이버 공격의 행위자가 자기를 드러내는 경우는 '백색' 작전으로, 공격의 행위자가 불분명한 경우는 '회색' 작전으로, 그리고 공격의 행위자를 다른 국가에 뒤집어씌우는 경우는 '흑색' 작전으로 분류된다. 린 교수는 정보 전쟁을 세 가지 주요 형태로 구분한다. 첫째는 잘못된 정보를 퍼트리는 프로파간다 작전으로 종종 이성보다는 감정에 호소하는 단순하지만 반복되는 거짓 정보로 구성된다. 히틀러의 『나의 투쟁』에서 전형적으로 사용된 수법이다. 둘째, 혼란 생성 작전으로 흔히 인터넷상의 '낚시꾼trolls'들을 활용하여 대량의 허위 메시지를 살포하는 것으로 허구의 재앙이나 음모론을 대중에게 퍼트리는 것이다. 셋째는 '유출' 작전으로 기밀정보나 대상의 치부, 혹은 평판에 손상을 주는 정보를 대중에 퍼뜨리는 것이다(Lin, 2019a).

이러한 정보 전쟁은 새삼스러운 것은 아니고 이전에도 사용되었으나 현재의 사이버를 이용한 정보작전은 주요한 몇 가지 장점이 있다. 우선 그 방법이 이전보다 훨씬 쉬워지고 더욱 광범위한 대중에게 접근할 수 있는 수단으로 인해 그 비용이 훨씬 저렴하다는 것이다. 또한 이러한 전쟁이 종종 합법의 틀 안에서 익명성을 활용하여 국경을 초월하는 청중에게 전파될 수 있다는 것이다. 자동화된 트위터 계정을 통해 다량의 메시지를 퍼트리는 것이 그 좋은 예이다. 이 과정에서 인간의 인지적 그리고 감정적 편견들이 정보 전쟁의 효과를 증폭시키는 요소로 작용한다. 즉, 인터넷 시대에는 사람들이 자기가 보고 듣고 믿고 싶어 하는 정보들만 더욱 편향되게 찾게 되고 이성적인 판단보다는 감정에 치우치는 경향이 두드러지게 나타난다는 것이다. 린 교수는 2016년 미국 대선에 대한 러시아의 개입이 좋은 예라고 제시한다. 여기서 중요한 것은 선거 결과 어느 당 후보가 이겼든 상관없이 미국 내에 정치적 분열과 혼란이 증가했을 것이라는 사실이다. 현재 미국 사회에 나타나는 정치적 양극화의 환경과 미국의 취약한 사이버 방어 정책 때문에 미국이 이러한 정보 전쟁에 특히 취약하다고 분석한다. 여기에 더해 미국의 군사 당국이 소프트파워의 중요성을 인지하지 못하고 있으며, 정보 작전에 대해 여전히 의구심을 가진다고 지적한다(Lin, 2019b).

린 교수에 따르면 미국의 대응 방안으로 우선 적국이 대상으로 하는 대상이 누구인지를 파악하는 것이 우선이며, 단순히 이에 대응하기 위해 여러 기관이 협력한다든지 이 분야의 전문가들을 모으는 것은 시간 낭비라고 지적한다. 대신 허위 정보를 반박하는 것보다 진실을 더욱 증진하려는 노력이 중요하다고 강조한다. 그리고 이러한 정보 전쟁을 자신들의 정보를 통제하기 쉬운 독재나 권위적인 국가에 활용하는 것이 쉽지 않다고 조언한다.

지금까지 앞에서 살펴본 것을 종합하면 미국 학계의 21세기 안보 연구는 중국의 부상에 따른 세력 전이와 이것이 초래하는 미중 패권경쟁에 대한 다양한 이론적 개념적 연구가 진행되고 있음을 알 수 있다. 국제질서에서 힘의 구조적 변화에 따른 국가 간 위상의 변화를 둘러싼 갈등과 조정, 그리고 이를 분석하기 위한 사회정체성 이론의 적용 등이 그것이다. 한편, 미국 학계는 전통 안보 연구에서 중심을 이루던 국가행위자와 더불어 새로운 국제안보의 중요한 행위자로 비국가행위자에 대한 연구도 새로이 주목을 받고 있음을 알 수 있다. 지난 2차 세계대전 이래 강대국 간의 전쟁 없는 세월이 70년이 지나면서 비강대국 지역의 수많은 분쟁이 국가 간보다는 다양한 비국가행위자에 의해 주도되는 현실이 21세기에도 지속되고 있는 것이다. 최고의 패권국인 미국을 강타한 9·11 테러도 결국은 몇몇 민간인으로 구성된 급진주의 종교집단에서 시작된 것이 좋은 예이다. 한편, 4차 산업혁명으로 촉발된 새로운 군사기술이 전쟁의 양상과 수단을 혁명적으로 바꿀 가능성에 대한 관심도 날로 증가하고 있다. 적과 아군, 국가와 개인, 민간과 군, 공격과 방어, 교전 수칙의 전통적인 구분과 적용이 어려운 사이버 안보의 부상과 관련 기술, 전략에 대한 새로운 관심이 증가하는 배경이다.

IV. 미중 패권경쟁, 군사 혁신, 한반도 안보 연구

1. 21세기 한반도 안보 지형의 변화

21세기 한반도 안보 지형의 가장 큰 변화와 도전 요인은 2010년대 중반 이후 본격화한 미중 간의 패권경쟁이다. 이전까지 국내경제 발전에 집중하며 외교 안보에서 유화적인 정책을 추구하던 중국은 시진핑 정부 이후 국가의 핵심 이익을 내세우며 더욱 공세적인 목소리를 내기 시작하였다. 시진핑 주석은 2012년 취임 직후 오바마 대통령과의 첫 만남에서 미중이 서로를 존중하며 '신형대국관계'를 수립할 것을 전격 제안하였다. 2017년 19차 당대회를 통해 자신의 권력 기반을 대폭 강화한 2기 정부를 출범한 시진핑 주석은 보다 적극적인 외교 안보를 제시한다. 예를 들어 일찍이 제시한 '중국몽'의 중요한 부분으로 "전쟁에서 싸워 이길 수 있는 군대" 건설을 위한 '강군몽'을 새로이 주창하였다. 2015년부터 진행한 국방 개혁의 목표로 2035년까지 국방 현대화를 달성하고, 2050년에도 중국이 세계 최고의 군사력을 가지게 되는 비전을 제시한다(신경수, 2018).

이를 뒷받침하려고 중국은 지난 수십 년간 두 자릿수 이상의 국방비 증가를 꾸준히 이어왔다. 중국의 비약적인 경제 성장은 중국의 국방비가 경제에서 차지하는 비중이 상대적으로 줄어드는 데도 그 절대 액수는 2000년대 들어 가파르게 상승하는 모습을 보여준다. 특히 지난 20년간 연10%에 육박하는 경제 성장을 거듭해온 중국의 국방비는 매년 두 자릿수에 육박하는 가파른 상승세를 보인다. 그 결과 2000년대 초 한국과 비슷한 약 400억 달러의 국방비를 기록한 중국은 2018년 현재 2,500억 달러로 같은 해 한국의 430억 달러에 비해 5배가 넘는 격차를 보이고 있다. 이에 비해 90년대 이후 둔화되기 시작한 한국의 경제 성장은 2000년대 들어 연 1~3% 수준의 저성장 시대에 직면하여 국방비 증가가 국방 수요를 따라가지 못하는 모습을 보인다. 〈그림 1〉에서 보듯이 중국의 가파른 군비 상승과 상대적으로 정체된 일본과 한국의 군비는 그 격차가 심화되면서 한일과 역내 불안의 요인이 되고 있다. 특히 중국의 불투명한 체제 성격과 군사정책은 중국의 군사적 의도에 대한 우려와 불신을 강화시킴으로써 지역 내 안보 딜레마를 자극하는 경향을 보인다.

특히 중국이 2015년부터 시작한 국방 개혁은 기계화·정보화를 위한 30만 감군, 합동성 강화, 지역성과 부정부패 청산을 위한 군구 현대화, 중앙의 통제를 강화한 지휘구조 개편, 육군 중심에서 육해공과 전략군, 사이버, 우주 부분의 신설 등이 포함된다. 특히 지금까지 본토 방어 중심의 수세적인 개념을 넘어서 아시아 태평양 지역에서 핵심 안보 이익에 대한 미국 등 외부세력의 개입을 차단하고 첨단 군사기술을 활용하

[그림 1] 최근 10년 한중일 국방비 증가 추이

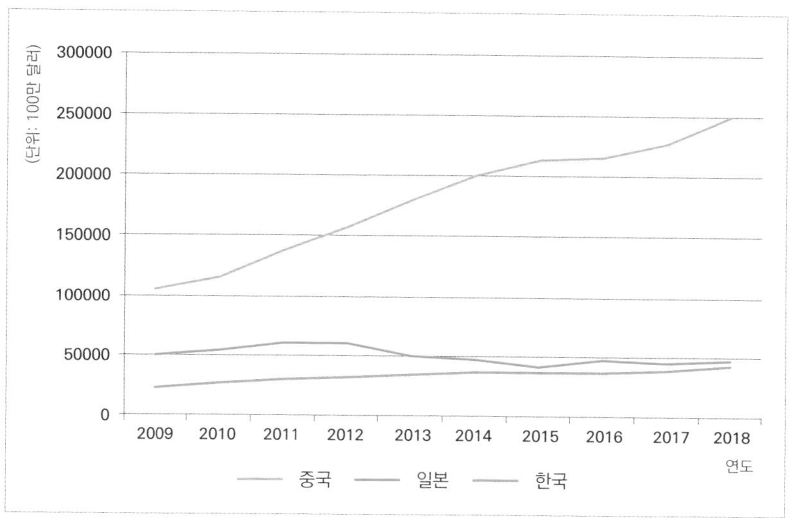

〈출처〉 SIPRI Military Expenditure Database, 2018

여 유사시 전쟁에서 승리하겠다는 공세적인 전략으로 전환이 이루어지고 있다(Wuthnow and Saunders, 2018).

중국은 걸프전쟁 이후 본격화된 정밀유도 무기로 상징되는 2차 상쇄전략 기술에 기반한 아태지역에서의 반접근·지역거부A2AD 전략을 추구함과 동시에 1차 상쇄전략의 핵심인 핵무기 전력 강화도 본격적으로 추진하고 있다.

미국은 이러한 중국의 움직임을 민감하게 주시하면서 이에 대한 전면적인 대응 수위를 높이고 있다. 중국이 남중국해와 동중국해 등에서 일본, 필리핀, 베트남 등 미국의 동맹이나 우방국과 영토분쟁이 발생하면서 공세적이고 강경한 외교 공세를 펼치는 현상이 벌어지고 있다(Swaine, 2014). 일찍이 오바마 행정부는 2010년대 초 이들 국가가 미국에 외교 안보를 의존하는 경향이 나타나자 미국은 중국을 견제할 중요한 필요와 기회로 보고 아시아 태평양으로의 귀환을 천명한다(Clinton, 2011). 오바마 행정부의 힐러리 국무장관을 이기고 행정부를 장악한 트럼프 대통령의 대중 강경책은 미중 패권경쟁을 더욱 강화하는 경향을 보인다. 오바마 행정부에서 미국은 중국의 부상에 대해 경계를 하면서도 중국과의 전략 대화와 광범위한 협력을 강조하는 정책을 펼쳤다. 선거기간에 중국의 무역 적자에 비판을 쏟아내던 트럼프 대통령은 2017년 말 발간한 『국가안보전략서National Security Strategy of the US(2017)』에서 중국이 미국을 위협하며 경쟁하는 수정주의 세력으로 규정하며 적대적 관계를 공식화하였다. 이어 2018년 2월 초에 발간된 『핵태세검토보고서Nuclear Posture Review(2018)』에서 그동안 미국의 핵 감축 노력과는 반대로 중국이 핵 능력을 증강, 현대화하고 있다고 적시한다(Office of the Secretary of Defense, 2018).

트럼프 행정부가 중국에 대한 무역제재를 강화하면서 시작된 미중 무역전쟁은 미국의 인도-태평양 구상과 함께 아시아 태평양 지역에서의 본격적인 미중 패권경쟁이 전개되는 모습을 보인다. 트럼프 행정부의 인도 태평양 구상은 2017년 12월 발간된 국가안보전략보고서에 명시되면서 오바마 행정부의 아시아 재균형 정책에 이어 미국의 새로운 아태전략으로 공식화된다(White House, 2017). 문서에서는 먼저 중국을 경제적 부상과 함께 지정학적 영향력을 확장하려는 야심을 가진 나라로 지목하며 미국이 아태 지역의 다른 나라들과 함께 중국의 지역 장악을 견제하고 지역의 주권과 자주를 보호하는 리더십을 발휘할 것을 제시한다. 특히 말미에 일본, 호주, 인도와 함께 4자 협력을 증진할 것을 언급하며, 정치·경제·군사의 영역에서 상호적이고 공정한 무역, 법의 지배, 항해의 자유, 국제법에 근거한 영토분쟁 해결, 그리고 북한의 완전한 비핵화 등을 추구해 나갈 것을 주요 목표로 설정한다(White House, 2017).

2019년 6월에는 국방부를 중심으로 「인도 태평양 전략 보고서: 준비태세, 파트너십과 네트워크화된 지역Indo-Pacific Strategy Report: Preparedness, Partnerships, and Promoting a Networked Region」이란 제목의 인도-태평양 전략 추진 방안을 담은 보고서를 발간한다(DoD, 2019). 미 국무성이 '인도 태평양 전략'strategy보다는 '인도 태평양 구상'initiative이라는 표현을 쓰기를 선호한 것에 비추어 볼 때 국방부의 인도 태평양 전략 보고서는 그 이름부터 공세적인 모습을 보인다. 보고서에서 미국은 중국·러시아·북한을 특정하며 초국가적 문제와 더불어 이 지역의 주요 위협 요인으로 규정한다. 이 중에서도 가장 중요한 위협은 중국이며 특히 최근 중국이 추구하는 회색지대gray zone 전략과 경제적으로 일대일로를 통해 지역 국가들을 회유 포섭하여 지정학적 영향력을 높이려는 의도를 분석한다. 결국 보고서는 중국이 현 질서를 전복하려 하고, 지역에서 헤게모니패권를 추구하고 있다고 주장하며 중국이 규칙에 기반한 지역 질서 내로 끌어들이기 위한 설득을 언급하고 있지만, 동시에 중국이 현 질서를 무너뜨리려 한다면 이를 그냥 바라보지는 않겠다는 의지를 천명한다(DoD, 2019: 7~10). 이후 트럼프 행정부는 중국에 대한 무역 제재를 강화함은 물론 화웨이와 같은 중국 기업에 대한 제재와 유럽과 아시아 동맹국에 대한 제재 동참 요구, 대만에 대한 주요 무기 수출 허가 등 중국에 대한 전방위적인 압박과 봉쇄 정책을 펴는 모습을 보인다. 최근의 코로나 사태에 대해 중국 책임론을 공식 제기한 트럼프 행정부는 제2의 무역 제재를 거론하며 압박의 수위를 더 높이고 있다.

두 번째, 4차 산업혁명 시대에는 무인 자율, 3D 프린팅, 로봇공학, 인공지능, 신소재, 사물인터넷, 빅데이터 합성생물학, 유전자편집 등 물리학과 디지털 및 생물학 분야의 모든 과학기술과 지식, 정보 분야의 혁신이 급속도로 진행되면서 지금까지의 제도 및 가치, 그리고 생활의 틀을 근본적으로 변혁하는 상황이 도래할 것으로 예상된다(Schwab, 2016). 4차 산업혁명으로 인한 신기술은 전쟁과 안보, 국방 분야에도 심대한 영향을 미칠 것이다. 전쟁 및 전장의 개념과 양상이 바뀌고 전혀 생각지 못한 신무기와 기술이 새로운 위협과 동시에 기회를 제공한다. 예를 들어 사이버공간이 새로운 공격과 교란의 대상이 되면서 육해공의 공간과 더불어 분쟁의 당사자들이 서로 센서와 정보통신, 의사결정 시스템을 방해, 교란, 파괴하고자 하는 노력이 점증하고 있다. 또한, 안보, 군사 시스템은 물론 행정, 에너지, 전력, 금융, 보건, 의료, 교통관리, 상수도 등 민간 기반시설에 연결된 네트워크가 사이버 공격으로 인해 시스템이 마비되면서 전쟁 상황에 버금가는 대혼란이 야기될 수 있다. 문제는 사이버전쟁은 적이 누구인지 그 경계와 대상이 확실치 않다는 것이다. 21세기 사이버 위협은 특정한 적대 국가의 군대는 물론 해커와 테러리스트, 범죄자, 그리고 이를 가장한 적국의 사이버 공격에 대비해야 하는 어려움을 제기한다(정춘일, 2017).

동시에 21세기는 새로운 기술이 군사 혁신을 주도할 것으로 예상된다. 드론과 자율무기는 인공지능과 결합되어 전쟁의 새로운 변화와 전략을 가져올 것이다. 웨어러블 기기나 외골격 기기가 인간의 전투력을 획기적으로 향상시키고, 나노기술을 활용한 초경량의 이동식 무기와 더욱 스마트하고 정밀한 첨단무기가 등장할 것이다. 예를 들어 미래 방공 전력은 네트워크 중심의 디지털 방공망 구축과 더불어 인공지능 기반 표적 식별 및 위협 평가, 지휘 결심 지원체계 분야로 발전할 것이 예상된다. 또한, 무인기가 앞으로 새로운 위협 요인이 됨에 따라 사물인터넷 기술을 적용한 드론 방어체계가 필요할 것이다. 한편, 3D 프린팅 기술을 활용한 다수의 무인기 제작이 전장에서 가능해지면서 모의 장비와 실 장비를 혼합해 동시에 투입하는 기만 전략이 제시되기도 한다. 무엇보다 필요 시 무기 장비 부품을 전투 현장에서 직접 제조 사용할 수 있게 됨으로써 군수 및 조달 분야의 혁명을 가져올 수 있다. 육군의 경우 헬멧과 소총에 카메라와 안테나를 부착하여 전투 실시간 정보 수집을 통해 현장과 지휘소 간 실시간 전투 상황 파악, 분석 및 지휘가 가능해진다. 또한 부상자 구조를 위한 무인 구난 로봇은 물론 인공지능을 활용한 로봇 병사의 출현도 가능하다(싱어, 2011).

이러한 흐름을 반영하여 미 국방부는 최근 제3차 상쇄전략the 3rd offset strategy의 추구에 심혈을 기울이고 있다. 미국은 1950년대 소련의 재래식 공격 억제를 위한 전략 핵무기 개발과 투자를 통해 1차 상쇄전략을 추구하였다. 1970년대에는 소련의 전략핵 억제를 위해 2차 상쇄전략을 추구하여 GPS를 활용한 정밀 타격 유도무기의 개발과 활용에 힘쓴 결과 1990년대의 1차 걸프전과 2003년 이라크전쟁에서 혁혁한 전과를 달성키도 하였다. 문제는 2000년대 중국과 러시아의 스텔스와 정밀 타격 능력 등이 확산되고 특히 중국의 접근 거부 전략이 미국에 새로운 위협으로 대두된 것이다. 미국은 중국, 러시아를 비롯한 경쟁국들의 기술 추격을 따돌리고 전장에서의 압도적 우위를 담보하기 위해 로봇, 자율시스템, 소형화, 빅데이터, 3D 프린팅 등의 기술을 활용한 3차 군사 혁신, 즉 3차 상쇄전략을 시도하고 있다(박준혁, 2015). 물론 이에 대해 중국을 비롯한 여러 군사 강국도 미래 전쟁의 주도권을 확보하고자 군사 혁신에 박차를 가하고 있다. 한국 역시 이에 대한 대비가 필요함은 두말할 필요가 없다.

세 번째, 급변하는 한반도 및 주변 정세와 함께 한미동맹도 70년만에 근본적인 변화를 겪고 있다. 한국전쟁 이후 한국 방어의 근간이 된 한미동맹체제의 변환을 가져올 용산기지 이전, 전시작전권 환수, 한미연합사 구조 변환 등이 진행되고 있다. 트럼프 행정부의 미국 우선주의 정책과 방위비 분담 증액 요구 등은 이러한 변화를 더욱 가속화할 것이다. 미국은 오랫동안 미군 주도로 한국 방위 임무가 수행되어온 구조 개혁을 요구해 왔다. 탈냉전 이후 공산권 위협의 소멸과 세계정세의 안정은 한반도에 과도하게 집중된 미국의 군자산을 축소할 필요성을 제기하였다. 역대 미국 행정부는 지속적으로 주한미군의 감축과 역할 축소를 추진하였으며, 특히 경제 발전에 따라 비약적으로 성장한 한국군이 한반도 방위의 주 임무를 맡을 것을 종용하여 왔다. 1980년대 말부터 논의되기 시작한 전시작전권 전환은 한미동맹 변화의 핵심이요 상징적인 조치이다. 1994년 평시작전권 전환 이후 2000년대 노무현 정부에서 본격 논의된 전시작전권 전환은 이명박, 박근혜 정부하에서 북핵 위기가 가중되면서 수차례 연기되었다.

2017년 5월에 새로이 들어선 문재인 정부는 6월 트럼프 대통령과의 첫 한미 정상회담에서 기존에 합의한 전시작전통제권 전환을 보다 가속화할 수 있도록 동맹 차원의 협력을 지속해나가기로 합의한다. 2018년 10월 31일 개최된 제50차 한미안보협의회의SCM를 통해 한미 국방장관은 전시작전통제권 전환 이후에도 현재의 연합사와 유사한 체제를 지속 유지하면서 한국군이 연합군사령관 임무를 수행하도록 하고, 주한미군의 주둔과 유엔사 및 미국의 확장억제정책을 지속 유지하는 데

합의함으로써 전시작전통제권 조기 전환의 여건을 마련한다. 한미국방당국은 2019년 우리 군 주도의 연합방위체제에 대한 기본운용능력IOC5 평가를 시행하고, 전시작전통제권 전환에 필요한 조건을 조기에 충족시키기 위해 긴밀히 협력해나가기로 하였다. 전시작전통제권 전환 이후에는 현재의 '미군 사령관, 한국군 부사령관' 체계에서 '한국군 사령관, 미군 부사령관' 체계로 변경될 예정이다(전경웅, 2018). 만일 현 정부 임기 내에 예정대로 전시작전권 전환이 이루어지면, 이미 완료단계에 이른 용산 미군기지의 평택 이전과 더불어 한미동맹에 큰 변화의 이정표가 될 것이다.

한미 양국은 미래 안보환경 변화를 고려하여 한미동맹의 국방 분야 협력을 한층 더 상호보완적이고 미래지향적으로 발전시키기 위한 공동의 비전에 대해 지속적으로 논의하고 있다. 한미는 지역적으로는 한반도를 넘어 동북아 및 범세계적 안보 사안으로 협력을 확대하고, 범위 면에서도 사이버·우주·방산·과학기술·해양안보 등 새로운 분야로 동맹 협력의 지평을 넓혀가고 있다. 또한 평화유지 활동, 대해적 작전, 안정화 및 재건 지원, 인도적 지원과 재난 구호 등 초국가적·비군사적 위협에 공동으로 대응하고자 글로벌 파트너십을 지속해서 강화하고 있다. 그러나 최근 트럼프 행정부의 동맹 부담 비용에 대한 과도한 요구로 분담금 협상이 난항을 겪는 가운데 미국 내 일각에서 주한미군 철군론이 나오면서 내외적으로 동맹의 미래에 대한 우려가 표출되고 있다.

2. 21세기 한국 안보 연구의 과제와 역할

앞서 살펴본 미국 안보학계의 최신 연구 동향과 한반도 안보 지형의 변화를 토대로 한국 안보 연구의 과제와 역할을 정리하면 다음과 같다.

첫째, 중국의 부상에 따른 미중 패권경쟁은 미국뿐 아니라 한국에도 당연히 가장 중요한 연구 주제이다. 중국에 대륙으로 연결된 한반도의 지정학적 위치와 한미동맹이 한국 안보에 가지는 중요성으로 인한 한국 안보와 미중 패권경쟁의 연계성은 너무나 명백하다. 미중 패권경쟁이 한국의 장기적 안보에 사활적 문제로 다가오는 이유이다. 이를 위해서는 먼저 미중 패권경쟁의 양상과 전개에 관한 정확한 이해를 토대로 한국 안보 전망과 함의를 도출해야 한다. 이에 대한 연구가 단지 학문적 중요성뿐 아니라 현실 정책에도 직접적으로 연관될 수밖에 없기 때문이다. 이를 위해서 먼저 미국과 중국의 안보 이해와 전략에 관한 더욱 객관적인 접근이 필요하다. 한미동맹의 전통적 중요성, 한미 간의 전통적 우호관계, 중국의 비민주적체제에 대한 가치 판단이나 편견을 되도록 배제한 냉철한 판단과 접근이 필요하다. 이는 본 글에서도 필자의 개인적 한계로 인해 안보 연구의 동향 분석을 주로 미국 학계에만 의존한 현실을 먼저 자각하는 것에서부터 출발해야 한다. 미국의 동향만큼이나 중국이 바라보는 세계와 관심이 무엇인지를 먼저 정확하게 파악하려는 노력이 필요하다. 이러한 노력은 미국과 중국의 관점에서 한반도를 보려는 노력과도 연결된다.

둘째, 4차 산업혁명과 군사기술 혁신이 기존의 안보 영역에 미치는 영향과 사이버나 우주와 같이 새로운 영역에서 어떠한 동학을 만들어내는지를 분석해야 한다. 인공지능, 나노테크놀로지, 드론, 3차원 프린팅, 빅데이터, 바이오기술 등이 가져올 혁신은 경제와 일상생활뿐 아니라 군사 분야에도 지대한 영향을 미칠 수 있다. 문제는 아무도 이에 관한 확실한 예측과 전망을 하기 어렵다는 것이다. 비록 미국이나 중국을 중심으로 이에 관한 연구가 가장 활발히 이루어지고 있지만 결국 이를 가장 잘 활용하고 실제 전쟁에서 어떻게 나타날지는 여전히 미지의 영역이다. 과거 군사 혁신의 경우 종종 전통과 관행, 그리고 거대한 관료화에 의해 혁신을 거부하던 기존의 강대국보다는 새로운 혁신을 과감하게 채택한 신흥국이 군사 혁신의 선구자가 되는 사례를 볼 수 있다. 한국은 군사력이나 기술력에서 결코 만만하지 않은 능력과 자산을 갖추고 있다. 기존의 무기체계나 전술, 전략에서 앞서간 미국이나 여타 선진국의 노력을 주시하면서도 우리 스스로가 새로운 길을 개척할 수 있는 과감한 도전 정신과 창의력이 요구된다. 특히 기존의 전술이나 교리, 무기체계에 경로의존성을 가질 수밖에 없는 군조직의 보수성과 특수성을 고려할 때 외부 학계의 신선한 접근과 이론적 토대의 제공이 군사 혁신에 중요한 촉매제로 작용할 수 있다.

셋째, 미중 패권경쟁과 4차 산업혁명과 군사 혁신에 대한 연구에서 선진국이나 강대국의 연구를 수동적으로 따라가기보다는 한국적 시각이나 한국의 독자적 위치와 위상이 가지는 장점을 주도적으로 활용하는 적극적인 접근이 필요하다. 20세기까지는 국제정치와 질서를 주도했던 유럽과 미국이 안보 연구에서도 주도적인 역할을 할 수밖에 없었다. 그러나 21세기 미중 패권경쟁은 아시아 태평양을 중심으로 벌어질 수밖에 없다는 점에서 여기에 속한 한국의 이점을 십분 활용해야 한다. 중국의 부상과 전략에 대한 이해가 미국이나 유럽보다 한국의 시각이나 접근이 더욱 현실적이고 객관적일 수 있다는 것이다. 거꾸로 미국에 대한 이해도 중국을 포함한 여타의 아시아 국가보다 한국이 미국과의 양자 관계에 가지는 역사적, 사회적, 정치적, 학문적 배경에서 더 잘 이해할 수 있는 장점이 있다. 따라서 이러한 장점이 있는 한국의 특수성을 잘 활용하여 미국과 중국 모두 놓칠 수 있는 중요한 학문적, 정책적 함의를 한국이 제공한다는 자부심과 사명감을 가져야 할 것이다.

넷째, 결국 앞의 모든 연구는 한반도의 안보 문제를 해결하는 실질적 목표를 가지고 접근해야 한다. 한국의 분단 상황과 남북 군사적 대치, 그리고 북한의 핵 개발과 정권의 불안정은 한국전쟁 발발 70주년이 지난 지금도 여전히 지속되는 한국의 숙명적인 안보문제이다. 21세기에는 어떻게든 이 문제를 해결해야 한다는 목표와 사명감을 한국의 안보 연구가 가져야 한다. 이를 위해서는 앞서 제시한 미중 패권경쟁, 4차 산업혁명과 군사 혁신에 대한 연구가 한국 안보 문제의 해결에 어떻게 연결되고 도움이 될 수 있을지에 대한 고민을 함께해야 한다. 동시에 한반도 안보 문제의 해결이 미중 패권경쟁에도 매우 중요한 영향과 요소로 작용할 수 있다는 자각도 필요하다. 즉, 한반도의 운명은 강대국에 의해 좌우된다는 현실에 대한 자각도 중요하지만 지나친 패배의식도 경계해야 한다. 오히려 미중이 자신들의 패권경쟁에 휘말려 많은 것을 놓치고 있을 수도 있다는 사실과 이 과정에서 한반도 문제에 대한 정확한 이해와 해결 방안은 오히려 한국이 제시해야 할 수 있다는 용기와 주도 의식이 필요하다.

V. 결론

한반도를 둘러싼 안보 지형의 변화가 심상치 않게 전개되고 있다. 중국의 급속한 부상, 미중 패권경쟁의 심화, 4차 산업혁명으로 인한 군사 혁신, 북한의 지속되는 핵 개발 속 한미동맹의 변환이 동시에 벌어지는 현실은 한국의 안보 연구에 많은 과제와 역할을 부여한다. 여기에 트럼프 행정부의 방위비 분담 압박과 미국 우선주의 속에 터져 나온 코로나 사태로 인한 전 세계의 보건 안보 위기는 각국의 사회, 경제적 혼란은 물론 국제 정세에도 심각한 후유증을 예고하고 있다. 일부에서는 현 국제정세가 경제 대공황의 가능성과 함께 배타적 민족주의, 극우주의, 보호무역주의, 반세계화의 발흥을 강화하는 모습이 나타나며 이는 마치 100년 전 1, 2차 세계대전 당시의 혼란상을 연상시킨다고 우려하는 목소리도 나오고 있다. 그야말로 한반도뿐 아니라 전 세계가 극심한 불안과 혼돈의 시기에 빠져들 수도 있다는 것이다. 다행히 100년 전 일제의 식민지로 전락한 조선과 달리 지금의 대한민국은 경제적, 정치적, 군사적 눈부신 성장과 아울러 기술, 문화, 예술의 다방면에서 역사상 가장 우수한 두각을 나타내며 세계로 진출하고 있다. 현재 한국의 보건 안보 위기 극복이 가장 훌륭한 모범으로 각국의 도움 요청이 쇄도하는 것도 21세기 대한민국의 새로운 위상을 보여준다. 안보 연구가 한반도를 둘러싼 안보 지형의 위기와 도전을 극복하고 대한민국은 물론 동북아 지역과 세계가 나아가야 할 미래를 제시하는 사명과 기회에 대한 역사적 책임을 가져야 하는 이유이다.

| 참고문헌 |

박준혁. 「미국의 제3차 상쇄전략: 추진동향, 한반도 영향전망과 적용방안」 『국가전략』 23권 2호. 2017. 35~65쪽.

박휘락. 「미국의 제3차 상쇄전략(The Third Offset Strategy)과 한국 안보에 대한 함의」 『한국군사학논총』 7. 2015. 3~27쪽.

신경수. 「시진핑의 '강군몽' 2050년엔 아태지역서 미 군사력 압도」 『중앙선데이』 2018년 10월 20일. https://news.joins.com/article/23052295(2020. 08. 01. 검색).

전경웅. 「'전작권 전환 후에도 주한미군 유지' 韓美국방 합의, 50차 한미안보협의회의(SCM)…새 한미 연합사, 예하 연합구성군사령부 설치키로」 『뉴데일리』 2018년11월 1일. http://www.newdaily.co.kr/site/data/html/2018/11/ 01/2018110100080.html(2020. 08. 01. 검색).

정춘일. 「4차 산업혁명과 군사혁신 4.0」 『전략연구』 24(2). 2017. 183~211쪽.

조현석. 「인공지능, 자율무기체계와 미래 전쟁의 변환」 『21세기정치학회보』 8(1). 2018. 115~139쪽.

피터 W. 싱어(권영근 역). 『하이테크 전쟁: 로봇 혁명과 21세기 전투(Wired for War: The Robotics Revolution and Conflict in the 21st Century, 2009)』 서울: 지안. 2011.

Balzacq, Thierry. "The Three Faces of Securitization: Political Agency, Audience and Context." *European Journal of International Relations*, 11(2), (2005), pp. 171~201.

Bell, Sam and Amanda Murdie. "The Apparatus for Violence: Repression, Violent Protest, and Civil War in a Cross-National Framework." *Conflict Management and Peace Science*, 35(4), (2016), pp. 336~354.

Bush, Richard C. The Response of China's Neighbors to the U.S. "Pivot" to Asia. https://www.brookings.edu/on-the-record/the-response-of-chinasneighbors-to-the- u-s-pivot-to-asia/ (accessed 01 July 2020).

Buzan, Barry, Ole Wæver, and Jaap de Wilde. *Security: A New Framework for Analysis*. (Boulder: Lynne Rienner Publishers, 1998).

Campbell, Susanna, Matthew DiGiuseppe, and Amanda Murdie. "International Development NGOs and Bureaucratic Capacity: Facilitator or Destroyer?" *Political Research Quarterly*, 72(1)(2019), pp. 3~18.

Carpenter, R. "Governing the Global Agenda: "Gatekeepers" and "Issue Adoption" in Transnational Advocacy Networks". In D. Avant et al. (ed.), *Who Governs the Globe?* Cambridge, (UK: Cambridge University Press), 2020

Clinton, Hillary Rodham, 2011 America's Pacific Century, https://foreignpolicy.com/ 2011/10/11/americas-pacific-century/ (accessed 02 July 2020).

Larson, Deborah and Alexei Shevchenko, "Shortcut to Greatness: New Thinking and the Revolution in Soviet Foreign Policy", *International Organization*, 57(2003), pp. 77~110.

Larson, Deborah, T.V. Paul and William C. Wohlforth, *Status in World Politics*, Cambridge: Cambridge University Press, 2014.

Lin, Herbert and Amy Zegart, "Introduction to the special issue on strategic dimensions of offensive cyber operations", *Journal of Cybersecurity*, 3(1) (2017), pp. 1~5.

_______. *Bytes, Bombs, and Spies - The Strategic Dimensions of Offensive Cyber Operations*, (Washington D.C.: Brookings Institution Press, 2019), p. 438.

Lin, Herbert, "The Existential Threat From Cyber-enabled Information Warfare", *Bulletin of the Atomic Scientists*, 75(2019a), pp. 187~196.

_______. "On the Organization of the U.S. Government for Responding to Adversarial Information Warfare and Influence Operations", A Journal of Law and Policy for the Information Society, 15(2019b), pp. 1~43.

Murdie, Amanda, *Help or Harm: The Human Security Effects of International*

NGOs. Standford: Stanford University Press. (2014).

National Academies of Sciences, Engineering, and Medicine. *Emerging Trends and Methods in International Security: Proceedings of a Workshop*. (Washington, DC: The National Academies Press, 2018)

Office of the Secretary of Defense. Nuclear Posture Review. 2018. https://media.defense.gov/2018/Feb/02/2001872886/-1/-1/1/2018-Nuclear-Posture-Review- Final-Report.PDF (accessed 8 July 2020).

Peterson, Timothy M., Amanda Murdie, and Victor Asal. "Human Rights NGO Shaming and the Exports of Abusive States." *British Journal of Political Science*. 48(3) (2018). pp. 767~786.

Rudd, Kevin. "Beyond the Pivot: A New Road Map for U.S.-Chinese Relations." Foreign Affairs. 92(2) (2013). pp. 9~15.

Schwab, Klaus. The Fourth Industrial Revolution: what it means, how to respond. https://www.weforum.org/agenda/2016/01/the-fourth-industrial-revolution-what-it-means-and-how-to-respond/(accessed 5 July 2020).

Swaine, Michael. Xi Jinping's Address to the Central Conference on Work Relating to Foreign Affairs: Assessing and Advancing Major-Power Diplomacy with Chinese Characteristics. http://carnegieendowment.org/files/Michael_Swaine_ CLM_46.pdf (accessed 7 July 2020).

The Department of Defense. Indo-Pacific Strategy Report: Preparedness, Partnerships, and Promoting a Networked Region. https://media.defense.gov/2019/Jul/01/ 2002152311/-1/-1/1/Department-of-Defense-Indo-Pacific-Strategy-Report-2019.PDF (accessed 03 July 2020).

Ward, Steven, Alex Cooley, and Daniel Nexonl. "Revising Order or Challenging the Balance of Military Power? An Alternative Typology of Revisionist and Status-Quo States." *Review of International Studies*. 45(4) (2019). pp. 689~708.

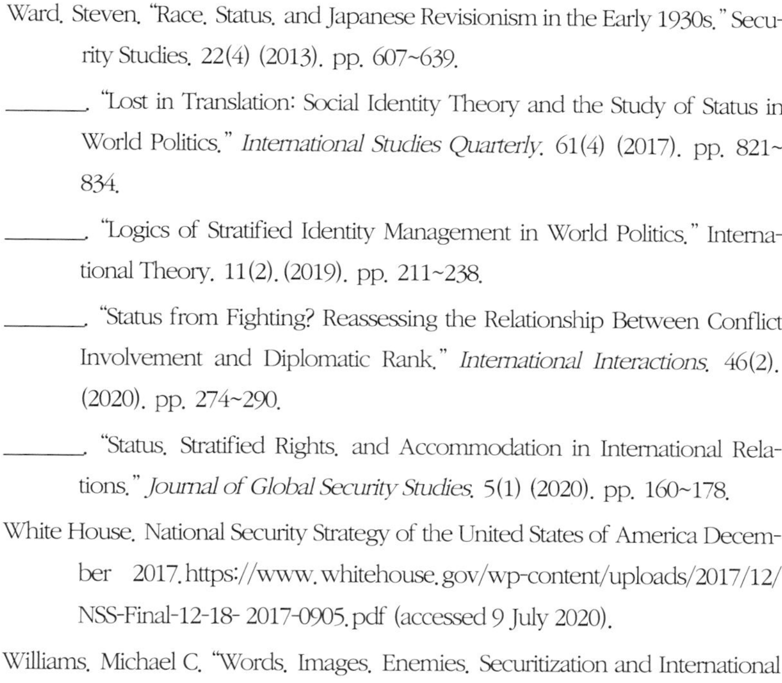

Ward, Steven. "Race, Status, and Japanese Revisionism in the Early 1930s." Security Studies, 22(4) (2013), pp. 607~639.

______. "Lost in Translation: Social Identity Theory and the Study of Status in World Politics." *International Studies Quarterly*, 61(4) (2017), pp. 821~834.

______. "Logics of Stratified Identity Management in World Politics." International Theory, 11(2), (2019), pp. 211~238.

______. "Status from Fighting? Reassessing the Relationship Between Conflict Involvement and Diplomatic Rank." *International Interactions*, 46(2), (2020), pp. 274~290.

______. "Status, Stratified Rights, and Accommodation in International Relations." *Journal of Global Security Studies*, 5(1) (2020), pp. 160~178.

White House, National Security Strategy of the United States of America December 2017, https://www.whitehouse.gov/wp-content/uploads/2017/12/NSS-Final-12-18- 2017-0905.pdf (accessed 9 July 2020).

Williams, Michael C. "Words, Images, Enemies, Securitization and International Politics." *International Studies Quarterly*, 47(4) (2003), pp. 511~531.

Wuthnow, Joel and Philip Saunders, Major Progress and Unfinished Business: China's Military Under Xi Jinping, https://www.globalasia.org/v13no1/cover/major-progress-and-unfinished-business-chinas-military-under-xi-jinping_joel-wuthnowphillip-c-saunders (accessed 4 July 2020).

5장 국제통상 연구의 학제적·융합적 발전

안덕근(서울대학교 국제대학원)

I. 국제통상 전공의 형성과 성장

우리나라의 대학 교과과정에서 국제통상[1]이라는 표현이 나타나기 시작한 것은 세계화를 표방한 김영삼 정부의 '국제전문인력양성 특성화

본 고는 안덕근, “국제통상의 학문적 발전과 정책적 성과”, 『국제지역연구』 26권 2호 (2017, 여름), 1~14쪽을 기초로 보완했음을 밝힌다. 연구에 훌륭한 지원을 해준 김혜림 연구원에게 감사한다.

1 국제통상 전공은 영문으로 International Commerce로 흔히 표현되는데, 이에 따라 국제무역을 International Trade로 일반적으로 번역하면서 통상과 무역에 대한 어휘적 차이를 구분짓는 관행이 자리 잡게 되었다. 실제로 영어권에서도 Commerce라는 표현은 드문데, 예를 들어 수많은 교재들이 International Trade라는 제목으로 출간된데 반해 International Commerce라는 제목의 교재는 아마존에서 찾을 수 없다. 이러한 측면에서 2017년 국제무역론 분야의 선도적 학자들인 Kyle Bagwell과 Robert Staiger가 『Handbook of Commercial Policy』, Vol 1A & 1B (2017, North Holland)라는 제목으로 기존의 『Handbook of International Economics』, Vol. 4 (eds. by G. Gopinath, E. Helpman, & K. Rogoff, 2014, North Holland)와는 별도로 GATT, WTO, FTA 등 주제를 다루는 첨단 연구들을 집대성한 책을 출간한 점은 주목할 만하다. 기존에는 이러한 주제들이 정치경제(political economy) 또는 무역정책(trade policy)의 영역으로 다루어져 왔다. 대학원 수준의 무역론 교재로 흔히 사용되는 『Lectures on International Trade』(1983)나 『Advanced International Trade』(2016) 등이나 최신 연구를 편찬한 『The World Trade System: Trends and Challenges』(2016)에서도 International Commerce이라는 용어가 나타나지 않는다.

사업'의 일환으로 1997년 국제대학원이 주요 대학에 설립되면서부터다. 당시 서울대를 비롯하여 고려대, 서강대, 이화여대 등 신설 국제대학원에서는 국제통상 전공이 국제협력 또는 국제관계 전공과 함께 설치되었다. 서울대학교의 경우 1997년 1월 협동과정으로 시작되었는데 이후 2003년 3월 2일 국제대학원으로 확대·개편되면서도 학사 전공구조는 그대로 유지되었다.[2]

국제통상 전공은 당시로써는 다소 생소한 표현이었는데 1996년 국제통상학회가 국제경제 - 특히, 국제무역 분야의 학자를 중심으로 결성되기 전에는 대부분 국내에서는 무역학 또는 국제경제학 전공이 대학 학사전공 분야로 인정되었다. 서울대학교에도 사회과학대학에 경제학과와 별도로 무역학과가 전신인 국제경제학과가 있었으나 1995년 10월 두 학과는 경제학부로 통합되었다.[3] 이러한 상황에서 국제통상 전공이 국제대학원의 핵심 교과과정으로 자리 잡게 됨에 따라 국제적 소양을 갖춘 실무인력의 양성을 위해 요구되는 국제통상의 주요 학사요소가 무엇인지, 또한 이러한 전공 교육을 위해서는 교수진이 어떠한 학문적 소양과 배경을 갖추어야 하는지가 과제로 대두되었다.

돌이켜보면 90년대 후반 국제통상 전공이 우리 대학 교과과정에 대두된 시기에 우리나라에서 이론과 실무 경험을 겸비한 통상전문가가 다수 배출된 것은 매우 다행스러운 점이다. 특히 1986년부터 90년대 중반까지 이어진 우루과이라운드UR 협상을 타결하는 과정에서 국제무역

---

2 『서울대학교 국제대학원 20년사』 (2017. 5).

3 http://econ.snu.ac.kr/about/history (2017. 5. 9. 검색).

전공의 경제학자들이 정부 자문 활동을 통해 다양한 분야의 통상협상 실무 경험을 갖추게 된 점은 주목할 부분이다. 다른 나라들에 비해 무역 분야에 관심이 많았던 우리나라의 경제학자들은 국책연구소 연구원 신분 또는 외부 전문가 자격으로 당시 대폭으로 확대된 UR의 다양한 협상 분야에 정부 대표단의 일원으로 참가하거나 자문 활동을 하면서 국제통상 분야의 협상 실무에 깊숙이 관여하였다. 협상의 기밀 유지 등 사유로 외국의 경우 학계 인사가 정부의 통상실무에 관여하기 어려운 구조임을 감안할 때, 국책연구원 체제와 학계의 전문성을 적극적으로 활용하는 우리 정부의 독특한 정책 관행은 이론과 실무를 겸비한 국제통상 전문가그룹 양성에 매우 효과적인 결과를 초래하였다.

김영삼 정부가 추진한 '세계화' 정책의 일환으로 우리나라 대학에 국제대학원이 도입되었다. 서울대학교에는 1997년 3월 국제지역원이 설립되면서 당시 다소 성격이 모호하던 국제통상 전공의 교육 지향점이 최초로 수립되었다. 국제대학원 설립 시 목표로 제시된 이론과 실무를 겸비하고 국제적 소양을 갖춘 인력의 전범을 제시함으로써 통상협상을 중심으로 초기에 출범한 국제통상 전공의 기틀을 확립하였고, 이후 국제무역이론과 통상법, 통상정책뿐만 아니라 국제경영, 국제금융 등을 다각적으로 다루는 새로운 형태의 전공 과정으로 발전하는 데 지대한 역할을 하였다. 당시 함께 설립된 고려대, 서강대, 이화여대 등의 국제대학원에 이론과 실무 분야의 탄탄한 경륜을 갖춘 다수의 전문가가 초창기에 집중적으로 영입되면서 국제통상 전공을 이끌게 된 점은 기존의 무역 전공이나 국제경제 전공과는 차별화되는 새로운 다학제적 학사과정 정착에 지대한 공헌을 하였다.

이후 국제통상 전공 과정은 다양하게 전문화되고 특성화되었는데 학제적인 측면에서는 대부분 경제학을 중심으로 법학, 경영학, 정책학 분야를 아우르는 형태로 발전하면서 국제무역을 다루는 국제규범부터 정부의 통상정책, 관련 산업계에 대한 경제적 효과 및 경영전략, 국제금융측면의 쟁점 등을 폭넓게 다루게 되었다. 이는 기업들이 국제무역과 투자 관련 거래를 하는데 국가경제 차원의 고려를 반영한 정부의 통상정책이 영향을 미치고 있으며, 그러한 정부의 정책에 대해 WTO나 FTA 등의 국제규범이 제한을 가하는 상황을 감안하면 필수불가결한 다학제적 학문 발전이다. 이는 90년대 중반까지 신용장 작성부터 무역 및 관세 절차 관련 용어 등 주로 국제무역 실무를 대학 교과과정에서 다루던 무역학과 크게 대비되는 부분이다. 무역이 우리 산업 발전에 중요한 비중을 차지하면서 산업계에 무역 실무 담당자를 육성하기 위한 취지로 대학 전공의 일부분으로 도입된 무역학은 WTO체제의 도입과 함께 우리나라의 통상 입지가 강화되면서 본격적인 국제통상 전반을 다루는 학문으로 재편되는 계기를 맞이한 것이다.

2000년대 들면서 다수의 대학에서 국제통상학과가 설립되었는데 기존의 학사과정에 새로이 추가되거나 기존의 무역학과나 경제학과를 개편하는 형태로 도입되었다. 이러한 발전 과정은 현재 국내 대다수 국제통상학과가 경제학 위주의 학사과정에 일부 법학, 경영학, 무역 실무가 추가되는 형태로 운영하는 주된 이유가 되었다. 한편, 실질적으로 국제통상 전공의 본격적인 운영 토대가 된 국제대학원이 일반대학원이 아니라 전문대학원으로 설립되면서 학부에서 설립된 국제통상학과와 학사 관리상 연계성이 다소 약화된 점은 향후 개선이 필요한 부분이다.

II. 학술 이론과 정책 적용의 융합적 특성

국제통상 전공의 가장 큰 특징은 정책의 적용성이 높은 학술 분야라는 점이다. 대외의존도가 매우 높은 경제·산업구조를 운용하는 우리나라에서는 국제통상 전공은 갈수록 중요성과 활용성이 증가할 학문 분야로서 향후 발전 가능성이 크다. 더욱이 국제대학원에 주력 학사과정으로 제공되는 국제통상 전공은 국제협력, 지역학과의 연계성을 토대로 다학제적인 틀 속에서 통상 실무가 다루어지는 장점이 있어 갈수록 복잡해지고 다원화되는 국제통상 문제를 다루는 데 최적화되어 있다. 최근 중국 정부에 의한 사드 보복 조치와 미국 트럼프 행정부의 강경한 통상압박 조치로 초래된 대외관계의 혼란은 본질적으로 다원적인 통상 문제에 대한 다학제적 접근방법을 갖춘 국제통상 전공의 필요성과 활용성을 부각시키는 좋은 사례이다.

국제통상 전공은 순수 경제학 이론이나 무역 실무 분야와는 다르게 정부의 통상정책 및 전략 수립에 직·간접적인 적용성이 매우 큰 주제와 영역에 대해 연구함으로써 실사구시적 성격이 사회과학의 어느 분야보다 크다. 그러나 이러한 정책적 적용성은 엄정한 이론적 뒷받침을 토대로 수립되는 것으로서, 자칫 정책적 판단이라는 재량성이 남용될 소지가 큰 영역에서 보다 합리적인 정책 결정을 촉진하는 데 기여하고 있다. 국제무역론 분야에서는 최근 Robert Staiger, Kyle Bagwell 등 교수들이 주도하여 기존 경제이론에서 주목하지 않던 WTO체제의 핵심 통상규범이나 분쟁해결기구 등 제도적인 측면의 사안들에 대한 경제이론적 분석을 심화하고 있다.[4] 국내에서도 국책연구원을 거쳐 간 다수의 경제학자들이 이러한 연구에 주도적인 역할을 하고 있는데[5], 향후 국제통상 전공에서 이와 같은 학문적 성과의 활용이 더욱 확대되어야 한다.

국제대학원에서 제공하는 국제통상 전공의 경우 대부분 경제학자와 법학자들이 함께 학사과정을 제공하는바, 이러한 연구의 저변이 잘 구축되어 있어 향후 학문적 발전의 잠재성은 매우 크다. 이와 같은 학문적 환경은 사실 다른 국가에서는 드문 경우로서 다학제적으로 구성된 학사과정을 실질적으로 특성 있는 연구 성과로 이어가는 작업은 국제통상 전공이 해결해야 할 미래의 핵심과제이다. 국제통상이라는 신설 전공이 학문적 경쟁이 치열한 사회과학 분야, 특히 경제학 분야에서의 견제에 매몰되지 않고 독자적인 학문 영역으로 존립, 발전 가능할 수 있는지 여부는 정책 활용성이 높은 연구주제에 대한 이론적 연구 역량에 달려 있다.

전문성과 경륜을 갖춘 전문가들이 국제통상 전공의 학사과정을 맡게 되면서 이론과 정책의 균형 있는 분석을 다룬다는 학사과정의 정체성에 대해 외부에서의 신뢰를 확보하게 되었고 이후 해당 전공의 교수진들에 의한 활발한 정책 분야의 연구들이 국제통상 전공의 정체성을 더욱 공고히 하게 된 것으로 보인다. 또한 그러한 정책적 활용성이 큰 연구 성과는 국제통상 전공 교수진들이 통상정책과 관련되는 정부의 다양한 위원회나 비상임 직위를 맡아 실무에서의 식견과 경륜을 심화하는 자산이 되었다. 미국의 경우 이러한 통상정책 연구가 주로 하버드

4 Staiger와 Bagwell교수는 국제무역론 분야에서 법경제학적 연구주제에 대한 심도 있는 분석을 선도하고 있는데 “The Economices of the world Trading System”(2004, MIT Press)를 필두로 수많은 저서와 논문을 출간해오고 있다.

5 Jee-Hyung Park (2017), “Enforcement and Dispute Settlement”, in Handbook of Commercial Poliocy 1B, pp. 3~68.

대학 Kennedy School이나 미시간대학 Ford School과 같은 정책대학원에서 다루어지는데 우리나라의 경우 국제통상 전공은 예외 없이 국제대학원의 핵심 학사과정으로 자리 잡고 있는 점은 주목할 부분이다. 한편, 유럽의 경우 통상 전공을 본격적으로 다루는 국제대학원이나 정책대학원이 흔치 않으나, WTO와 물리적으로 가까운 곳에 있는 제네바 국제대학원의 경우 국제통상 전공이 주요한 학사 전공으로 제시되고 있다. 대신 우리나라에서 의미하는 국제통상 전공에 온전히 특성화한 석사과정으로 스위스 베른에 소재한 World Trade Institute의 Master of International Law and Economics과정[6]과 스페인 바르셀로나대학의 International Economic Law and Policy[7] 법학석사 과정을 들 수 있다. 두 과정 모두 WTO 협정을 중심으로 학사과정이 구성되었는데, 협정의 성격상 대부분 법학자 중심으로 강사진이 구성되어 있으나 가급적 경제학자들을 최대한 포함하여 동일한 주제에 대해 다양한 시각의 접근방법과 연구방식을 전달한다.

학사과정 운영에 대해 비교적 유연한 유럽에서만 현재 이러한 방식의 교육이 매우 제한적으로 시도되는 점을 감안하면 우리나라의 국제통상 전공의 경우 최소한 아시아에서는 가장 대표적인 다학제적 학사과정으로 자리 잡을 수 있는 여지가 크다. 실제로 아시아권에서 우리나라에 제공되는 형태의 국제통상 교과과정이 체계적이고 정교하게 제시되는 학교는 손꼽을 정도이다. 이는 대부분 국제무역에 의존성이 높은

6 〈https://www.wti.org/〉 (2017. 5. 9. 검색).

7 〈http://www.ielpo.org/index.asp〉 (2017. 5. 9. 검색).

경제와 산업을 유지하는 아시아권 국가에 우리나라의 국제통상 전공 대학 또는 대학원 차원의 교과과정 발전과 연구 증진이 중요한 롤모델이 될 수 있다는 것을 시사한다.

이러한 측면에서 국제통상 전공의 지속적인 발전을 위해서는 이론적 뒷받침이 되는 전문가들이 정책적인 식견을 갖출 수 있도록 제도적인 창구를 확보하는 것이 필요하다. 국제통상 분야의 이론적 연구는 불가피하게 통상정책과의 관련성이 수반되어야 하는바, 관련 분야 전문가들을 정책 현장에서 활용할 기회를 제도적으로 활성화해야 한다. 또한 국제통상 분야의 세부 전공을 무역구제, 비관세조치, 서비스, 디지털 무역 등으로 다각화하여 산업 현장에서 필요한 실무 전문가 육성이 이루어져야 할 것이다.

III. 국제통상 실무 영역의 확대

국제대학원이 정착되면서 국제통상 전공 졸업생들이 사회 각지에 포진하게 되었는데 국제업무 분야에 상대적으로 비교우위를 가지고 활동하는 점은 주목할 부분이다. 예를 들어, 서울대 국제대학원의 국제통상 전공자들은 졸업 후 약 78%가 국제 업무와 직간접적으로 관련성이 있는 분야에서 종사하는 것으로 조사되고 있다.[8] 2000년대부터 우리 기업들의 글로벌 사업 영역이 급격히 확대되고 국내 시장으로 해외 기업

8 〈http://gsis.snu.ac.kr/career/statistics〉 (2017. 5. 9. 검색).

들의 진출이 증가하면서 국제통상 전공 졸업자에 대한 수요가 증가한 것이 주요한 원인으로 파악된다.

또한 대한무역투자진흥공사KOTRA, 한국무역협회KITA 등 무역 관련 공공기관뿐만 아니라 수출입은행, 산업은행 등 정책금융기관 등에서도 국제통상 전공자들에 대한 수요가 꾸준히 증가하고 있다. 특히 최근 국제통상의 영역이 상품 수출입에 국한되지 않고 금융서비스를 포함한 서비스 전반과 투자 영역으로 확대되면서 다양한 실무 분야에서의 수요가 창출되고 있다. 대표적인 사례가 금융 부문으로서, 무역 또는 통상 전공과는 다소 이질적으로 간주되던 금융서비스산업이 서비스 분야로 국제통상 규범이 확대되면서 국제통상체제에서 가장 중요한 서비스 산업으로 부상하였다. 현재 금융서비스산업과 관련하여 국제통상협상의 초점은 모바일 결제시스템 등의 새로운 형태의 서비스를 다루기 위한 디지털 무역규범의 수립으로 이전되고 있는데, 이 분야의 경우 기존의 무역규범의 근본원칙이 전면적으로 개편되어야 하는 과제를 제기하고 있다. 따라서 향후 서비스무역협상Trade in Services Agreement이 진전되는 경우 금융서비스 영역에서의 국제통상 전문가에 대한 수요는 지속해서 증가할 것으로 보인다.

더욱이 미국이 기존의 북미자유무역협정NAFTA을 개정하여 미국-멕시코-캐나다 협정Agreement between US–Mexico–Canada, USMCA을 체결하고 미국-일본 무역협정을 타결하면서 반영한 디지털 무역협정은 최신 통상 쟁점과 디지털 경제 전환에 관한 식견을 갖춘 전문성 있는 인력의 수요를 크게 확대할 것으로 보인다. 현재 시가 총액 기준으로 전 세계 10대 기업 중 7개가 플랫폼 기업인 상황에서 미국은 자국 글로벌 IT기업들의 사업 환경을 유리하게 하는 방식으로 디지털 무역규범을 급속히 확산

할 것으로 전망된다. 이는 기존의 통상규범을 진부한 '아날로그' 규범화하는 한편, 전면적으로 새로운 무역질서와 기준을 세계통상체제에 도입하는 것이다. 따라서 향후 디지털 경제와 디지털 무역을 다루기 위한 전례 없는 무역질서 구축 작업이 진행될 것으로 보이며, 급격히 발전하는 경제 패러다임과 광범위한 통상규범을 이해하는 통상 전문가의 필요가 한층 부각될 것으로 전망된다.

한편, 가장 현저한 국제통상 전공자에 대한 수요 증가를 보인 부문은 정책연구원들이다. 대표적인 국제통상 전공자가 주로 국제대학원의 석사과정 출신이라는 점을 감안하면 국제통상 분야의 연구에 주력하는 대외경제정책연구원KIEP은 물론이고, 한국개발연구원, 산업연구원, 조세재정연구원, 정보통신정책연구원, 농촌경제연구원, 한국전자통신연구원 등의 국책연구원들에 진출하는 졸업생의 비중이 대폭 증가하였다. 이는 이러한 국책연구원들이 기본적으로 경제연구소의 성격을 가지는바, 경제학 전공자만 연구원으로 임용하던 과거의 관행을 감안할 때 상당히 전격적인 변화라고 평가된다. 즉, 국책연구소들의 국제통상 분야 연구에 있어 순수 경제학 전공자와는 차별화되는 국제통상 전공자들의 비교우위가 실증적으로 인정되고 있다는 점을 시사한다.

행정고시에서 국제통상 직렬이 마련된 것도 국제통상 전공에 대한 관심 증대에 기여하였다. 국제통상 직렬 필수 시험과목으로 국제통상법 내용이 중심이 된 국제법과 국제경제학이 포함되면서 일반적으로 국제통상 학사과정에서 다루는 내용이 비교우위를 가지게 되었고, 실제로 국제통상 전공자의 공직 진출도 증가하였다. 통상 관련 공무원 중 국제통상 전공자에 대한 정확한 통계는 없으나 행정고시 준비과정에서 국제통상 전공에서 제공되는 수업을 수강한 경우까지 포함하면 매우 높은 비중의 국제통상 직렬 공무원들이 해당될 것으로 예상된다.

그런데 사실 국제통상 사안과 관련한 문제는 거의 전 부처에 걸쳐 제기되는 데 반해, 현재 국제통상 업무는 산업통상자원부 산하 통상교섭본부의 고유한 업무로 인식이 되면서 여타 부처에서는 이에 대한 기능이나 업무를 대폭 축소한 경우가 많다. 그러나 이와 같은 정부 부처의 정책은 조속히 시정되어야 한다. 통상교섭본부 이외 부처의 통상업무 미비 상황을 보여주는 일례로 현재 WTO에서 미국을 비롯한 주요 선진국들이 강력히 추진하는 수산보조금 규범 협상을 들 수 있다.[9] 수산 부문의 과잉 어획을 방지하기 위한 국제규범이 환경보호 차원에서 논의되다가 현재 WTO에서는 정부 보조금을 규율하는 형태의 규범으로 도입이 시도되고 있다. 우리 정부는 현재 수산보조금 정책을 담당하는 해양수산부가 통상교섭본부와 협상에 참여하고 있는데, 제네바 대표부의 외교부 담당자도 협상 진행에 참여하고 있다. 그러나 사실 수산보조금 문제는 어촌을 현장에서 관리하는 지자체 권한을 감안하면 행정안전부와 수산 유통에 관련되는 건설교통부, 그리고 보조금 재원을 다루는 기획재정부까지 전방위적인 부처간 협력이 필요한 사안이다. 또 다른 예로 WTO에서 도입을 시도하는 디지털 무역협정의 경우에도 디지털 경제 전환이라는 측면을 감안하면 앞서 거론한 부처뿐만 아니라 과학기술정보통신부, 중소벤처기업부, 보건복지부, 농림축산식품부, 국방부, 국정원 등 사실상 거의 전 부처가 관여해야 하는 상황이다. 따라서 비단

9 최근 협상 상황은 WTO, "WTO members prepare to firm up legal text for fisheries subsidies agreement" 〈https://www.wto.org/english/news_e/news20_e/fish_13feb20_e.htm〉 (2020. 1. 24. 검색) 참고.

국제통상 직렬의 공무원 확대뿐만 아니라 다양한 부처에 그러한 전공자를 배치하는 것이 필수적이다.

국제통상 전공 분야의 발전과 함께 주목을 받게 된 분야로 국제통상법 분야를 들 수 있는데, 법무 인력의 수요가 확대된 점도 주목할 특징이다. WTO의 설립과 함께 주목받는 국제통상법 분야는 국제통상 전공의 일부로 흡수되면서 전공 학생들에게 법무 실무 분야에 대한 관심을 고조하게 되었고, 다수의 졸업생이 국내 또는 해외의 로스쿨로 진학하는 계기가 되었다. 다만 국내 법률시장에서의 국제통상 분야에 대한 법무 비즈니스 규모는 아직 크지 않아 향후 본격적인 발전 방안을 마련할 필요가 있다.

사실 국제통상 관련 법무 분야에서 법적인 자문 등 법률 실무는 변호사의 고유한 업무이나, 그러한 통상 관련 법률 자문을 기업에 제공하려면 법적인 해석 업무뿐만 아니라 특정한 법률 사안의 배경과 산업 및 경제 상황에 대한 설명, 국제관계 분석, 국제협상의 내력 등 다각적인 분석이 필요한바, 국제통상 전공자의 전문성이 중요한 역할을 수행할 수 있다. 실제로 미국이나 유럽의 주요 로펌에는 변호사들 이외에도 경제학자나 정책 실무 경험자가 그러한 역할을 제공하고 있는데, 이러한 점은 국내 로펌들도 유의할 부분이다. 특히 최근에는 미국 상무부가 무역구제조치 시행에 있어 다양한 경제분석을 동원하면서 이에 대응해야 하는 우리 법조계에서는 국제통상 전문가에 대한 수요가 크게 증가하는 상황이다. 일부 국내의 주요 로펌들은 산하에 국제통상 관련 연구소를 별도로 설립하고 변호사들의 법률자문 업무와는 별개로 종합적인 연구 기능을 강화하고 있는데, 중장기적으로 국내 법무 역량을 강화하는 차원에서도 바람직한 양상으로 판단된다.

아직 국내에서 제대로 확립되지 못한 분야로 국제통상 관련 컨설팅 서비스를 들 수 있다.[10] 기업이나 산업계의 입장에서는 국제통상 관련 사안의 상당 부분이 기본적으로 대정부관계 업무인데 직접 이러한 대관 업무를 하는 데는 여러 제약이 있는바,[11] 정부의 유관 부처들과 소통하여 자신들의 이해를 FTA 등의 국제협상에 좀 더 적극적으로 반영시키고자 하는 수요가 크다. 그뿐만 아니라 반덤핑 조치 외에도 다양한 수입규제 조치가 남발되는 현시점에서 다각적인 사업 대안을 검토하고 수급 및 투자 전략을 재검토하는 경영전략 차원의 국제통상 컨설팅 서비스는 해외 사업의 비중이 높은 국내 산업계의 현실을 감안할 때 향후 발전가능성이 크다.

예를 들어 최근 미중 통상전쟁의 격화와 코로나 사태의 세계적인 확산은 세계경제의 지형을 재편하고 있는데, 이에 따른 투자 전략과 사업구조 재편 전략은 국제통상 문제에 대한 정확한 이해를 토대로 한다. 단순한 비용 계산과 사업성에 의한 사업 전략과 해외시장 전략을 수립하는 것이 아니라 향후에는 국제통상 질서의 재편 상황과 주요 통상 마찰 전망 등에 근거하여 중장기 사업 전략을 마련해야 한다. 따라서 향후 다학제적인 국제통상 전공의 특성을 최대한 활용하여 전공자의 전문성을 활용하고 다양한 유관 분야 전문가를 활용하는 경우 국내에서

10 국제통상 컨설팅 업무를 수행하는 대표적인 기업은 삼정 KPMG를 들 수 있는데, 여타 컨설팅 회사들의 경우 아직 통상 분야에 특화된 본부나 사업 단위를 운영하는 곳은 드문 실정이다.

11 국내에서는 대관업무를 주로 로펌에서 전직 고위 공직자들을 유치하여 부수적인 서비스로 제공하고 있는데, 이는 로비회사나 컨설팅회사를 통해 대관업무가 주로 이루어지는 미국과 대비된다. 최근에는 국내에서도 독자적인 컨설팅회사가 설립되거나 회계법인에서 국제통상에 특화된 본부를 설치하는 등 국제통상에 전문화된 컨설팅 서비스가 본격적으로 시작되고 있으나, 이러한 분야에 대한 산업계의 인식과 시장이 확대될 필요가 있다.

국제통상 컨설팅 서비스산업의 확대가 이루어질 수 있을 것으로 전망된다.

Ⅳ. 국제통상 연구의 한국적 아젠다

국제통상 분야의 연구는 현재 WTO, FTA 등 국제통상체제의 실무 현안에서 제기되는 다양한 국제협정상의 해석과 적용 문제를 비롯해, 통상정책과 협상 쟁점 및 기존의 국제경제학에서 다루는 이론과 계량적 경제분석을 포괄하고 있다. 이와 같은 광범위한 의미의 국제통상 연구는 특히 경제와 산업의 대부분을 국제무역관계에 의존하는 한국의 처지를 고려할 때 본질적으로 다학제적으로 수행하여야 한다.

1. 다학제적 교육 및 연구체계

우선적으로 국제통상 분야의 연구와 교육이 다학제적으로 발전해야 한다. 예를 들면 미중 갈등에서 기인해 도입된 환율 조작에 대한 상계관세가 우리 기업과 산업계의 수출에 미치는 영향을 기업 차원과 산업계 수준에서 분석하고 해당 조치의 법적인 타당성을 검토할 수 있는 역량을 교과과정에서 배양해야 한다. 국제금융, 국제무역, 경영전략, 국제통상법 등의 기본지식이 국제통상 전공의 공통분모로 융합될 수 있도록 다학제적인 연구와 교육 기반을 조성할 필요가 있다. 또한, 이러한 교육은 우리 산업계가 요구하는 전문 인력의 기초 역량을 배양하는 데도 매우 중요한 기여를 할 것으로 보인다. 기존 학제상의 대부분 교과과정에서는 갈수록 복합적으로 진화해가는 국제통상 사안을 여전히 법학, 경제학, 경영학의 틀에서 다루고 있는바, 졸업생들의 사고와 역량도 그러한 틀에 고착화하는 경우가 많다. 그러나 융합적인 교과과정을 거친 졸업생은 복잡하게 얽힌 현실에서의 국제통상 문제를 본질적으로 융합적인 문제로 인식하고 해결책 또한 다각적인 차원의 접근이 필요하다는 인식을 가지게 된다. 이는 국제통상 실무에서 매우 중요한 인식의 전환이며, 우리 산업계가 대처해야 하는 현실에서 가장 절실한 역량이다. 따라서 한국의 산업 현실을 감안할 때 다학제적인 국제통상 교육, 그리고 이를 뒷받침하는 연구는 국제통상 전공의 가장 본질적인 책무이자 가치가 될 것으로 판단된다.

2. 국제관계 및 국제협력에 대한 이해

다음으로 한국의 국제통상 연구는 한반도의 지정학적 상황을 고려한 정치외교 및 국제관계에 대한 이해가 수반되어야 한다. 경제, 안보, 외교 및 국방 등 복합적인 문제가 우리 산업계의 대외환경에 영향을 미치는 현실을 객관적으로 조망하고 분석하려면 국제관계 또는 국제협력에 대한 이해가 필수적이다. 국제통상 문제가 기본적으로 경제적인 사안을 다루는 것은 사실이나 그렇다고 경제학적인 분석만이 국제통상 문제를 전적으로 설명하지는 못하며, 특히 한반도의 특수한 상황에서는 더욱 경제학만으로 이해하기 어려운 경제적 측면이 크다. 고고도 미사일 방어체계Thaad 도입으로 관련 기업과 한국의 산업계가 중국 정부의 무역 보복을 당하거나 대북 제재로 인한 남북한 경제협력의 한계가 제기되는 현실에서 국제통상의 이해에는 한반도를 둘러싼 동아시아 관계 및 국제관계에 대한 분석이 필수적으로 수반되어야 한다. 결국 한반도 경제 통합을 향해 발전되어 갈 여정에서 우리 국제통상 정책과 전략은 경제적 이해만으로 설명되지 못할 외교, 안보 차원의 고려가 반드시 병행되어야 한다. 그러므로 이를 아우르는 교육과정과 연구는 한국 경제와 사회를 위한 국제통상 전공 발전의 중요한 요소이다.

3. 지역연구와의 연계

한국의 산업계 국제통상 업무와 대상이 전 세계로 확산되면서 지역적으로 특화되는 수요를 다루기 위한 지역학regional studies과의 연계도 중요한 과제로 대두된다. 글로벌 비즈니스의 확대로 규격화되고 표준화된 사업 양식이 널리 확산되고 있으나, 중국 및 일본, 아세안, 유럽, 미국, 중동, 러시아권 등의 경제권역으로 우리 통상을 확대하려면 각 권역의 특수한 정치 및 경제, 사회적인 배경과 상황을 이해하는 것이 필수 요건이다. 따라서 향후 국제통상 분야의 연구 발전은 불가피하게 지역에 대한 이해 심화를 요구할 것이며, 이러한 요소를 국제통상 연구와 교육의 일부분으로 수용하는 것은 중요한 과제이다.

무엇보다 한국 경제가 Factory Asia의 중요한 축으로 기능하고 있는 점을 감안하면 중국과 일본에 대한 이해를 증진할 필요가 있다. 중국은 앞으로도 가장 중요한 시장으로서, 일본은 핵심 기술 파트너로서의 기능과 위상이 증가할 것으로 보인다. 따라서 단순히 해당 지역의 언어에만 능통한 것이 아니라 경제, 경영, 사회, 정치, 문화 등에 대한 이해를 기반으로 국제통상 정책과 전략을 활용할 수 있어야 한다. 그러므로 국제통상 전공의 교육과정은 이와 같은 동아시아 지역에 대한 이해와 식견를 증진하는 기회를 제공해야 한다. 또한 이러한 차원에서 비단 동아시아 지역뿐만 아니라 세계 곳곳에 대한 관심과 이해를 제고할 수 있는 교육과정이 지역 연구와 연계되어야 할 것이다.

4. 국제개발과의 연계

또한 선진국 시장에 과도하게 편중된 우리의 산업통상 구조를 다변화하는 차원에서 최근 신흥국 시장 진출을 적극적으로 추진하는 상황인바, 신흥국들과의 개발 협력 사안에 대한 이해와 연구가 국제통상 연구에서 중요성을 더해갈 것으로 보인다. 이미 우리나라 통상구조에서 신흥국 시장의 비중은 2000년 20%대에서 2020년 45%까지 증가되었다.[12] 이처럼 단순한 교역 비중만으로도 신흥국 시장은 한국 통상정책의 중요한 정책 변수로 부상하고 있을 뿐만 아니라, 향후 한국 경제의 성장력을 확보하기 위한 산업구조 개편 과제를 위해서도 핵심 요소이다. 그러나 우리 정부의 통상정책 추진으로 신흥국들과의 통상협력관계가 심화하면 예외 없이 개도국 교역상대국의 무역수지 악화로 이어져서 국제개발협력 차원의 노력을 상쇄하는 문제를 야기하고 있다, 일례로, 베트남의 경우 한-ASEAN FTA가 발효된 2008년 11월 72억 달러 수준이던 우리나라의 상품 수출이 한-베트남 FTA가 타결된 2014년 12월 270억 달러로 증가했으며, 동 FTA가 발효된 2015년 12월 이후 급성장해 2017년에는 478억 달러에 달하게 되었다.[13]

따라서 향후 국제통상 연구는 이와 같은 국제개발협력 사안들에 대한 이해와 공조 방안을 좀 더 본격적으로 다룰 필요가 있다. 이는 국제사회에서 한국이 국제통상으로 경제를 이끌어가는 데 필수적인 과제인바, 적극적으로 학제 간 협력을 강화해야 하는 분야이다.

---

12 무역협회 K-stat ,http://stat.kita.net/stat/world/major/KoreaStats06.screen (2020. 2. 1. 검색).

13 무역협회 K-stat, http://stat.kita.net/stat/kts/ctr/CtrTotalImpExpList.screen (2020. 5. 1. 검색).

더욱이 한국의 국제적인 위상이 증가하면서 국제통상 사안의 범주가 여타 분야와 연계되는 문제에도 관심을 지속적으로 확대할 필요가 있다. 통상과 노동, 통상과 환경, 통상과 여성, 통상과 기술 등 기존의 상품 및 서비스 수출입에 국한된 통상 사안뿐만 아니라 통상 쟁점이 여타 비경제적 사안들과 연계되면서 제기되는 문제들에 관한 연구를 심화하여, 이러한 쟁점들이 부각되는 국제사회에서의 다양한 채널에 한국 정부가 더 적극적으로 참여할 수 있도록 역량을 제고해야 한다. 과거 한국은 국제사회에서 개발도상국이라는 지위를 강조하면서 국제통상규범의 수립 과정에서는 매우 소극적인 자세를 보였다. 트럼프 행정부의 통상 압박을 계기로 국제통상체제에서 개발도상국 지위를 벗은 상황인바, 이제 한국의 경제적 위상에 걸맞은 역할을 할 수 있도록 국제통상에서의 다변화된 연구 역량을 강화해야 한다.

V. 국제통상 전공의 발전을 위한 향후 과제

국제통상 전공은 한국 경제와 산업 현실을 감안할 때, 그리고 갈수록 다면화되어가는 세계통상체제의 추이를 고려할 때, 우리의 대학 교과체계에서 향후 지속적으로 확대·발전되어야 할 분야이다. 특히 여타 사회과학 교과과정과는 달리 다학제적으로 구성된 전공의 특성은 국제법규, 정부의 정책, 산업계의 이해가 복잡하게 얽혀 있는 현재의 국제통상 현안을 다루는 데 매우 유용한바, 최근 사회적으로 요구가 확대되는 보다 응용력이 뛰어나고 전문화된 인력 양성에 장점이 있다. 최근 기술공학분야에서도 사회과학적 분석이나 경영전략 교육을 융합한 교과과정을 도입하는 등 학제 간 경계를 허물어 종합적인 분석 능력을 고양하는 학사과정이 확대되는 추세를 감안하면, 사회과학 분야에서 일종의 융합 과정으로 성장해온 국제통상 전공에 대한 수요와 관심은 꾸준히 커질 것으로 전망된다.

비교적 짧은 역사에도 불구하고 괄목할 만한 성과를 보인 국제통상 전공이 향후 제대로 위상을 갖추고 발전하려면 몇 가지 주요한 과제를 해결해야 한다.

우선 국제통상 전공의 핵심 기준이 되는 공통의 학사과정에 대한 공감대 수립이 필요하다. 대부분 국제통상 전공을 개설한 대학이나 대학원은 각기 출범 당시의 여건을 반영하여 나름대로 학사과정을 수립하고 있어 아직 국제통상 전공이 확고한 별개의 학문 분야로 위상을 정립하기 위해 요구되는 핵심 학사 요건에 대한 공통분모를 파악하기가 용이하지 않다. 국제통상 전공이 그 자체로서 독자적인 학문적 특성과 효용성을 인정받기 위해서는 조만간 전공 분야의 특성을 제대로 갖추기 위해 요구되는 핵심 소양에 대한 공감대를 형성하고, 이를 학사과정에서 구비하는 것이 필요하다. 이와 관련해서는 국제통상 전공 분야 교수진의 깊이 있는 논의가 필요한데, 학교별 특성이나 차별성을 인정할 필요도 있으나 국제통상법, 국제경제학 및 국제경영학의 분석방법이 융합됨으로써 기본적으로 국제경제이론에 입각하여 통상정책을 분석하는 한편, 국가 간 협상을 통해 이루어지는 국제규범의 형성과정과 내용을 이해하고 국제통상체제에서 성공할 수 있는 기업 차원의 통상 전략을 다루는 것이 바람직할 것으로 보인다.

또한 국제통상 전공을 독자적인 학문의 분야로 성장시키려면 고유한 연구역량의 축적이 무엇보다도 중요하다. 현재 다양한 전공분야의 학자와 전문가로 구성된 소위 국제통상 분야는 우리의 현실을 감안할 때 매우 중요한 나름대로 특성화된 연구과제와 영역이 있음에도 불구하고 여타 사회과학 분야와 비교할 때 학계에서 인정할 만한 국제통상 전공을 대표하는 학술지나 학술대회 확립에 다소 미진한 점이 있다.[14] 즉, 국제통상 전공 자체의 중요성이나 의의는 다학제적 융합 특성에 있는 반면, 전공 분야의 연구 역량과 관련해서는 아직 기존의 경제학, 법학, 경영학 등의 연구체계에 거의 전적으로 의존하고 있는 것이다. 국제통상 전공의 적절한 연구역량의 확보를 위해서는 경제학 또는 법학 등 해당 개별 연구 분야에서도 인정받을 수 있는 수준의 연구가 선행되어야 한다. 이러한 토대 위에 국제통상 전공의 고유한 연구 관심과 주제를 다학제적으로 다룰 수 있는 학술적 소통과 육성의 장이 마련되는 것은 학문으로서의 장기적인 성장에 필수적인 요소이다. 향후 다양한 전공을 배경으로 국제통상 전공에 참여하는 국내 학자들이 학문적으로 교류하면서 학문적인 성과를 나누고 발전 방향을 토의할 수 있는 장이 마련되어야 할 것이다.

학사과정의 정비와 함께 수반되어야 할 부분은 국제통상 전공 출신자에 대한 사회 분야별 전문 인력 수요를 확대하는 것이다. 앞서 거듭 지적한 바와 같이 국제통상에 대한 의존도가 매우 높은 경제산업 구조를 운용하는 우리나라의 현실을 감안할 때 이론과 실무 분야의 다학제

---

14 예를 들어, 현재 한국국제통상학회(http://www.katis.or.kr/main)가 국제통상 분야를 대표하는 학술단체로 구성되어 있는데, 현재까지는 경제학 분야 중심으로 운영되고 있어 보다 적극적으로 학회의 외연적인 확장이 필요하다. 동 학회에서 출간하는 『국제통상연구』도 중장기적으로는 한국의 국제통상 전공을 대표하는 국제 학술지로 수준을 제고해야 한다.

적 교육을 받은 국제통상 전공자에 대한 사회적 수요가 매우 높음에도 불구하고 실제로 사회 진출 단계에서는 국제통상 전공의 비교우위가 적절하게 인식되지 못하는 괴리를 보인다. 이는 최근 트럼프 행정부에 의한 무역 보호조치가 남발되고, 중국 정부가 사드 배치에 대해 경제제재조치를 부과하는 등 통상 환경이 급격히 악화되자 비로소 다양한 산업계의 우리 기업들이 국제통상 전문 인력을 절실하게 요구하는 상황에서도 잘 드러난다.[15] 산업계와 학계의 더욱 적극적인 소통과 협력체계 구성을 통해 국제통상 전공 인력의 활용성에 대한 인식을 제고하고 수요를 확대함으로써 우리 산업계가 글로벌 경쟁에서 더 효과적인 대응체계를 갖출 수 있도록 해야 할 것이다. 행정고시에 국제통상 직렬이 마련되었듯이 국제통상에 특성화된 인력 수급 구조를 활용하는 방안도 하나의 대안이 될 것으로 보인다.

국제통상 전공의 또 다른 특징 중 하나는 다른 전공보다 영어 강의 비중이 높다는 점이다. 국제대학원은 기본적으로 영어 강의를 기본으로 하며, 학부의 국제통상 전공에서도 다수의 학교에서 영어 강의를 의무화하거나 권장하고 있다. 이는 국제대학원이 도입될 때 국제화 전문 인력 양성이라는 취지에 따라 채택된 정책이었으나, 이후 많은 국내 대학의 교과과정에서 자발적으로 학사과정의 국제화를 위해 외국인 교원 충원을 늘리고 영어 강의를 확대하였다. 우리나라 대학교육의 국제화 증진은 중장기적으로 반드시 추진해야 할 과제인데, 국제통상 전공이

15 수출에 주력하는 국내 대기업들 중 상당수가 최근 국제통상팀을 확대하거나 신설하는 등의 조치를 시행하고 있다. 그러나 기업차원에서는 통상문제의 경우 사후 대응책에 한계가 많아 사전 대비가 매우 중요하다는 측면에서 '사후약방문'적인 한계가 있다.

이러한 영어 교육사업을 선도적으로 시행하고 성공적인 성과를 보임으로써 이후 국제화 사업을 견인한 점은 주목할 부분이다. 이처럼 국제통상 전공자들의 경우 영어뿐만 아니라 상당수가 제2외국어까지 일정 수준의 소양을 갖추고 있는바, 국내에서 국제 업무 분야에 진출하는 것뿐만 아니라 직접 국제무대 진출을 확대하는 방안이 더욱 활성화되어야 할 것으로 보인다. 비단 국제기구뿐만 아니라 해외의 기업 또는 비영리법인, 비정부기구 등 기타 다양한 기관에 진출하는 채널을 확보함으로써 우리나라의 국제통상 전공이 싱가폴, 홍콩, 일본 등과 견주어도 한층 경쟁력 있는 국제화된 전문 인력 양성의 핵심 교두보로 발전해야 할 것이다.

| 참고문헌 |

Bagwell, Kyle & Robert Staiger, eds, Handbook of Commercial Policy, Vol 1A & 1B (North Holland), (2017).

Bagwell, Kyle & Robert Staiger, The Economics of the World Trading System (MIT Press), (2004).

Bhagwati, J., A. Panagariya & T.N. Srinivasan, Lectures on International Trade (2nd., MIT Press), (1998).

Bhagwati, J., P. Krishna & A. Panagariya, The World Trade System: Trends and Challenges (MIT Press), (2016).

Feenstra, Robert, Advanced International Trade: Theory and Evidence (2nd., Princeton Univ. Press), (2016).

Gopinath, G., E. Helpman, & K. Rogoff, eds, Handbook of International Economics, Vol. 4 (North Holland), (2014).

Jee-Hyung Park (2017), "Enforcement and Dispute Settlement", in Handbook of Commercial Policy (eds, Bagwell, Kyle & Robert Staiger, North Holland) 1B, pp. 3~68.

서울대학교 국제대학원, 『서울대학교 국제대학원 20년사』, 2017.

6장 포스트 냉전기 지역학의 전개: 중국 지역 연구를 중심으로

정종호(서울대학교 국제대학원)

Ⅰ. 서론

본 논문은 포스트 냉전기 지역학의 역사적 전개과정에 관한 글이다.[1] 냉전시기 지역학의 등장 및 형성 과정에 관해서는 그동안 많은 연구가 진행되어 왔다.[2] 특히 기존 연구에서는 2차 세계대전 이후 냉전시기 지역학의 형성과 관련하여, 미국의 헤게모니를 수립하고 유지하고자 하는 명시적 동기를 지닌 냉전시기 국제질서의 산물이라는 의견(Cumings, 1997)과 냉전시기 지역학 형성이 미국의 안보 이익이 반영된 결과이기는 하나 동시에 학문 발전에 중요한 공헌을 하였을 뿐만 아니

1 본문은 『국제 · 지역연구』 29권 3호 (2020 가을) 1~28쪽에 게재된 정종호, "포스트 냉전기 지역학의 전개: 중국지역연구를 중심으로"를 원문으로 하고 있다.

2 냉전시기 지역학의 등장과 형성과정에 대해서는 Cumings(1997), Miyoshi and Harootunian (2002), Szanton(2004), Wallerstein(1997) 등을 참조할 것. 국내 학자들의 연구로는 김경일(1996), 채오병(2014), 하병주(2000) 등을 참조할 것.

라 심지어 미국의 헤게모니에 반하는 대안(또는 대항) 이론을 제시하기도 하는 등 '의도하지 않은 결과unintended consequences'를 포함하고 있다는 의견(Wallerstein, 1997)이 제시되었다. 이와 같이 냉전시기 지역학의 등장과 형성 과정에 대해서는 많은 연구가 진행된 데 반하여, 포스트 냉전기 지역학의 역사적 전개과정에 관해서는 몇몇 단편적인 연구를 제외하면 총체적인 연구는 매우 제한적으로 이루어져 왔다.

그러나 구소련과 동유럽 사회주의의 몰락, 냉전체제의 붕괴, 유럽공동체의 수립, 테러와의 전쟁, 중국의 부상 등으로 인해 급변하는 포스트 냉전기 국제질서 속에서 지역학은 근본적인 변화를 겪어왔으므로, 포스트 냉전기 지역학의 역사적 전개과정에 관한 총체적인 검토는 매우 중요하다. 특히 국제사회에서 '중추국가pivotal power'로서의 지위를 확고히 하려는 한국은 자국의 이익에 기여하는 동시에 인류공동체 및 학문공동체에 기여할 수 있는 한국적 지역학의 구축이 절실한데, 이러한 한국적 지역학의 구축은 포스트 냉전기 지역학의 전개과정에 대한 객관적이고 총체적인 인식을 전제로 한다. 이와 같은 인식하에 본 논문은 냉전시기 지역학 형성에 관한 기존 연구에 더하여 포스트 냉전기 지역학의 전개과정을 살펴보는 것을 목적으로 한다. 특히 포스트 냉전기 지역학의 전개과정을 구체적으로 살펴보기 위하여 중국학의 사례(영어권 중국 지역 연구에 국한)를 제시하고 있다.

Ⅱ. 냉전시기의 지역학

1. '추악한 신조어ugly neologism'의 탄생

'지역학'을 정의하는 것은 쉽지 않다. 우선 '지역'이라는 용어도 영어로는 'area', 'region', 'local' 등 다양한 용어가 존재한다. 사이드Said는 그의 저서 『오리엔탈리즘Orientalism』에서 '오리엔탈리즘'에 대하여 다양한 정의를 제시하는데, 이 중 학술적인 정의는 '오리엔트Orient'에 대한 교육, 서술, 그리고 연구를 의미한다(Said, 1979: 2). 이를 지역학에 적용하면 지역학이란 '(특정)지역에 대한 모든 학문적 활동'으로 정의할 수 있다. 즉, 지역학이란 특정 지역(및 해당 지역에 거주하는 사람)에 관한 종합적이고 체계적인 지식 활동으로 이해할 수 있다(Amako, 2017: 4; Goss and Wesley-Smith, 2010: xv). 이렇게 정의하면 특정 지역에 대한 '견문록', '여행기', '민족지', '박물학지' 등이 넓은 의미의 지역학에 포함되고, 지역학의 역사적 기원도 오래전으로 추적할 수 있다. 특히 르네상스와 지리상의 발견은 유럽에서 지역학이 태동하는 데 있어서 중요한 역사적 배경이 되었는데, 유럽의 지역학은 이후 제국주의의 등장 및 이에 따른 식민지 개척과 불가분의 관계를 맺으며 발전하였다.

그러나 지적 작업의 새로운 제도적 범주new institutional category로서 지역학의 태동은 2차 세계대전을 전후하여 본격적으로 형성된 것으로 이해되고 있다. 실제로 이전의 지역에 관한 연구와 2차 세계대전을 전후하여 고등교육기관에서 제도화된 학문적 단위로서의 지역학은 현격한 차이를 보인다. 이는 1945년 이후 전개된 국제질서의 변화, 특히 압도적인 경제력을 갖춘 미국 헤게모니의 등장, 미국과 소련을 중심으로 한 냉전체제의 수립, 그리고 수많은 신생독립국가의 탄생과 밀접한 관련이 있다(Wallerstein et al., 1996: 33). 그 결과 2차 세계대전을 전후로 하여 등장한 지역학은 이전의 지역에 관한 연구와 비교하여 볼 때 다음과 같은 특징이 있다.

우선 냉전시기 이전의 지역에 관한 연구가 유럽의 주요국가에 의해 주도되었다면, 1945년 이후 가장 특기할 만한 학술적 혁신the most notable academic innovation으로서 지역학의 태동은 미국이 주도하였다(Wallerstein et al., 1996: 36). 이는 미국 헤게모니의 등장 및 수립과 밀접한 관련이 있다(Cumings, 1997, 1999; Goss and Wesley-Smith, 2010; Harootunian, 2002; Palat, 2000). 미국의 국제질서 구상이 반영된 전략에 따라 지역학이 전폭적인 지원을 받으면서 2차 세계대전을 전후하여 지속적으로 성장하였던 것이다. 즉, 2차 세계대전 중 미국에서 처음 등장한 상기한 의미에서의 지역 연구가 2차 세계대전이 종료된 후 미국의 주요 대학에 전문화된 학문 분야로서 제도적으로 정착되고, 이어 세계 다른 지역들의 대학으로 확산되었다. 예를 들어, 2차 세계대전 기간 중 미국전략사무국OSS(Office of Strategic Services)의 지원을 통해 적국 또는 가상적국을 중심으로 지역 연구가 진행되었고, 1943년에는 미국 컬럼비아Columbia대학에서 '지역학area studies'이라는 표현이 사용되었다(Amako, 2017). 2차 세계대전이 종료된 직후인 1946년에는 록펠러 재단the Rockefeller Foundation의 지원으로 '러시아 연구소the Russian Institute(Columbia University)', '극동 연구소the Far Eastern Institute(University of Washington)' 등의 지역학 연구소가 미국 주요 대학에 설립되었다. 이어 1947년에는 냉전시기 미국 지역학의 형성에 중요한 역할을 하였던 홀Hall의 보고서(*Area Studies: With Special Reference to their Implications for Research in the Social Sciences*)가 제출되었다. 이후 미국의 주요 대학에 지역학이 전문화된 학문 분야로 제도적으로 정착됨으로써, 미국의 헤게모니에 의해 지역학 연구가 주도되었다.

동시에 이전의 지역 연구가 주로 역사, 언어, 관습 등과 같이 인문학적 관심을 중심으로 역사학, 문헌학이나 언어 연구에 치중하여 이루어졌다면, 냉전시기 지역학은 인문학적 관심에 더하여 사회과학적 연구에 의해 주도되었다. 이는 냉전체제의 수립 및 신생독립국가의 탄생과 밀접한 관련이 있다. 2차 세계대전 이후 아시아, 아프리카, 남미 등에서 수많은 신생독립국가가 등장하면서 미국을 중심으로 하는 자본주의 진영과 소련을 중심으로 하는 사회주의 진영은 신생독립국가를 두고 각자의 진영에 포섭하기 위한 경쟁을 벌였는데, 이러한 경쟁에서 미국을 중심으로 한 자본주의 진영은 신생독립국가에게 '발전'을 약속하며 접근하였다(Szanton, 2004; Wallerstein, 1997). 여기서 발전은 한 나라가 '근대화modernization'라고 하는 보편적 경로를 따라 앞으로 나아가는 과정으로 정의되었다. 그 결과 근대화 이론(Huntington, 1968; Lipset, 1959)은 이 시기 미국이 주도한 지역 연구의 지배적인 이론적 패러다임이 되었다.

근대화 이론의 핵심적 논제는 모든 민족, 국민, 지역에 공통적인 근대화 경로가 존재한다는 사실과 모든 민족, 국민, 지역이 이 경로상의 상이한 단계에 놓여 있다는 것이었다(Wallerstein et al., 1996: 40). 즉, 근대화라는 것은 서구 사회를 종착지로 설정한 하나의 보편적인 수렴의 과정으로서, 비서구 사회는 정치적·경제적·사회적·문화적 발전(근대화)을 위하여 서구의 가치, 기술, 제도 등을 수용하여야 한다는 것이다. 따라서 근대화 이론에 기반한 지역학은 비서구 사회를 근대화라는 시각에서 정치적·경제적·사회문화적으로 다소 '낙후한behind' 사회로 규정하였다(Dirlik, 1997: 12; Harootunian, 2002: 164; Mirsepassi, Basu and Weaver, 2003: 12). 즉, 근대화 이론에 기반한 지역학은 서구의 이미지로 세계를 재구성하기 위한 근대화 프로젝트modernist project의 필수적인 부분이었다.

그 결과 이 시기 미국이 주도한 지역 연구의 지배적인 이론적 패러다임은 근대화 이론이었으며, 분과 학문적으로는 근대적인 국가 건설state-building이나 경제 발전 과정의 이해와 관련이 있는 사회과학에 의해 주도되었다(Goss and Wesley-Smith, 2010: xii). 예를 들어 당시 미국의 지역학 연구에 대한 지원은 주로 정부기금과 민간재단 지원을 통해 이루어졌는데, 이를 배분하는 가장 중요한 통로로서 미국의 지역 연구를 실질적으로 관장하였던 것이 바로 사회과학연구협의회Social Science Research Council, SSRC이다. 학제 간 연구를 촉진하기 위하여 미국정치학회, 미국사회학회, 미국경제학회 등 분과학회의 연합으로 1924년에 출범한 SSRC는 1946년 '세계지역연구 위원회Committee on World Area Research'를 발족하며 지역 연구를 강조하였고, 1947년에는 앞서 언급한 냉전시기 미국 지역학 형성에 중요한 전환점을 이루었던 홀Hall의 보고서를 제출하였으며, 1970년대에는 총예산의 80%를 지역 연구에 지원하면서 미국 지역학 연구의 중심이 되었다(Sibley, 1974). 결론적으로 냉전시기의 지역학은 이전의 지역 연구와 비교하여 볼 때 미국의 헤게모니에 의해 주도되었으며, 사회과학적 연구의 비중이 증가하였고, 이론적으로는 근대화 이론에 의해 지지되었다. 그 결과 냉전시기의 지역학은 미국의 헤게모니의 수립과 유지라는 의도된 결과를 목적으로 하였다. 이러한 이유로 사이드Said(1979: 53)는 지역학을 추악한 신조어ugly neologism라고 비판하였다.

2. 냉전시기 지역학 사례: 중국학[3]

앞에서 언급했듯이, 2차 세계대전 이후 가장 특기할 만한 학술적 혁신으로서의 지역학의 태동은 미국 헤게모니에 의해 주도되었으며, 이론적으로는 서구 사회로의 수렴을 전제로 하는 근대화 이론에 기반하고 있었다. 이러한 특징은 일본 지역 연구에서도 잘 드러나고 있다.[4] 2차 세계대전이 끝난 후 일본에 대한 미국의 관심은, 소련을 중심으로 하는 사회주의 진영과의 경쟁에서 어떻게 추축국의 일원인 일본을 자본주의 자유 진영의 일원으로 끌어들일 것인가, 그리고 어떻게 일본을 서구식 민주주의와 근대화된 국가로서 세계에 접합시킬 것인가에 집중하였다. 일본에게 있어서 민주주의란 시민혁명으로 이루어낸 것이라기보다는 미국을 중심으로 한 연합국의 점령 상태로 인해 '외부로부터 주어진 민주주의'였지만, 패전 직후 일본은 탈군사화demilitarization와 민주화democratization로 대표되는 전전 질서에 대한 개혁을 스스로 수용함으로써(Dower, 1999), 냉전기에 돌입하면서 적대 국가로 대결했던 미국의 동맹국가로 점차 변화해나갔다(Schaller, 1997). 권위주의체제로부터 민주주의로의 이행이 외생변수에 의해 이행된 일본에게 주어진 과제는 이제 어떻게 근대화된 발전국가로 국제체제에 재편입하는가였다. 따라서 냉전시기 일본에 대한 이해도 기본적으로 근대화 이론의 담론에 기

---

3 이하에서 제시되고 있는 중국학 사례는 미국을 중심으로 한 영어권의 중국학 연구에 국한하고 있으며, 특히 영어권 중국학 분야의 대표적인 학술지인 『*The China Quarterly*』(1960년에 발간 시작), 『*China Journal*』(1979년부터 *The Australian Journal of Chinese Affairs*로 발간되다가 1995년부터 *China Journal*로 발간), 『*Journal of Contemporary China*』(1992년에 발간 시작), 『*Modern China*』(1975년에 발간 시작)에 게재된 논문을 중심으로 하고 있다.

4 이하에서 제시되고 있는 일본학 사례는 서울대학교 국제대학원 박철희 교수가 제공하였다.

반을 둔 것이었다.[5]

한편, 냉전으로 인해 현지 조사가 불가능하였고 동시에 미국이 주도하는 자본주의 진영과 경쟁 관계에 있던 사회주의 국가 중국에 대해서는 근대화 이론 대신 주로 구소련연구(특히 Kremlinology)에서 개발된 소위 '전체주의totalitarianism' 모델이 당시 지배적인 연구모델이었다. 예를 들어 타운센드Townsend는 모택동 시기를 '급진적 전체주의radical totalitarianism'의 틀로 설명하며(Townsend, 1974), 하딩Harding(1984)과 페리Perry(1994) 역시 전체주의 모델을 이 시기 미국학계의 중국 연구에 있어서 지배적인 모델로 이해하고 있다. 영어권 중국학 연구 분야의 대표적인 학술지인『*The China Quarterly*』에 이 시기 게재된 학술논문 중 전체주의 모델에 기반한 연구로는 Bernstein(1967), Donnithorne(1964), Schapiro and Lewis(1969) 등이 있다.

전체주의 모델에 따르면, 공산당이 이끄는 중국은 단일하고 일사불란한 사회로서 그 저변에는 사회의 모든 부분에 침투되어 있는 당-국가

5 한편, 전후 냉전시기에 이루어진 일본의 급속한 경제 발전과 독특한 근대화의 성과는 비교지역학적인 주목을 받았는데, 이를 이해하기 위하여 기존 근대화 이론을 넘어서는 새로운 분석틀이 제기되었다. 예를 들어, '국가의 성격과 내적 제도 정비'를 통해 일본의 발전이 이루어졌다는 '발전국가(developmental state)론'의 논의가 일본 연구에 있어서 광범위하게 수용되었는데, 국가의 자율성에 주목하는 '자본주의적 발전국가(capitalist developmental state) 모델'이 본격적으로 제기된 것은 찰머스 존슨(Chalmers Johnson)의 일본 통산성 연구에 기인하였다(Johnson, 1982). 존슨은 일본의 국가조직 원리가 미국의 시장합리주의(market-rational)나 소련의 계획이념주의(plan ideological)와는 대별되는 계획합리주의(plan-rational)라고 보고, 통산성을 중심으로 한 국가의 계획과 자율적인 주도가 일본 경제 기적의 배후에 있다고 보았다. 즉, 일본의 경제근대화 모델은 미국이나 소련과 대비되는 제3의 모델이고 그 핵심에는 발전지향주의적 국가가 있다는 것이다. 이러한 논의는 일본 이외에도 한국과 대만 등 동아시아 국가들의 경제 발전을 설명하는 이론으로 원용되면서 '발전국가론'으로 통칭되었다(Evans, 1995; Haggard, 1990; Wade, 1990; Woo-Cumings 1999). 이와 같이 냉전시기 일본 지역학의 발전은 근대화론을 배경에 두고 일본의 독특한 정치·경제적 발전 경로를 설명하는 데 주안점이 놓여 있었다.

체제가 존재한다. 즉, 강력한 당-국가 관료체계가 일사불란한 정책 집행을 통해 철저하게 사회를 통제하는 사회로 중국 사회를 파악했으므로, 이러한 전체주의 사회를 가능하게 하는 당 조직, 국가기구, 공식적인 이데올로기 등을 주요 연구대상으로 하였다. 특히 현지 조사가 불가능하였던 방법론적 한계와 학문의 자유가 제한되었던 냉전이라는 이데올로기적 한계로 인해, 당시 사회주의 중국에 대한 서구의 연구들은 중국을 "공격적이고, 적대적이며, 비이성적인aggressive, hostile, irrational"(Morgan, 2004: 229) 사회로 규정하였다. 따라서 전체주의 모델에 기반한 연구들은 전통적인 전체주의 독재체제traditional autocratic or totalitarian dictatorship가 권위주의적 독재체제authoritarian dictatorship를 거쳐 궁극적으로는 민주주의체제democratic system로 전환할 것이라는 '체제전환이론systemic transition theory'을 중국 연구에 적용하기도 하였다(Amako, 2017: 3~4).[6]

III. 포스트 냉전기의 지역학

1. 소련 및 동유럽 사회주의의 몰락과 지역학

소련 및 동유럽 사회주의의 몰락과 함께 2차 세계대전 이후 국제질

---

6 그러나 1966년부터 1976년에 걸쳐 진행된 문화대혁명은 중국의 전체주의 사회 내에 존재하는 엘리트 간의 갈등은 물론 홍위병을 포함한 일반대중의 정치 참여의 중요성 및 비공식적 정치 과정의 중요성을 확인하여 줌으로써, 미국의 소위 2세대 중국 정치 연구자들로 하여금 전체주의 모델을 대체하여 다원주의 모델로 중국을 연구하게 하였다. 이에 따라 2세대 연구자들은 다원주의 모델을 통해 노선투쟁, 파벌정치, 관료정치, 이익집단 등의 개념으로 중국 사회 내에 존재하는 다양성과 복잡성에 주목하기 시작하였다(Harding, 1984; Perry, 1994).

서를 규정하여 왔던 냉전체제 역시 붕괴되었다. 이러한 국제질서의 변화는 지역학의 연구 경향에도 큰 영향을 초래하였다. 우선 소위 '역사의 종언 테제end of history thesis'가 지역 연구에서 지배적인 담론으로 등장하였다. 특히 사회주의 경제에서 자본주의 경제로의 이행을 포함하는 탈사회주의 체제 전환post-socialist transformation을 경험하고 있는 동유럽과 아시아 사회주의 국가의 지역학에 중요한 논쟁을 제공하였다(Buroway and Verdery, 1999; Chan, Kerkvliet and Unger, 1999; Eyal, Szelenyi and Townsley, 1998; Kornai, 1992; Stark and Bruszt, 1998; Verdery, 1996). 동시에 역사의 종언 테제에 기반한 소위 '민주주의 프로젝트Democracy Projects'가 다양한 지역의 연구에서 등장하였는데, 이중 많은 프로젝트가 '전세계 민주주의 확산'을 대의명분으로 미국 의회가 설립한 국립민주주의기금또는 민주주의진흥재단: National Endowment for Democracy, NED 및 민주주의, 정치적 자유, 그리고 인권을 위해 미국이 설립한 프리덤 하우스Freedom House의 지원을 받았다(Khosrowjah, 2011: 136).

동시에 냉전체제의 붕괴는 자본주의적 생산의 글로벌라이제이션과 이에 따른 초국가주의Transnationalism를 야기하였는데, 이러한 변화는 분석 단위unit of analysis로서의 지역area/region의 정당성과 적합성에 의문을 제기함으로써 기존의 지역학 연구에 심각한 도전을 야기하였다(Appadurai, 2000; Sassen, 1996; Wesley-Smith and Goss, 2010). 전 지구적 차원에서 경계를 허무는 글로벌라이제이션에 따라, 이 시기 많은 지역학 연구들은 특정 지역에 머무는 기존의 연구 경향에서 벗어나 글로벌the global과 로컬the local이 상호 구성하는 과정은 물론, 지역 간의 다양한 상호작용—예를 들면 디아스포라, 초국가 사회적 공간transnational social space, 글로벌 정체성 형성, 지역 간의 융합convergence, 문화적 동질화 및 이질화

cultural homogenization and heterogenization 등—에 집중하였다(Appadurai, 1996; Jameson and Miyoshi, 1998; Katzenstein, 2001; Sassen, 1998; Wesley-Smith and Goss, 2010).

중국학의 경우에도 이와 같은 특징이 잘 드러난다. 우선 자본주의적 경제 발전이 자유민주주의로의 이행을 가져온다는 서구 사회의 '지배적 통설prevailing consensus 또는 prevailing wisdom'을 중국 지역 연구의 주요 분석틀로 사용하는 연구가 점차 증가하였다. 서구의 통설에 내포돼 있는 건 자본주의적 경제 발전이 이루어지면 중국의 공산당 일당독재가 붕괴되고 서구식 자유민주주의가 등장할 것이라는 기대와 희망이었다(정종호, 2017: 209). 이러한 연구는 많은 경우 중국 붕괴론으로 연결되었다. 중국 붕괴론이 본격적으로 등장한 건 1989년 천안문天安門 사건 이후이다. 후쿠야마Fukuyama는 1989년 발표한 논문과 1992년 출간한 『역사의 종언*The End of History and the Last Man*』에서 서구의 자유민주주의가 공산주의를 무너뜨리고 역사적으로 최종적인 정치체제the final form of human government로 자리하게 될 것이라 예측하였는데, 이후 많은 연구가 이에 기반하여 중국 공산당이 더는 집권하지 못하고 동유럽의 사회주의 국가처럼 곧 붕괴할 것이라고 예측하였다.

예를 들어, 로웬Rowen(1996)은 소득 증대에 따른 자유화 요구로 중국 공산당은 1인당 GDP가 7,000~8,000달러가 되는 2015년께 몰락할 것이라 예언하였으며, 월드런Waldron(1998) 역시 공산당 독재체제는 시장의 도입에 따른 도전을 이겨내지 못하고 10년 안에 무너질 것이라 전망하였다. 중국 붕괴론은 1997년 아시아 금융 위기 이후 다시 모습을 드러냈다. 고든 창Gordon Chang(2001)은 『중국의 몰락*The Coming Collapse of China*』을 통해 구조적 개혁에 소극적인 공산당은 중국이 직면한 수많은 난제를 해결할 수 없으며, 결국 세계무역기구WTO 가입으로 인한 충격으로 인해 5~10년 안에 붕괴할 것이라 주장하였다.

중국 붕괴론과 같은 극단적인 주장은 아니더라도 냉전체제 붕괴 이후 개혁·개방기 중국을 연구한 대다수 서구의 학자가 앞서 언급한 자본주의적 경제 발전이 자유민주주의로의 이행을 가져온다는 지배적 통설에 기반하여 중국 연구를 진행하였다. 이에 따라 개혁·개방기 중국을 연구하는 가장 중요한 패러다임으로 소위 '국가-사회 관계state-society relations' 모델이 제시되었는데(Harding, 1984; Perry, 1994), 서구 중국학 연구 분야의 대표적인 학술지에 이 시기 게재된 학술논문 중 국가-사회 관계 모델에 기반한 대표적인 연구로는『*The China Quarterly*』에 게재된 Bernstein and Lü(2000), Burns (1989), Goldstein(1995), O'Brien and Li(1995, 2000), Oi and Rozelle(2000), Tanner(1994), Walder(1991) 등과『*China Journal*』에 게재된 Chan(1993), Walder and Gong(1993), White(1994), Yang(1989),『*Modern China*』에 게재된 Li and O'Brien (1996), Peng(1998) 등이 있다.

국가-사회 관계 모델에 입각한 연구들은 "정치적 변화의 원인, 성격, 결과를 국가 기구와 사회 일반 간 상호작용의 산물로서 해석"(Perry, 1994: 705)함으로써, 개혁·개방 이후 "당-국가가 사회를 구조화하고 사회의 자율성을 제한하는 방식과, 역으로 사회세력들이 국가 행위에 요구와 제한을 가하는 방식"(Harding, 1994: 700)을 분석하였다. 그러나 국가-사회 관계 연구의 주된 질문은 "개혁·개방기 경제적 및 정치적 개혁post-Mao economic and political reforms이 국가와 사회 간의 상대적인 권력관계에서 사회를 위하여 의미 있는 변화를 야기하는가"(Harding, 1994: 699)의 문제였다.

특히, 1989년 천안문사건 이후로는 서구적인 전통에서 발전되어온 '시민사회civil society' 및 '공공영역public sphere' 개념이 중국 연구에 광범위하고 적극적으로 사용되었는데, 이 역시 서구 사회의 지배적 통설이 중국 연구에 중요한 이론적 배경임을 잘 보여준다. 이 시기 시민사회 및 공공영역 개념에 기반한 대표적인 연구로는『*The China Quarterly*』에 게재된 Bergere(1997), Ma(1994), Saich(2000), Unger(1996)와『*China Journal*』에 게재된 Nevitt(1996), White(1993) 그리고 중국에 있어서의 공공영역 및 시민사회의 존재 여부에 관한 논쟁을 다룬『*Modern China*』특집호(1993, Vol. 19)에 게재된 Chamberlain(1993), Huang (1993), Madsen(1993), Wakeman(1993) 등이 있다. 이와 관련하여, 일단의 학자들은 개혁이 국가로부터 상대적으로 독립적이고 자율적인—궁극적으로는 민주화로 향한 지속적인 정치적 자유화를 요구하고 쟁취하게 될—집단과 조직체들로 이루어진 시민사회를 실질적으로 형성하고 있다고 분석(예를 들면 Strand, 1990)하는 반면, 또 다른 일단의 학자들은 명목상 사적私的인 사회적·경제적 주체들은 여전히 계속하여 국가의 후원과 지지에 크게 의존하기 때문에 그로부터 파생되는 국가와 사회 간의 공생관계는 현재의 권위적인 정치구조를 손상시키기보다는 견고하게 만들 것이라고 분석(예를 들면, Solinger, 1992)하였다(정종호, 2000: 130~131).

동시에 냉전체제의 붕괴와 함께 전 지구적 차원에서 광범위하게 이루어진 글로벌라이제이션에 대한 연구 역시 이 시기 중국학 연구에서 중요한 연구주제로 등장하였다. 글로벌 시대에 있어서 기존의 지역 및 국가 단위를 넘어 이루어지는 초국가적인 상호작용의 역동성에 주목하였던 아파두라이Appadurai(1996: 33~36)에 따르면, 기존의 지역적·문화적·국가적 경계를 넘어서 형성되는 초국가적인 상호작용은 크게 다섯 가지 영역, 즉 민족지형ethnoscapes, 기술지형technoscapes, 금융지형financescapes, 미디어지형mediascapes, 이념지형ideoscapes에서의 흐름flow으로 구분된다. 이들 다섯 가지 지형은 각각 사람people, 기술machinery, 자본money, 이미지와 정보images and information, 그리고 이데올로기적 이념ideological ideas들이 상호 교류 및 상호작용하며 변화하는 영역을 의미한다. 이상과 같은 글로벌라이제이션의 영향에 따라 이 시기 중국학 연구에서도 국내 및 국제 이주internal and international migration, 초국가이주 커뮤니티transnational migrant community, 다문화주의와 정체성multiculturalism and identity, 글로벌 문화global culture 등이 중요한 연구주제로 등장하였는데, 대표적인 연구로는 『*The China Quarterly*』에 게재된 Brady(2000), Brown(1998), Cai(1999), Kueh(1992), Lardy(1995), Liu(1998), Wagner(1995), Wang(1993) 등의 연구가 있다.

2. 9·11사태와 지역학

2001년 9·11사태는 글로벌라이제이션의 부정적인 측면이 강조되는 동시에 지역, 문명, 문화 간의 차이점 및 갈등이 강조되는 결과를 초래하였다. 무엇보다도 냉전체제의 붕괴 이후 대두되었던 '역사의 종언 테제end of history thesis'에 대한 비판적 인식과 함께 헌팅턴Huntington(1996)의 『문명의 충돌*The Clash of Civilizations and the Remaking of World Order*』이 지역 연구와 관련하여 다시 주목받게 되었다. 특히 9·11사태 직전인 2000년 하버드대학 국제지역연구학회Academy for International and Area Studies가 주최하고 헌팅턴이 참여한 심포지엄—'문화적 가치와 인류의 진보Culture Values and Human Progress'—에 기반하여 발간된 『문화가 중요하다*Culture Matters: How Values Shape Human Progress*』는 이 시기 지역학에 중요한 인식론적 배경을 제공하였는데, 문화를 한 사회(지역) 내에서 우세하게 발현하는 가치values, 태도attitudes, 신념beliefs, 지향점orientations, 그리고 전제조건underlying assumptions으로 정의하고 이러한 문화가 근대화 이론가들이 상정한 사회의 발전—특히 경제적 발전과 정치적 민주화—에 영향을 미치는 방식과 수준을 탐구하는 것을 강조하였다(Huntington, 2000: xv). 이에 따라 보편성보다는 지역적 특수성에 다시금 주목하게 되었는데, 초국가적 테러리즘의 위협과 이어진 '테러와의 전쟁war on terror'은 중동, 남아시아, 그리고 동남아시아에 대한 새로운 지역학적 관심을 야기하였다(Goss and Wesley-Smith, 2010: xiv).

중국학의 경우에도 '민주(주의)적 근본주의democratic fundamentalism'에 기초하여 민주화라는 시각으로 중국의 변화를 목적론적으로 이해하고 분석하는 데서 벗어나(Wang, 2016: 512), 전체주의적인 공산주의 정권totalitarian Communist regime을 시장경제에 기초한 권위주의 정권authoritarian regime based on market economy으로 점진적으로 전환하는 '진화적 권위주의 경로the evolutionary authoritarian route'(Pei, 1994)의 가장 성공적인 사례로서 중국의 독특한 경험이 중요한 연구대상이 되었다. 즉, 개혁·개방 이후 눈부신 경제 성장과 함께 놀라운 적응력을 보여온 중국 사회주의체제의 특색에 관한 관심이 증가하였다. 이러한 중국 특색의 정치 발전과정을 강조하는 연구들은 대부분 중국 공산당 권위주의 체제의 지속적인 유지가 변화하는 경제사회적 상황에 대한 공산당의 유연하고 탄력적이고 성공적인 적응에 기인하고 있음을 강조한다.

예를 들어 중국 공산당의 놀라운 적응력에 대한 이유로 네이선Nathan(2003)은 '권위주의 탄력성authoritarian resilience' 개념을 제시하였다. 그에 따르면, 중국은 놀라운 적응력을 갖고 변화하는 상황과 다양한 도전에 대해 탄력적으로 적응하였는데, 안정된 권력 승계, 능력주의에 기반한 인사, 대중의 불만 표출을 위한 채널 형성 등과 같은 일련의 제도화가 중국 공산당의 탄력성을 제고하고 공산당의 내구력을 향상하였다는 것이다. 또한 샴보Shambaugh는 2008년 저작 『중국의 공산당: 위축과 적응 *China's Communist Party: Atrophy and Adaptation*』에서 레닌주의 방식의 통제 도구들이 약화되긴 했지만 당내 개혁을 포함한 여러 개혁을 통해 다양한 도전에 상당히 효과적으로 적응adaptation하고 있다고 주장하면서 중국 공산당을 '탄력적인 기구'로 파악하였다. 중국 공산당의 탄력성과 적응력에 주목하는 이 시기 대표적인 연구로는 『*The China Quarterly*』에 게재된 Chen and Dickson(2008), Edin(2003), Shambaugh(2008b)와 『*China Journal*』에 게재된 Heilmann(2008), Perry(2007), 『*Modern China*』에 게재된 Kang and Heng(2008) 그리고 『*Journal of Contemporary China*』에 게재된 Pan(2003), Wang(2007), Yang(2006) 등의 연구가 있다.

이러한 중국 공산당의 탄력성과 적응력은 자본주의적 경제 발전이 자유민주주의로의 이행을 가져온다는 서구 사회의 지배적 통설에 대한 대안 가능성으로서의 중국 특색의 발전 경로에 대한 관심으로 이어졌다. 예를 들어 2004년 라모Ramo는 서구의 역사적 경험에 기반한 기존의 지배적 통설과는 구별되는 중국의 특수한 발전 경험에 대한 논의를 '베이징 컨센서스Beijing Consensus'라고 규정하였다. 라모가 주장하는 베이징 컨센서스는 내용보다는 용어, 즉 워싱턴 컨센서스Washington Consensus에 대한 대응 개념이라는 측면에서, 또한 워싱턴 컨센서스와 연계되는 미국과 그에 대응하는 중국이라는 이미지 측면에서 주목을 받았다. 라모는 국가 주도하에 점진적이고 단계적인 독자적인 방식으로 개혁·개방 정책을 추진한 중국의 발전 방식인 베이징 컨센서스가 권위주의 정치체제를 유지하면서도 고도 경제성장을 이룩하려는 동남아시아, 라틴 아메리카 및 아프리카의 비민주 국가에게는 워싱턴 컨센서스를 대체하는 모델로 수용될 수 있다고 주장하였다(Cho and Jeong, 2008).

이상과 같이 개혁·개방 이후 눈부신 경제 성장을 지속하는 중국 사회주의 체제의 놀라운 탄력성과 적응력을 재평가하고자 하는 중국 연구의 경향은 일본인 스스로 '잃어버린 20년'이라고 부를 정도로 침체기이자 장기불황기였던 이 시기의 일본 연구 경향과 대비된다. 즉, 이 시기 일본 연구의 경향은 중국 연구 경향과는 달리, 신축성과 탄력성보다는 일본체제의 '경직성'과 '부적응' 그리고 위기 탈출을 위한 개혁의 부족 등에 더 주목하였다. 특히 일본형 자본주의의 위기를 논하며 일본 모델을 바꾸어야 한다는 논의가 증폭되었다. 예를 들어 가오Gao(2001)는 일본의 번영과 침체 모두 그 배경에 제도주의적인 역학이 있다고 지적하면서 일본이 성공의 신화에서 벗어날 것을 충고하였으며, 그라임스Grimes(2001)는 거시정책 분야에서 일본이 벗어나지 못하고 있는 실패의 구조를 재조명하였고, 보겔Vogel(2006)은 일본이 기존의 제도를 바꾸어야 할 시점에 이를 버리기보다는 이를 변형시키고 재활성화하는 데 힘을 기울였다고 비판하였다.

3. 글로벌 금융 위기와 중국의 부상 그리고 지역학

2008년 시작된 글로벌 금융 위기는 서구 자본주의 체제의 심각한 결함을 드러냈다. 반면 글로벌 금융 위기에도 불구하고 눈부신 경제 성장을 지속한 중국은 여전히 놀라운 적응력과 탄력성을 보여줌으로써, 기존 서구 사회의 지배적 통설에 더욱더 심각한 도전을 제기하였다. 특히 1949년 집권한 중국 공산당이 창당 100주년을 맞는 2021년까지 집권한다면 69년 집권한 소련 공산당, 71년 집권한 멕시코 제도혁명당을 제치고(북한의 노동당을 제외하면) 단일 정당에 의한 연속 집권의 새로운 역사가 쓰여진다. 이러한 중국 공산당의 탄력성과 적응력은 중국 공산당의 장수 비결을 설명하는 차원을 넘어 '중국모델中國模式'의 제기까지 이어지면서 지역학 연구에도 큰 영향을 미쳤는데, 이에 따라 기존 서구 중심의 지배적 통설에 대한 대안 가능성으로서의 중국모델에 대한 논의 및 중국의 부상이 해당 지역에 미치는 영향에 대한 분석이 지역학에서 중요한 연구주제로 등장하였다.[7]

이 시기 이러한 지역학의 연구 특징은 당연히 중국학에서 가장 두드러졌다. 이미 언급했듯이 중국의 특수한 발전 경험에 대한 논의는 2004년 라모가 베이징 컨센서스에 관한 논문을 발표하면서 본격적으로 시작되었지만, 당시만 하더라도 서구의 역사적 경험에 기반한 기존의 지배적 통설의 예외적인 사례로서 중국 특색의 발전 과정을 강조한 것으로서, 서구 중심의 보편 모델에 대한 대안으로서—즉 인류보편적 모델로서의—중국모델에 대한 논의는 아니었다. 그러나 보편적 모델로 여겨져 왔던 서구 자본주의 체제의 심각한 문제를 노정한 글로벌 금융 위기 이후 제기된 중국모델에 대한 논의는 서구 중심의 보편 모델에 대한 대안으로서 중국모델의 가능성을 진지하게 탐구하는 것이었다. 예를 들어, 『*Journal of Contemporary China*』는 2010년 중국모델에 관한

7 중국의 부상과 글로벌한 영향력의 강화 그리고 지역적 외교 공세의 강화는 이 시기 일본지역학에도 커다란 반향을 일으켰는데, 이에 따라 중국 부상에 대한 외부적 충격과 일본의 적응 과정에 대한 연구가 이어졌다. 예를 들어, 일본의 보통국가 논의 및 재군비화 논의 등은 중국의 부상에 대한 대응을 염두에 두지 않고는 이해할 수 없다(Hughes, 2009; Smith 2019).

특집호를 발간하였다.[8] 중국 특색의 발전 경험과 중국모델에 관한 논의는 이후 Bell(2015), Cui(2012), Fukuyama and Zhang(2014), He and Warren (2011), Tang(2016), Thornton(2013), Yip(2012)으로 이어졌다.

한편, 중국의 급격한 부상에 따라 중국의 부상이 해당 지역에 미치는 영향에 대한 분석이 이 시기 중국학 분야에서 역시 중요한 연구주제로 등장하였는데, 대표적인 연구로는 『*The China Quarterly*』*에* 게재된 Armony and Strauss(2012), Hirono, Yang and Lanteigne(2019), Jiang(2009), Large(2009), Peters(2012), Strauss(2009)와 『*China Journal*』에 게재된 Womack(2009)의 연구, 그리고 『*Journal of Contemporary China*』에 게재된 Eisenman(2012), Kuik(2016), Xiao(2009), Zhao (2018) 등의 연구가 있다.

IV. 포스트 냉전기 지역학의 지속성과 변화

이상에서 살펴본 바와 같이 포스트 냉전기 지역학의 역사적 전개과정은 다음과 같은 사실을 보여준다. 우선 포스트 냉전기 지역학은 국제질서의 변화에 직접적인 영향을 받아 형성되어 왔으며, 따라서 새로운 헤게모니의 수립 및 유지와 연결되어 있다는 사실이다. 구체적으로는 구소련 및 동유럽 사회주의의 몰락과 이에 따른 냉전체제의 붕괴, 9·11 사태와 미국주도 질서의 재구성, 글로벌 금융 위기와 중국의 부상이 포

8 특히 Kennedy(2010), Naughton(2010), Zhao(2010)의 연구를 참조할 것.

스트 냉전기 지역학 성격 변화의 중요한 변곡점을 제공하였다. 둘째, 포스트 냉전기 지역학은 이러한 국제질서의 변화에 따른 분과 학문 특히 사회과학에서의 논의에 영향을 받았다. 냉전체제의 붕괴 이후에는 '역사의 종언'을 포함한 서구의 지배적인 통설, 9·11사태 이후에는 문명 및 문화 담론('clash of civilizations', 'culture matters'), 그리고 글로벌 금융 위기 이후에는 중국모델 담론이 그 예이다. 결국 포스트 냉전기 지역학의 전개는 국제질서의 변화 및 분과 학문 논의의 변화에 따른 헤게모니 수립 및 유지와 밀접한 관계를 맺고 있다고 하겠다.

한편, 이상과 같은 의도된 결과에 더하여 포스트 냉전기 지역학은 동시에 다양한 학문적 기여를 하였다. 우선 냉전시기는 물론이고 포스트 냉전기에도 다분과학문적인 학제적 연구로서의 지역학의 발전은 19세기 말에 이르기까지 서구의 학문체계 내에 존재하였던 간극[9]을 무의미하게 함으로써 사회과학의 구조에 영향을 끼쳤다(Wallerstein et al., 1996: 36). 동시에 포스트 냉전기 지역학은 법칙정립적nomothetic 지향과 개성(별)기술적ideographic 지향 간의 인식론 논쟁, 정량적 방법quantitative methodology과 정성적 방법qualitative methodology 간의 방법론 논쟁, 비교연구와 총체론적 인식을 통한 보편사회과학의 제창, 문화상대주의cultural rela-

9 월러스틴 등(Wallerstein et al., 1996: 36)에 따르면 19세기 말까지 학문체계 내에는 간극(cleavage)을 이루는 세 가지 명확한 선이 존재하였는데, 첫째는 근대·문명 세계 연구(modern/civilized world: 역사학 및 경제학, 정치학, 사회학의 세 법칙정립적 사회과학 학문들)와 비근대세계 연구(nonmodern world: 인류학과 동양학) 사이의 선, 둘째는 근대세계의 연구 내에서 과거(역사학)와 현재(세 법칙정립적 사회과학 학문들) 사이의 선, 그리고 셋째로 법칙정립적 사회과학 학문들 내에서 시장 연구(market: 경제학), 국가 연구(state: 정치학), 그리고 시민사회 연구(civil society: 사회학) 사이의 선이었다. 그러나 이들 각각의 간극 선은 1945년 이후 지역 연구의 발전과 함께 모두 도전을 받게 되었다.

tivism와 자민족중심주의ethnocentrism에 대한 비판적 고찰 등을 통해 중요한 학문적 기여를 함으로써 의도하지 않은 결과를 초래하였다.

그러나 무엇보다도 포스트 냉전기 지역학은 특정 지역에 대한 역사적·총체적·비교학적 연구에 기반하여 사회과학적 주류 이론에 대한 개념적·이론적·경험적 대항이론을 제시하였다. 이미 냉전시기에도 지역학은 지배적 담론이었던 근대화 이론에 대항하여, 일본 연구에서 기원한 발전국가론developmental state(Johnson, 1982; Woo-Cumings, 1999), 동남아시아 연구에서 기원한 제임스 스콧James Scott의 도덕경제론Moral Economy과 약자의 무기Weapons of the Weak 이론(Scott, 1976, 1985), 남아시아 연구에서 기원한 하층민 연구Subaltern Studies, 중동 연구에서 기원한 사이드의 오리엔탈리즘, 그리고 남미 연구에서 기원한 종속이론dependency theory 등을 대안이론으로 제시함으로써 학문적 기여를 하였다. 포스트 냉전기에도 지역학은 지역 연구에 기반하여 중요한 대안이론을 제시하였다. 구소련 및 동유럽 사회주의의 몰락 이후 주류 이론이었던 '역사의 종언 테제'에 대한 대항이론인 아시아적 가치 논쟁Asian value debate, 그리고 권위주의 탄력성, 베이징 컨센서스, 중국모델로 발전하여 온 중국 담론이 주요 사례이다.

한국에서의 지역학 형성 및 발전과정 역시 일반적인 지역학 연구의 역사적 발전과정과 마찬가지로 의도한 결과와 의도하지 않은 결과를 모두 포함하고 있다. 따라서 포스트 냉전기 한국적 지역학의 구축은 이에 대한 인식을 전제로 한다. 우선 한국이 중추국가pivotal power로서 부상하기 위한 학문적 프로젝트라는 '의도된 결과intended consequences'가 포스트 냉전기 한국적 지역학의 역할임을 인정하지 않을 수 없다. 한국이 중추국가가 되거나 더 나아가 세계 초일류국가가 되기 위해서는 지역학 연구가 필수적이다. 즉, 한국의 글로벌 위상에 부합하도록 지역 연구를 확대하여야 한다. 이를 위한 전략으로는 한국적인 것의 세계화가 필요한데, 한국의 정치적·경제적·사회적·문화적 발전 경험을 총체화한 서울 컨센서스Seoul consensus를 정립하고 이를 지역 연구의 이론적 틀로 삼아야 한다.

동시에 한국에서도 포스트 냉전기 지역학이 타문화와의 객관적인 비교연구를 가능하게 함으로써 한국적 또는 아시아적 자민족중심주의ethnocentrism에서 벗어나 사회과학의 보편적 논의와 담론에 비판적 대안을 제시하는 것을 가능하게 하는 '의도하지 않은 결과unintended consequences'를 가져오는 역할이 있음을 강조하고자 한다. 지역학 연구를 통해 자민족중심주의에서 벗어나 우리에게 익숙한 것을 비판적으로 비교해보고, 타지역의 낯선 것을 익숙한 것으로 이해함으로써 비판적 사회과학을 수립하여야 한다.

결론적으로 포스트 냉전기 한국적 지역학은 "가장 한국적인 것이 세계적인 것이고, 가장 세계적인 것이 한국적인 것이다"라는 모토하에, 한편으로는 한국적 발전과정의 경험적 축적을 이론화한 서울 컨센서스를 세계 보편적인 컨센서스로 발전시키고, 동시에 또 다른 한편으로는 한국적 또는 아시아적 자민족중심주의에서 벗어나 세계와 지역에 대한 비판적인 이해critical thinking를 한국화하는 역할을 수행하여야 한다.

| 참고문헌 |

김경일. 「전후 미국에서 지역연구의 성립과 발전」. 『지역연구』(서울대 지역종합연구소) 5권 3호(가을호). 1996. 223~268쪽.

정종호. 「중국의 '流動人口'와 국가-사회 관계 변화: 北京 '浙江村' 사례를 중심으로」. 『비교문화연구』 제6집 2호. 2000. 127~170쪽.

______. 「중국 붕괴론은 왜 매번 빗나가고 다시 등장하는가」. 유상철 외 『차이나 인사이트 2018』. 서울: 올림. 2017. 206~213쪽.

채오병. 「냉전과 지역학: 미국의 헤게모니 프로젝트와 그 파열. 1945~1996」. 『사회와 역사』 제104집. 2014. 297~333쪽.

하병주. 「미국의 지역연구 형성과정과 배경」. 『韓國中東學會論叢』 第21-1號. 2000. 25~39쪽.

Amako. Satoshi. "Methods for Area Studies and Contemporary China Study". *Journal of Contemporary East Asia Studies*. 6(1)2017. pp. 2~28.

Appadurai. Arjun. *Modernity at Large: Cultural Dimensions of Globalization*. Minneapolis: University of Minnesota Press. 1996.

______. "Grassroots Globalization and the Research Imagination". *Public Culture*. 12(1). 2000. pp. 1~19.

Armony. Ariel C. and Julia C. Strauss. "From Going Out (Zou Chuqu) to Arriving In (Desembarco): Constructing a New Field of Inquiry in China-Latin America Interactions". *The China Quarterly*. 209. 2012. pp. 1~17.

Bell. Daniel A. *The China Model: Political Meritocracy and the Limits of Democracy*. Princeton: Princeton University Press. 2015.

Bergere. Marie Claire. "Civil Society and Urban Change in Republican China". *The China Quarterly*. 150. 1997. pp. 309~328.

Bernstein. Thomas P. "Leadership and Mass Mobilisation in the Soviet and Chinese Collectivisation Campaigns of 1929-30 and 1955-56 A Comparison".

The China Quarterly. 31. 1967. pp. 1~47.

Bernstein. Thomas P. and Xiaobo Lü. "Taxation without Representation: Peasants. the Central and the Local States in Reform China". *The China Quarterly*. 163. 2000. pp. 742~763.

Brady. Anne-Marie. "'Treat Insiders and Outsiders Differently': The Use and Control of Foreigners in the PRC". *The China Quarterly*. 164. 2000. pp. 943~964.

Brown. Rajeswary Ampalavanar. "Overseas Chinese Investments in China - Patterns of Growth. Diversification and Finance: The Case of Charoen Pokphand". *The China Quarterly*. 155. 1998. pp. 610~636.

Burns. John P. "China's Governance: Political Reform in a Turbulent Environment". *The China Quarterly*. 119. 1989. pp. 481~518.

Buroway. Michael and Katherine Verdery (eds.). *Uncertain Transition: Ethnographies of Change in the Postsocialist World*. Lanham: Rowman and Littlefield Publishers. 1999.

Cai. Kevin G. "Outward Foreign Direct Investment: A Novel Dimension of China's Integration into the Regional and Global Economy". *The China Quarterly*. 160. 1999. pp. 856~880.

Chamberlain. Heath B. "On the Search for Civil Society in China". *Modern China*. 19(2). 1993. pp. 199~215.

Chan. Anita. "Revolution or Corporatism? Workers and Trade Unions in Post-Mao China". *The Australian Journal of Chinese Affairs*. 29. 1993. pp. 31~61.

Chan. Anita. Benedict J.. Tria Kerkvliet. and Jonathan Unger (eds.). *Transforming Asian Socialism: China and Vietnam Compared*. Canberra. Australia: Allen & Unwin. 1999.

Chang. Gordon. T*he Coming Collapse of China*. New York: Random House. 2001.

Chen, Jie and Bruce J. Dickson. "Allies of the State: Democratic Support and Regime Support among China's Private Entrepreneurs". *The China Quarterly*. 196. 2008. pp. 780~804.

Cho, Young Nam and Jong Ho Jeong. "China's Soft Power: Discussions, Resources, and Prospects". *Asian Survey*. 48(3). 2008. pp. 453~472.

Cui, Zhiyuan. "Making Sense of the Chinese 'Socialist Market Economy': A Note". *Modern China*. 38(6). 2012. pp. 665~676.

Cumings, Bruce. "Boundary Displacement: Area Studies and International Studies during and after the Cold War". *Bulletin of Concerned Asian Scholars*. 29(1). 1997. pp. 6~26.

______. *Parallax Visions: Making Sense of American-East Asian Relations at the End of the Century*. Durham, NC: Duke University Press. 1999.

Dirlik, Arif. *The Postcolonial Aura: Third World Criticism in the Age of Global Capitalism*. Boulder, Colorado: Westview. 1997

Donnithorne, Audrey. "China's Economic Planning and Industry". *The China Quarterly*. 17. 1964. pp. 111~124.

Dower, John. *Embracing Defeat: Japan in the Wake of World War II*. New York: The New Press. 1999.

Edin, Maria. "State Capacity and Local Agent Control in China: CCP Cadre Management from a Township Perspective". *The China Quarterly*. 173. 2003 pp. 35~52.

Eisenman, Joshua. "China-Africa Trade Patterns: Causes and Consequences". *Journal of Contemporary China*. 21(77). 2012. pp. 793~810.

Evans, Peter. *Embedded Autonomy: States and Industrial Transformation*. Princeton: Princeton University Press. 1995.

Eyal, Gil, Ivan Szelenyi and Eleanor Townsley. *Making Capitalism without Capitalists: The New Ruling Elites in Eastern Europe*. London: Verso. 1998.

Fukuyama, Francis. *The End of History and the Last Man*. New York: Avon

Books. 1992.

Fukuyama. Francis and Zhang Weiwei. "The China Model". *New Perspectives Quarterly*. 31(1). 2014. pp. 60~83.

Gao. Bai. *Japan's Economic Dilemma: The Institutional Origins of Prosperity and Stagnation*. New York: Cambridge University Press. 2001.

Goldstein. Steven M. "China in Transition: The Political Foundations of Incremental Reform". *The China Quarterly*. 144. 1995. pp. 1105~1131.

Goss. Jon and Terence Wesley-Smith. "Introduction: Remaking Area Studies". In Terence Wesley-Smith and Jon Goss (eds.). *Remaking Area Studies: Teaching and Learning across Asia and the Pacific*. Honolulu: University of Hawai'i Press. 2010.

Grimes. William. *Unmaking the Japanese Miracle: Macroeconomic Politics, 1985-2000*. Ithaca: Cornell University Press. 2001.

Haggard. Stephan. *Pathways from the Periphery*. Ithaca: Cornell University Press. 1990.

Hall. Robert B. Area Studies: *With Special Reference to Their Implications for Research in the Social Sciences*. Social Science Research Council Pamphlet No. 3. New York: Social Science Research Council. 1947.

Harding. Harry. "The Study of Chinese Politics: Toward a Third Generation of Scholarship". *World Politics*. 36(2). 1984. pp. 284~307.

________. "The Contemporary Study of Chinese Politics: An Introduction". *The China Quarterly*. 139. 1994. pp. 699~703.

Harootunian. H. D. "Postcoloniality's Unconscious/Area Studies' Desire". In Masao Miyoshi and H. D. Harootunian (eds.). *Learning Places: The Afterlives of Area Studies*. Durham and London: Duke University Press. 2002.

Harrison. Lawrence and Samuel Huntington (eds.). *Culture Matters: How Values Shape Human Progress*. New York: Basic Books. 2000.

He. Baogang and Mark E. Warren. "Authoritarian Deliberation: The Deliberative

Turn in Chinese Political Development". *Perspectives on Politics*. 9(2). 2011. pp. 269~289.

Heilmann. Sebastian. "From Local Experiments to National Policy: The Origins of China's Distinctive Policy Process". *The China Journal*. 59. 2008. pp1~30.

Hirono. Miwa. Yang Jiang. and Marc Lanteigne. "China's New Roles and Behaviour in Conflict-Affected Regions: Reconsidering Non-Interference and Non-Intervention". *The China Quarterly*. 239. 2019. pp. 573~593.

Huang. Philip. ""Public Sphere"/"Civil Society" in China?" *Modern China*. 19(2). 1993. pp. 216~240.

Hughes. Christopher. *Japan's Remilitarization*. London: The International Institute for Strategic Studies. 2009

Huntington. Samuel P. *Political Order in Changing Societies*. New Haven. CT: Yale University Press. 1968.

_______. *The Clash of Civilizations and the Remaking of World Order*. New York: Simon & Schuster. 1996.

_______. "Cultures Count". In Lawrence Harrison and Samuel Huntington (eds.). *Culture Matters: How Values Shape Human Progress*. New York: Basic Books. 2000.

Jameson. Fredric and Masao Miyoshi. *The Cultures of Globalization*. Durham and London: Duke University Press. 1998.

Jiang. Wenran. "Fuelling the Dragon: China's Rise and Its Energy and Resources Extraction in Africa". *The China Quarterly*. 199. 2009. pp. 585~609.

Johnson. Chalmers. *MITI and the Japanese Miracle*. Stanford: Stanford University Press. 1982.

Kang. Xiaoguang and H. Heng. "Graduated Controls: The State-Society Relationship in Contemporary China". *Modern China*. 34(1). 2008. pp. 36~55.

Katzenstein. Peter. "Area and Regional Studies in the United States". *PS: Political Science and Politics*. 34(4). 2001. pp. 789~791.

Kennedy, Scott. "The Myth of the Beijing Consensus". *Journal of Contemporary China*. 19(65). 2010. pp. 461~477.

Khosrowjah, Hossein. "A Brief History of Area Studies and International Studies". *Arab Studies Quarterly*. 33(3/4) (Summer/Fall 2011). 2011. pp. 131~142.

Kornai, Janos. The *Socialist System*. Oxford: Oxford University Press. 1992

Kueh, Y. Y. "Foreign Investment and Economic Change in China". *The China Quarterly*. 131. 1992. pp. 637~690.

Kuik, Cheng-Chwee. "How do Weaker States Hedge? Unpacking ASEAN States' Alignment Behavior Towards China". *Journal of Contemporary China*. 25(100). 2016. pp. 500~514.

Lardy, Nicholas R. "The Role of Foreign Trade and Investment in China's Economic Transformation". *The China Quarterly*. 144. 1995. pp1065~1082.

Large, Daniel. "China's Sudan Engagement: Changing Northern and Southern Political Trajectories in Peace and War". *The China Quarterly*. 199. 2009. pp. 610~626.

Li, Lianjiang and Kevin J. O'Brien. "Villagers and Popular Resistance in Contemporary China". *Modern China*. 22(1). 1996. pp. 28~61.

Lipset, Seymour Martin. "Some Social Requisites of Democracy: Economic Development and Political Legitimacy". *American Political Science Review*. 53(1). 1659. pp. 69~105.

Liu, Hong. "Old Linkages, New Networks: The Globalization of Overseas Chinese Voluntary Associations and Its Implications". *The China Quarterly*. 155. 1998. 588~609.

Ma, Shu-Yun. "The Chinese Discourse on Civil Society". *The China Quarterly*. 137. 1994. pp. 180~193.

Madsen, Richard. "The Public Sphere, Civil Society and Moral Community". *Modern China*. 19(2). 1993. pp. 183~198.

Mirsepassi, Ali, Amrita Basu, and Frederick Weaver. "Introduction: Knowledge,

Power and Culture". In Ali Mirsepassi. Amrita Basu and Frederick Weaver (eds.). *Localizing Knowledge in a Globalizing World: Recasting the Area Studies Debate*. Syracuse. N.Y.: Syracuse University Press. 2003.

Miyoshi. Masao and H. D. Harootunian (eds.). *Learning Places: The Afterlives of Area Studies*. Durham and London: Duke University Press. 2002.

Morgan. Jamie. "The History of Contemporary Area Studies: Philosophy. Emergent Causal Relations. and the Nontriviality of the Sociology of Knowledge". *China Review International*. 11(2). 2004. pp. 215~247.

Nathan. Andrew. "Authoritarian Resilience". *Journal of Democracy*. 14(1). 2003. pp. 6~17.

Naughton. Barry. "China's Distinctive System: Can It Be a Model for Others?" *Journal of Contemporary China*. 19(65). 2010. pp. 437~460.

Nevitt. Christopher Earle. "Private Business Associations in China: Evidence of Civil Society or Local State Power?" *The China Journal*. 36. 1996. pp. 25~43.

O'Brien. Kevin J. and Lianjiang Li. "The Politics of Lodging Complaints in Rural China". *The China Quarterly*. 143. 1995. pp. 756~783.

_______. "Accommodating 'Democracy' in a One-Party State: Introducing Village Elections in China". *The China Quarterly*. 162. 2000. pp. 465~489.

Oi. Jean C. and Scott Rozelle. "Elections and Power: The Locus of Decision-Making in Chinese Villages". *The China Quarterly*. 162. 2000. pp. 513~539.

Palat. Ravi Arvind. "Fragmented Visions: Excavating the Future of Area Studies in a Post-American World". In Neil L. Waters (ed.). *Beyond the Area Studies Wars: Toward a New International Studies*. N. H. and London: Middlebury College Press. 2000.

Pan. Wei. "Toward a Consultative Rule of Law Regime in China". *Journal of Contemporary China*. 12(34). 2003. pp. 3~44.

Pei. Minxin. *From Reform To Revolution: The Demise of Communism in China and the Soviet Union*. Cambridge and London: Harvard University. 1994

Peng. Yali. "Democracy and Chinese Political Discourses". *Modern China*. 24(4). 1998. pp. 408~444.

Perry. Elizabeth J. "Trends in the Study of Chinese Politics: State-Society Relations". *The China Quarterly*. 139. 1994. pp. 704~713.

______. "Studying Chinese Politics: Farewell to Revolution?" *The China Journal*. 57. 2007. pp. 1~22.

Peters. Enrique Dussel. "The Auto Parts-Automotive Chain in Mexico and China: Co-Operation Potential?" *The China Quarterly*. 209. 2012. pp. 82~110.

Ramo. Joshua Cooper. *The Beijing Consensus*. London: The Foreign Policy Centre. 2004.

Rowen. Henry S. "The Short March: China's Road to Democracy". *The National Interest*. 45. 1996. pp. 61~70.

Saich. Tony. "Negotiating the State: The Development of Social Organizations in China". *The China Quarterly*. 161. 2000. pp. 124~141.

Said. Edward. *Orientalism*. New York: Vintage Books. 1979(1978).

Sassen. Saskia. *Losing Control? Sovereignty in an Age of Globalization*. New York: Columbia University Press. 1996.

______. *Globalization and Its Discontents*. New York: The New Press. 1998.

Schaller. Michael. *Altered States: The United States and Japan since the Occupation*. New York: Oxford University Press. 1997.

Schapiro. Leonard and John W. Lewis. "The Roles of the Monolithic Party Under the Totalitarian Leader". *The China Quarterly*. 40. 1969. pp. 39~64.

Scott. James. *The Moral Economy of the Peasant: Rebellion and Subsistence in Southeast Asia*. New Haven: Yale University Press. 1976.

______. Weapons of the Weak: Everyday Forms of Peasant Resistance. New Haven: Yale University Press. 1985.

Shambaugh. David. *China's Communist Party: Atrophy and Adaptation*. Washington. DC: Woodrow Wilson Center Press. 2008a.

______. "Training China's Political Elite: The Party School System". *The China Quarterly*. 196. 2008b. pp. 827~844.

Sibley. Elbridge. *Social Science Research Council: The First Fifty Years*. New York: Social Science Research Council. 1974.

Smith. Sheila. *Japan Rearmed: The Politics of Military Power*. Cambridge: Harvard University Press. 2019.

Solinger. Dorothy. "Urban Entrepreneurs and the State: The Merger of State and Society". In Arthur L. Rosenbaum (ed.). *State and Society in China: The Consequences of Reform*. Boulder: Westview Press. 1992.

Stark. David and Laszlo Bruszt. *Postsocialist Pathways: Transforming Politics and Property in East Central Europe*. Cambridge: Cambridge University Press. 1998.

Strand. David. "Protest in Beijing: Civil Society and Public Sphere in China". *Problems of Communism*. 21(1). 1990. pp. 1~19.

Strauss. Julia C. "The Past in the Present: Historical and Rhetorical Lineages in China's Relations with Africa". *The China Quarterly*. 199. 2009. pp. 777~795.

Szanton. David L. "Introduction: The Origin. Nature. and Challenges of Area Studies in the United States". In David L. Szanton (ed.). *The Politics of Knowledge: Area Studies and the Disciplines*. Berkeley and London: University of California Press. 2004.

Tang. Wenfang. *Populist Authoritarianism: Chinese Political Culture and Regime Sustainability*. New York: Oxford University Press. 2016.

Tanner. Murray Scot. "The Erosion of Communist Party Control over Lawmaking in China". *The China Quarterly*. 138. 1994. pp. 381~403.

Thornton. Patricia M. "The Advance of the Party: Transformation or Takeover of Urban Grassroots Society?" *The China Quarterly*. 213. 2013. pp. 1~18.

Townsend. James R. *Politics in China*. Boston: Little. Brown. 1974.

Unger, Jonathan. "Bridges: Private Business, the Chinese Government and the Rise of New Associations". *The China Quarterly*. 147. 1996. pp.795~819.

Verdery, Katherine. *What Was Socialism, and What Comes Next?* Princeton: Princeton University Press. 1996.

Vogel, Steve. *Japan Remodeled*. Ithaca: Cornell University Press. 2006.

Wade, Robert. *Governing the Market*. Princeton: Princeton University Press. 1990.

Wagner, Rudolf G. "The Role of the Foreign Community in the Chinese Public Sphere". *The China Quarterly*. 142. 1995. pp. 423~443.

Wakeman, Frederic. "The Civil Society and Public Sphere Debate". *Modern China*. 19(2). 1993. pp. 108~138.

Walder, Andrew G. "Workers, Managers and the State: The Reform Era and the Political Crisis of 1989". *The China Quarterly*. 127. 1991. pp. 467~492.

Walder, Andrew G. and Gong Xiaoxia. "Workers in the Tiananmen Protests: The Politics of the Beijing Workers' Autonomous Federation". *The Australian Journal of Chinese Affairs*. 29. 1993. pp. 1~29.

Waldron, Arthur. "Will China Democratize? The End of Communism". *Journal of Democracy*. 9(1). 1998. pp. 41~47.

Wallerstein, Immanuel. "The Unintended Consequences of Cold War Area Studies". In Noam Chomsky (ed.). *The Cold War and the University: Toward an Intellectual History of the Postwar Years*. New York: The New Press. 1997.

Wallerstein, Immanuel et al. *Open the Social Sciences: Report of the Gulbenkian Commission on the Restructuring of the Social Sciences*. Stanford: Stanford University Press. 1996.

Wang, Gungwu. "Greater China and the Chinese Overseas". *The China Quarterly*. 136. 1993. pp. 926~948.

Wang, Zhengxu. "Public Support for Democracy in China". *Journal of Contem-*

porary China. 16(53). 2007. pp. 561~579.

_______. "With the Rise of China. What's New for Comparative Politics?" *Chinese Political Science Review*. 1(2016). 2016. pp. 506~521.

Wesley-Smith. Terence and Jon Goss (eds.). *Remaking Area Studies: Teaching and Learning across Asia and the Pacific*. Honolulu: University of Hawai'i Press. 2010.

White. Gordon. "Prospects for Civil Society in China: A Case Study of Xiaoshan City". *The Australian Journal of Chinese Affairs*. 29. 1993. pp. 63~87.

_______. "Democratization and Economic Reform in China". *The Australian Journal of Chinese Affairs*. 31. 1994. pp. 73~92.

Womack. Brantly. "China Between Region and World". *The China Journal*. 61. 2009. pp. 1~20.

Woo-Cumings. Meridith. *The Developmental State*. Ithaca: Cornell University Press. 1999.

Xiao. R. "Between Adapting and Shaping: China's Role in Asian Regional Cooperation". *Journal of Contemporary China*. 18(59). 2009. pp. 303~320.

Yang. Guangbin. "An Institutional Analysis of China's State Power Structure and its Operation". *Journal of Contemporary China*. 15(46). 2006. pp. 43~68.

Yang. Mayfair Mei-hui. "Between State and Society: The Construction of Corporateness in a Chinese Socialist Factory". *Australian Journal of Chinese Affairs*. 22. 1989. pp. 31~60.

Yip. Kwok-wah. *The Uniqueness of China's Development Model: 1842-2049*. Singapore: World Scientific Publishing Company. 2012

Zhao. Suisheng. "The China Model: Can It Replace the Western Model of Modernization?" *Journal of Contemporary China*. 19(65). 2010. pp. 419~436.

_______. "China and the South China Sea Arbitration: Geopolitics Versus International Law". *Journal of Contemporary China*. 27(109). 2018. pp. 1~15.

7장 세계 한국학의 발전을 위한 성찰적 접근

박태균(서울대학교 국제대학원)

Ⅰ. 제1기: 세계 한국학의 확대

1995년 발표된 제임스 팔레 교수의 「한국의 독특성에 대한 연구A Search for Korean Uniqueness」(Palais, 1995)는 한국 학계에 큰 파문을 일으켰다(김성우, 2002; 정호훈, 2015).[1] 그의 조선시대에 대한 분석은 기존 한국 학계의 연구와는 달리 부정적인 내용으로 가득 차 있었다. 조선시대를 유교사회, 선비사회, 그리고 양반사회로 규정하던 한국 학계의 경향과 달리 팔레는 노비제 사회로 규정하였으며, 유교 관료사회가 아니라 소수의 가문이 정관계를 독점하는 귀족 계급구조를 가진 사회로 보았다. 사회경제적으로도 중국의 보호하에 500년간 정체가 계속되었던 조선이 결국 식민지가 될 수밖에 없었다는 것이 이 논문의 주요 내용이었다.

1 본 원고는 『국제·지역연구』 29권 3호 (2020 가을) 83~105쪽에 게재된 박태균, "세계 한국학의 발전을 위한 성찰적 접근"을 원문으로 하고 있다.

이러한 팔레 교수의 주장에 대해 한국의 조선시대 연구자들은 비판적인 반응을 나타냈다. 팔레의 주장에 대해서는 지금까지도 논란이 계속되고 있지만, 그의 논문에서 주목해야 할 점은 한국학의 위상에 대한 언급이다. 팔레는 서문에서 식민지를 경험한 한국 학자들의 연구 속에서 강한 민족주의적 애착이 나타난다고 비판하지만, 다른 한편으로 그가 왜 '독특성'에 대한 글을 쓰게 되었는가에 대해서도 설명하였다. 그는 미국에서 선구적인 한국사 연구자였던 하버드대학 와그너 교수 밑에서 한국사에 대한 논문을 썼지만, 그의 심사에 들어온 학자들은 중국이나 일본을 연구하는 학자들이었다는 것이다. 그리고 중국과 일본을 연구하는 학자들에게 있어서 한국은 단지 중국과 일본의 부속품같이 여겨졌다는 것이다. 그렇기에 팔레 교수는 한국이 중국이나 일본과 다른 부분이 무엇인가를 찾고자 했으며, 그 결과로 위의 논문을 쓰게 되었다고 고백하였다.

팔레의 경우에서 나타나는 것처럼 세계적 차원에서 한국에 대한 연구는 거의 주목받지 못했고, 한국을 제외한 해외의 교육 연구기관에서 한국학은 독립적인 위치에 있지 못했다. 마르티나 도이힐러 교수의 사례에서 보는 바와 같이 중국학이나 일본학을 하다가 한국을 알게 되고, 한국학 연구로 분야를 옮기는 사례도 적지 않았다(제니스 킴 외, 1999: 196). 도이힐러의 사례에서 나타나는 바와 같이 1980년대까지도 한국학은 지역학 내에서도 독자적인 학문으로 자리 잡지 못했다.

한국이 본격적으로 분과 학문의 연구대상이 되는 데 큰 역할을 한『한국전쟁의 기원*Origins of the Korean War*』의 저자 브루스 커밍스도 크게 다르지 않았다. 1981년에 출간된『한국전쟁의 기원』은 역사학과 사회과학에서 한국을 학문의 대상으로 올려놓는 데 큰 역할을 했지만, 막상 이 책이 출간되었던 1980년대까지 커밍스는 자신을 한국학자라고 생각하지 않았다. 그저 연구의 대상이 한국에서 발발한 전쟁이었기 때문에 영역 분류에 의해 한국학자가 되었던 것이다(신동준, 2001: 139).

세계 지역학 학계에서 한국학은 1990년대 이후 비약적으로 성장하기 시작하였다. 이는 한국의 경제 성장과 민주화에 힘입은 바가 크다는 것은 주지의 사실이다. 한국학의 선구자라고 할 수 있는 팔레나 도이힐러는 조선을 분석의 대상으로 하였고, 커밍스 역시 한국전쟁을 그 대상으로 하였지만, 1990년대 이후 한국에 대한 분석이 확대되기 시작한 것이다. 엘리스 암스덴의『아시아의 다음 거인*Asia's Next Giant*』은 한국학 분야의 확대를 알리는 출발점이었다. 한국의 경제 성장에 초점을 맞춘 암스덴의 저작은 1960년대 이후 한국의 경제 성장을 기업의 활동에 맞추어 한국학의 영역을 사회과학으로 확대하였다. 특히 발전국가론developmental state 이론을 통해서 현대 한국 경제를 분석하려고 한 점에서 현대 한국에 대한 관심이 본격화한 1990년대 초의 상황을 상징적으로 보여주고 있다.

1980년대까지 한국학이 하나의 프로그램이나 학과로 존재하지 않았던 상황에서 1990년대 이후 주요 대학에서 한국학 프로그램이 시작되었다. 미국에서는 하버드대학, 시카고대학, 컬럼비아대학, UCLA, 워싱턴주립대학, 펜실베이니아주립대학, 하와이주립대학 등 주요 대학에 한국학 프로그램이 설치되었고, 한국어 교육을 바탕으로 역사학과 문학이 주요한 분야가 되었다. 특히 이 시기 한국학은 일본 근현대사 연구의 영향을 받아 일본 제국하에서의 식민지 연구가 주요한 분야가 되었다(신기욱, 1997). 1990년대 초 20여 개 기관에 한국학 강좌가 개설되었는데, 2006년에는 120여 개 대학에서 한국학 관련 강좌가 열렸다(김지원, 2014: 171~172). 주지하다시피 이 시기 미국의 주요 대학에서 한국학 프로그램을 주도한 연구자들은 1960년대와 1970년대 한국에서 평화봉사단으로 활동한 경험이 있는 학자들이었다.

유럽에서도 런던대학의 아시아·아프리카 학부SOAS를 비롯해서 라이든대학과 옥스퍼드대학에서 한국을 연구하는 연구자들이 자리 잡기 시작했고, 한국과 관련한 과목을 가르치는 대학이 늘어났으며, 런던대학, 세필드 대학, 그리고 옥스퍼드대학에서 한국학 전공의 학위를 수여하기 시작하였다(연재훈, 1999: 80~81). 유럽과 아시아, 특히 중국에서 한국학이 공산권 내에서 북한 학계와의 연결 속에서 태동했다는 점을 고려한다면, 1990년대 이후 영국을 중심으로 한 한국학의 확산은 탈냉전 및 한국의 성장과 맞물리면서 한국학의 세계적 확대를 이끌었다. 이에 비하면 해외에서의 한국학 연구의 기원이라고 할 수 있는 일본은 한국학 연구자의 수는 가장 많음에도 불구하고, 한국학을 학위로 정식 설치한 대학은 거의 없다는 점 역시 주목된다.

이러한 한국학의 확대에는 한국의 성장에 따라 한국을 연구하고자 하는 수요 측면에서의 증가가 한 축을 형성하였다면, 이러한 수요를 맞추기 위한 한국 정부의 역할 역시 중요하였다. 1991년 국제교류재단이 설립되었고, 한국 연구진흥재단과 함께 해외의 유명 대학에 한국학 교수직 설치와 교과목 개설에 적극적으로 나섰다는 점 역시 부인할 수 없는 중요한 역할이다(국제교류재단, 2001; 오타니, 2003). 특히 국제교류재단은 일본에 비하여 늦게 출범하였지만, 세계 한국학 분야의 교수직 설치를 위해 꾸준히 활동해왔다는 점이 주목된다. 한국 연구진흥재단의 해외 한국학 연구자 지원 사업은 2007년 한국학중앙연구원구 정신문화연구원 내의 한국학진흥사업단으로 이관되어 지속해서 이루어지고 있다.

II. 제2기: 세계 지역학 내에서 한국학의 위상 제고

2000년대 이후 한국학은 또 한 번 비약적인 성장을 거듭하였다. 여기에는 한국의 대중문화 확산이 중요한 요인이 되었다. 한국의 드라마에서 시작된 대중문화의 확산은 대중음악, 영화, 음식 등으로 확산하였다. 처음에는 일본과 중국, 그리고 대만 등 동아시아 지역에서 '한류'로 지칭되면서 확산하고, 2010년 이후에는 대중음악을 중심으로 미주와 유럽에까지 한류가 확산하는 현상이 나타났다. 이에 따라 세계적으로 한국어를 배우고자 하는 수요가 늘어났으며, 전 세계 대학에 한국학 관련 학과와 프로그램이 확산되기 시작하였다.

한국학의 수요가 늘어나는 데 또 하나의 중요한 배경은 북한 핵문제와 한국학 관련 자료들의 영문 출간 및 인터넷을 통한 자료 공개였다. 1990년대 이후 북한 핵 이슈가 국제적으로 중요한 문제로 대두되면서 전 세계의 국제정치학 학자들 사이에서 북한 문제가 중요한 연구문제로 대두되었다. 특히 2006년 북한의 핵실험 성공 이후 북한 핵문제는 모든 국제정치학회에서 가장 중요한 주제 중 하나가 되었다. 아울러 한국 정부의 정보화 정책에 따라 한국의 자료들이 인터넷을 통해 대거 공개되기 시작하였으며 자료들의 데이터베이스 작업을 통해 한국에 오지 않고도 한국학 자료를 구하고 연구하는 것이 가능해졌다. 한국의 공공기관과는 별도로 네이버의 데이터베이스 시스템(http://newslibrary.naver.com)과 조선일보 데이터베이스, 한국언론재단이 운영하는 기사검색 사이트 카인즈(http://kinds.or.kr)는 한국학 연구의 확산에 결정적 역할을 하고 있다.

이러한 배경하에서 제1기 한국학의 확대가 세계 학문의 중심이었던 미국과 유럽을 중심으로 확산하는 현상을 보였다면, 제2기의 확산은 미국과 유럽에서의 한국학 프로그램의 대폭 확대와 함께 동남아시아, 남아시아, 중앙아시아, 중남미, 동유럽과 러시아 등 아프리카를 제외한 전 세계로 확산하였다는 특징이 있다. 이러한 급격한 확산은 수요에 대해 공급이 이루어지는 형태로 나타났지만, 양질의 공급이 이루어지지 않는다는 문제를 보여주고 있기도 하다. 그럼에도 불구하고 한국학의 확산은 한국 정부에 의한 세종학당의 출범을 이끌었다(변지영·정헌주, 2018).

이는 세계적으로 한국학 관련 학술대회가 설치되고 확산되는 계기를 가져왔다. 지역을 단위로 개최되는 한국학 국제학술회의로는 유럽의 한국학 연구자들이 격년으로 개최하는 유럽한국학대회Association for Korean Studies in Europe: AKSE와 대양주 한국학대회The Korean Studies Association of Australasia: KSAA가 대표적 예라고 할 수 있다. 한국 정부의 지원 하에서 부실하게 운영되었던 아시아태평양 한국학대회Pacific and Asia Conference on Korean Studies: PACKS와 같은 학술대회가 더는 열리지 않고, 지역별로 우수한 연구자와 학문 후속세대들이 함께하는 학술대회가 개최되고 있다는 점은 매우 고무적인 현상이다. 중국의 경우에는 전중국한국학 학술대회가 매년 개최되며, 한국사 분야만을 대상으로 하는 전중국조선사연구회도 매년 개최되고 있다.

이렇게 한국학이 확산하는 가운데 아시아 지역학 전체를 포괄하는 아시아학회Association for Asian Studies: AAS 연례학술대회에서 한국학 관련 세션이 점차 늘어나고 있다. 2000년대 초까지 AAS의 학술대회의 중심은 중국학과 일본학이었으며, 한국학 세션은 그다지 많지 않았다. 그러나 2010년을 전후한 시기부터 한국학 관련 세션이 점차 늘기 시작하여,

[표 1] 2017년 아시아학회 연례 학술대회 한국 관련 세션

한국 관련 주제만 다루는 세션	한국 관련 발표를 포함한 세션
• 남한, 1997년 이후 20년 • 한국전쟁 전후 남북한의 대중문화 • 보수 귀환 이후 한국의 민주주의: 식민지, 분단, 신자유주의 • 세계주의적 관점에서 본 한국 문화 • 박물관에서 뮤지컬까지: 표현되는 한국성 • 길었던 한국의 1940년대: 전쟁, 분단, 새로운 생활에 대한 희구 • 젠더와 성: 소수자에서 새로운 주제로 • 한국인의 세계에서 음식과 집합 정체성 • 20세기 초 서양문헌의 문화적 번역 • 한국의 다문화주의: 10년간의 분석과 미래 방향 • 성별의 신분: 조선시대 정치적 전환과 여성 • 영웅과 악인 만들기: 현대 한국의 전기 이야기의 재조명 • 전후 남한 영화에서의 '민족' 다시 보기 • 희망 찾기: 남한에서 여성과 암 치료 • 서울의 도시재생에서 이웃의 과거를 기억하기 • 캐나다의 관점에서 본 한류 • 재일교포를 다시 생각한다	• 냉전시대 동아시아의 발전국가 • 동아시아에서의 '주권' • 사회과학의 방법으로서 아시아: 남한의 개발 공간을 다시본다 • 성과 유연성: 재생산, 상징, 그리고 이주노동 • 한국과 중국에서 산업화 이전 국가관료와 숲 관리 • 지방정부로부터의 보고서: 18세기 지방사회의 새로운 자료 • 아름다운 소년과 매력적 소녀: 일본과 한국의 성, 젊음, 그리고 나타난 근대 • 그녀의 또는 그의? 일본, 한국, 필리핀의 음악에서 성을 연주하기 • 동아시아의 기억 속에서 교차와 간극 • 동아시아, 동남아시아에서 전체주의에 도전하기 • 냉전 초기 국제적 대중매체의 지배와 아시아 만들기 • 자비, 외국인 혐오, 집단적 정체성: 근대 초기 중국, 일본, 그리고 한국 • 식민지 근대로서의 미학 • 게임의 규칙 다시 쓰기: 20세기 동아시아에서 시장의 규칙과 생성 • 근대 초기 동아시아의 밀수, 표류, 그리고 선원들 • 20세기 동아시아에서 기억 만들기와 집단적 기억 만들기 • 1945~1970 미디어에 나타난 아시아에서의 미국 • 아시아 작가들의 해외에서 글쓰기 • 사랑, 여학생, 그리고 소녀문화: 1930-1945년 동아시아 문학 • 일본, 한국, 중국의 판타스틱 문학 • 아시아로부터의 이론화: 국가, 자본주의, 그리고 신자유주의를 다시 생각한다 • 동물들과 제국: 동북아에서 비인간 주체와 제국주의의 협상

현재에는 일본학과 거의 유사한 수의 세션이 열리고 있다. 〈표 1〉에서 보는 바와 같이 2017년 AAS에서 열린 한국학 관련 세션은 20개이며, 총 39개의 세션에서 하나의 주제로 동아시아 국가들을 비교하면서 한국에 관한 발표를 포함하고 있다. 동아시아를 전체적으로 포괄하는 세션에서도 주로 세션을 조직한 연구자가 한국학 연구자인 경우가 대다수였다. 〈표 2〉의 2019년 AAS 연례 학술대회를 보면 한국학의 비약적인 성장은 단지 양적인 부분뿐만 아니라 연구의 내용에서도 잘 드러난다.

첫째로 한국학 분야의 연구가 다양한 분야에서 발전하고 있다. 〈표 1〉을 보면 분과 학문의 측면에서 보았을 때 지역학의 기본적 분야라고 할 언어와 문학, 그리고 역사 분야에 관한 연구가 아직도 대다수를 차지하지만, 정치경제학 분야와 과학사, 사회사 등으로 분야가 확산하고 있음을 확인할 수 있다. 또한 문학과 역사 분야도 다학제적 이론과 방법론을 이용한 연구가 대부분을 차지한다.

이러한 분야의 확장은 해외 대학들의 한국학 관련 학과를 담당하는 교수와 연구자들의 전공에서도 잘 드러난다. 비엔나대학과 라이든대학에는 북한 전공 교수가 있으며, USC와 호주국립대학, 그리고 후단대학에는 국제정치학, SOAS와 멜버른대학에는 예술문화, 자유베를린대학과 게이오대학에는 정치학, 하와이주립대학에는 국제법과 경영학, 출라론콘대학에는 정치경제학 전공 교수가 활약하고 있다. 이외에도 다양한 전공의 교수와 연구자가 주요 교육 연구기관에서 활동하고 있다.

둘째로 북한과 관련한 연구가 급증했다는 점이다. 2017년 AAS 학술대회에서는 북한에 대한 연구보다는 분단체제에 대한 연구가 대부분을 차지했지만, 2019년 AAS 학술대회에서는 북한 관련 세션이 3개가 있었고, 아시아의 다른 공산주의 국가와 비교하는 세션도 조직되었

[표 2] 2019년 AAS 아시아학회 연례 학술대회 한국 관련 세션

한국 관련 주제만 다루는 세션	한국 관련 발표를 포함한 세션
• 조선시대 여성 문학의 형식, 내용, 글쓰기 연습 • 1930년대 식민지 조선의 비전과 근대 • 저출산율 위기: 재생산, 국가, 시장, 그리고 도덕 • 일본과 식민지 조선에서의 탐정소설 • 문화적 쟁론으로서의 발전 • 북한 이주민의 탈국경적 경험과 정체성 • 북한 주체사상의 국가적, 국제적 특질: 은둔국가 라벨에 대한 반대 • "초과" 인간들에 대한 재고: 근대 한국에서 부랑자와 기관들 • 중립국을 선택한 전쟁포로들 • 국가를 안무로 만들기: 한국에서 근대, 전통, 대중, 그리고 민주주의의 개념화에서 춤의 역할 • 탈식민 이후 냉전 민족주의와 식민지 유산 북한 영화에 대한 새로 다른 시각(신상옥, 문예봉) • 메가프로젝트에서 체화된 네트워크로 (미군기지와 지역의 성장, 제주, 고공농성) • 21세기의 한국학 • 조선의 국경, 이주, 그리고 군인 • 두 한국에서 나타나는 미래에 대한 향수와 거대 기억: 건축, 텔레비전, 혁명, 그리고 민중 • 남한에서 엘리트와 대중의 이중성 • 냉전과 현재 남한의 비판적 사진학 • 한국에서의 블랙리스트 • 한미군사동맹에 대한 새로운 시각	• 새로운 데이터와 방법론을 통한 한국과 중국의 관료들 경력 비교 • 중국, 일본, 그리고 한국에서 12~17세기 예식, 성 묘사, 그리고 재판 관습 • 가족 분쟁과 그 해결: 동북아에서 법적, 가족적, 사회적 논쟁 • 전근대 아시아에서의 육지와 물 • 전근대 동아시아의 여성과 문화적 동태성 • 식민지 한국인들의 상상 속에 나타나는 "아시아" • 장애 연구를 통해 동아시아를 다시 본다 • 아시아에서 초국가적 반공주의 • 일본, 한국, 대만에서 보수주의 반동의 등장 • 아시아 공산주의의 비교: 베트남, 북한, 중국, 몽골의 정권 회복력과 붕괴

다. 2019년 호주 퍼스대학에서 열린 KSAA 학회의 세션에는 '북한과 협상하기Negotiating North Korea'가 독립 세션으로 구성되었고, 다른 세션에서도 북한의 주체예술에 대한 발표가 포함되었다. 2019년 로마의 사피엔자대학에서 개최된 AKSE 2019 학회에서는 '북한의 지속가능한 발전을 위한 과거, 현재, 그리고 미래'와 '분단 한국을 말하기: 문학, 영화와 대중

문화에서 자신과 타인에 대한 패러다임 변화', 그리고 '북한/냉전'이라는 세션이 조직되었고, 각각의 세션 안에 북한의 초기 대중 동원, 새로운 상징주의의 탄생으로서 북한의 이상적 국가, 북한 사람들의 민족문화 이론의 진화, 탈북자들이 사용하는 한국어에 대한 남한 사람들의 태도와 평가, 북한 문화에서 영화 문학의 중요성 등의 발표가 포함되었다. 북한에 대한 관심은 북한 핵 위기 이후 급증하였지만, 북한에 대한 연구는 역사·문화·정치·경제 등 다양한 분야에 걸쳐 있음을 알 수 있다.

북한에 대한 연구의 급증은 한편으로는 한국학의 영역을 확장한다는 점에서 매우 고무적이라고 할 수 있다. 특히 한국에 관해서 관심을 두고 있지 않았던 정치학·경제학·사회학·문화학 등 분과 학문 내 연구자들이 연구의 대상 범위를 북한으로 확장하는 효과를 가져왔다. 그러나 다른 한편으로 한국어를 하지 못하거나 한국에서 현지 조사를 수행하지 않고서도 연구를 진행하는 현상도 나타나고 있다. 특히 현실의 북한 문제에 대한 연구는 북한 관련한 영어로 된 정부의 정책 자료나 대중매체의 내용을 기초 자료로 한 연구가 진행되는 경향이 나타나고 있다는 점도 주목된다. 최근의 연구성과 중에도 북한을 대상으로 한 주목받을 연구들이 지속적으로 나오고 있다(Fahy, 2016).

셋째로 한국을 연구하는 지평이 한반도 내부에서 동아시아 차원으로 확대하였다는 점이다. 이는 특히 AAS 연례 학술대회에서 잘 나타나는데, 하나의 주제로 한국과 중국, 일본을 비교하거나 한국을 포함한 아시아 국가를 비교하는 세션이 조직되고 있다. 이러한 발표들이 공동 연구의 성과라기보다는 비슷한 주제를 연구한 연구자들을 조직하는 형태로 나타나고 있지만, 세션을 통해서 서로 비교할 수 있는 장을 만든다는 것은 매우 중요한 발전이라고 할 수 있다. 이러한 비교 연구는 전술한 바와 같이 팔레 교수가 민족주의적 성향이 강한 한국 내에서의 한국학 경향을 비판한 상황과는 다른 한국학의 미래를 보여주는 것이기도 하다.

이는 다른 한편으로 한국에서 학부 교육을 받은 한국 학생들이 해외의 대학원에서 한국 관련 연구를 수행하는 경우가 늘어나는 상황과도 관련 있다. 현재 해외 대학의 한국학 관련 학과나 프로그램에서 연구하는 학생 중에는 한국에서 유학을 간 학생들이 적지 않다. 한국에 관한 연구를 해외에서 한다는 것에 대해서 비판이 적지 않았지만, 세계사적 관점에서 한국을 연구해야 한다는 필요성, 그리고 해외에 있는 한국학 학자들의 연구와 교육 능력이 높은 수준이라는 점을 감안할 때 이러한 현상은 앞으로도 계속될 것으로 보인다. 이로 인하여 국제교류재단은 외국 국적 학생에게만 지급하던 장학금을 한국 국적 학생으로 확대하였다. 세계 13개 대학의 한국학 연구소가 참여하는 '세계한국학센터 컨소시엄'의 학문 후속세대 워크숍에 참여하는 학생들도 과거와는 달리 한국에서 학부 교육을 마치고 유학을 간 학생들의 참여가 점차로 늘고 있다. 해외에서 한국을 연구하는 학생들이 한국 자체의 자료에 대한 접근에서 한계가 있을 가능성이 있지만, 다른 지역학 연구를 접하는 기회가 늘어남으로써 한국학 연구의 지평을 넓히는 가능성은 더 커질 것이다.

넷째로 한국학 연구에서 민족주의적, 국가주의적 성향이 쇠퇴하고 있다는 점이다. 이는 특히 한국 내에서의 한국학 연구 경향에 해당되는 것이지만, 냉전시대에 남한이나 북한에서 연구하던 연구자들의 성향이 탈냉전 이후 점차 사라지고 있음을 의미하기도 한다. 특히 북한에서 연구한 경험이 있거나 북한 학자들과 관계를 맺은 동유럽과 중국 학자들 사이에서는 이러한 경향이 강했지만, 탈냉전 이후 민족주의적이거나 국가주의적 성향이 점차 사라지고 있다. 이는 계몽주의적인 성향의 쇠퇴를 의미하며, 연구주제에 대해 이분법적 평가를 했던 현상에서 탈피하는 의미이기도 하다. 이는 현대사 연구에서 나타났던 전통주의/수정주의의 틀로부터 탈피하는 과정이기도 할 것이다.

이러한 새로운 경향과 한국학 수요의 확대로 현재 전 세계의 1,389개 대학에 한국 관련 학과, 전공, 연구센터, 어학원, 교양과목 등이 설치되어 있다. 이 중 한국을 연구대상으로 하는 센터가 139개에 달한다. 이는 한국에 대한 연구가 비약적으로 발전하는 인프라가 구축되어 있으며, 많은 고등교육기관에서 한국에 관한 연구를 지원할 준비가 되어 있음을 의미하는 것이기도 하다.[2] 한국학의 규모나 구성에는 차이가 있겠지만, 한국을 연구하는 독자적인 연구기관이 설치되어 있다는 것은 미래 한국학 연구가 발전할 수 있는 기본적인 바탕이 마련되어 있다는 것을 의미한다. 이는 1990년대 이전의 상황을 고려한다면 불과 30년 사이에 나타난 거대한 전환을 보여주는 것이라 할 수 있다.

III. 해결되지 않은 문제들

이상과 같이 한국학은 1990년대 이후 비약적으로 성장·발전해왔다. 이러한 과정은 한국의 정치·경제·사회적 성장, 한류 붐의 확산을 통해

---

2 KF 통계센터-해외대학 한국학 현황통합검색 (http://www.kf.or.kr/koreanstudies/koreaStudies-List.do)

한국을 알고 연구하려는 수요의 급증과 늘어난 수요에 공급을 맞추기 위한 한국 공공외교 기관의 노력으로 이루어진 것이다. 그리고 이와 함께 한국학 분야에서 교육과 연구에 힘쓰고 있는 해외 한국학 연구자들의 노력 역시 세계 한국학의 성장과 발전에 매우 중요한 요소가 되었음을 부인할 수 없다.

그런데도 세계 한국학은 아직도 몇 가지 중요한 문제를 해결하지 못하고 있다. 첫째로 한국학을 대표하는 세계적인 연구자의 부재이다. 한국학 내에는 유명한 연구자들이 적지 않다. 대학마다 한국학을 대표하는 교수나 연구자들이 있으며, 이들은 세계 한국학을 이끌고 있다. 그러나 이들은 대체로 한국학 내에서 유명한 연구자일 뿐 분과 학문 내에서 세계적인 학자로 인정을 받지 못하고 있다.

한국학 성장의 1기에 국한해 본다고 하더라도 전술한 팔레 교수나 도이힐러 교수, 그리고 커밍스 교수는 한국학 분야의 선구자이면서 수많은 후학을 배출하였다. 이들 밑에서 연구한 연구자들은 현재 세계 주요 대학의 한국학 프로그램을 이끌고 있다. 그러나 커밍스를 제외하고는 한국학을 벗어나 분과 학문에서 인정받는 연구자가 없는 것이 현재의 상황이다. 그나마 커밍스는 미국의 주류 학계보다는 한국 학계에서 더 인정을 받고 있다. 중국학이나 일본학의 연구자 중에는 해당 지역학 분야뿐만 아니라 역사학·정치학·경제학·사회학 등 관련 분과 학문에서도 인정받는 연구자들이 있는 반면, 한국학에서는 아직 그러한 연구자를 배출하지 못하고 있다.

물론 여기에는 다양한 요인이 작용할 것이다. 지역학 연구를 하다 보면 수많은 지역 관련 자료들을 소화하는 과정에서 분과 학문 분야에서의 연구에 선구적인 역할을 하기 쉽지 않다. 지역학 분야에서 인정을 받기 위해서는 무엇보다도 실증적인 자료를 제시하는 것이 중요한 반면, 분과 학문 분야에서 인정을 받기 위해서는 선구적인 이론이나 방법론을 제시해야 한다. 분과 학문에서는 보편적으로 인정받을 수 있는 주장을 해야 하지만, 지역학에서는 보편성보다 특수성이 더 주목받는 경우가 적지 않다. 따라서 지역학 분야에서 인정을 받으면서 분과 학문에서 동시에 인정받기는 결코 쉽지 않다. 그러나 하나의 학문 분야가 세계적으로 인정받으려면 분과 학문 분야에서 인정받는 세계적 연구자가 배출되어야 한다. 세계적 연구자 없이 한국학 분야가 높은 수준의 연구로 시민권을 획득하는 것은 불가능하다.

국제교류재단에서는 이러한 문제를 해결하고자 이미 분과 학문 분야에서 인정받은 연구자들에게 한국을 연구하는 기회를 제공하는 정책을 실시하기도 하였다. 이는 단기간에 한국학 분야에 세계적인 연구자를 접목하는 방법이 될 수도 있다. 그러나 한국에 대해 관심을 두지 않았던 분과 학문 연구자가 한국학을 깊이 있게 연구하기는 쉽지 않다. 스스로의 관심이나 외부 지원에 의해서 한국에 대한 연구를 접목한다고 하더라도 깊이 있는 연구가 어렵기 때문에 지역학 내부에서 한국학 연구자로 인정하는 것에는 논란의 여지가 생길 수 있다.

둘째로 한국학에 대한 관심이 다양해지고 다학제적 연구가 나오는 과정에서 한국학의 기초 연구와 교육이 점차 어려워지고 있다는 점이다. 주지하듯이 지역학의 기초는 해당 지역의 언어와 역사, 그리고 문화이다. 대부분의 지역학 관련 프로그램이나 학과에 기본적으로 역사와 문화를 전공한 교수들이 자리 잡고 있는 것도 이 때문이며, 지역학 프로그램은 해당 지역에 대한 언어 교육과도 밀접하게 연결되어 있다. 이는 해당 지역의 문헌을 제대로 이해하려면 언어적 소양을 갖춘 뒤에 해당 지역의 역사와 문화를 이해하는 것이 필수적이기 때문이다. 또한 이는 현지 조사를 위해서도 갖추어야 하는 기본적인 소양이라고 할 수 있다.

그러나 위의 북한 관련 연구에서 언급한 바와 같이 점차로 한국어나 한국 역사와 문화에 익숙하지 않은 연구자가 많아지고 있다. 이는 정보화 기술의 발전으로 현지를 방문하지 않아도 인터넷을 통해 많은 자료를 획득할 수 있다는 점과 함께 번역 기술이 늘고 있다는 점에 기인하기도 한다. 정보화의 발전은 한편으로는 관련 연구자가 늘어나는 효과를 가져오지만, 다른 한편으로는 깊이 있는 지역학 연구를 어렵게 하는 것이다. 같은 용어나 현상이라도 해당 지역의 역사와 문화에 관한 이해를 제대로 하지 않고서는 잘못된 해석을 할 가능성이 커진다. 아울러 기본적인 언어적 소양이 없는 상황에서 번역에만 의존할 경우 잘못된 번역에 의해 왜곡된 연구결과가 나올 가능성 역시 무시할 수 없다.

예컨대 북한 연구의 경우 한국의 어떤 매체를 기본 자료로 이용했는가에 따라서 다른 연구가 나올 수 있다. 한국의 대중매체 중 영어나 중국어로 서비스하는 매체는 많지 않다. 대체로 풍부한 자본력을 갖추고 있는 특정 성향의 대중매체들이 한국어 서비스와 함께 영문판을 동시에 제공한다. 물론 북한의 일부 언론 역시 영어로 서비스를 제공하고 있다. 한국어를 이해하지 못하는 해외 북한 연구자 중 한국의 대중매체를 기본적인 자료로 할 경우 특정 매체의 정치적 성향에 따라 해석된 자료들을 기초 자료로 이용하게 된다. 영문으로 번역된 북한 자료는 제대로 번역이 되었는가에 대한 판단도 중요하지만, 모든 내용을 충실하게 영문으로 번역하여 제공하고 있는가에 대해서도 점검이 필요하다.

현대사 연구도 네이버의 뉴스라이브러리나 언론재단의 카인즈는 빠르게 대중매체의 내용을 검색하는 데 매우 유용하다. 그러나 검색어를 잘못 입력하면 원하는 자료를 모두 얻을 수 없다. 현재 사용하는 용어와 1990년대 이전에 사용했던 용어가 다를 경우 언론매체의 데이터베이스를 통해 얻는 자료들이 원하는 모든 자료를 포괄하지 못할 가능성이 크다. 또한 신문지면을 모두 보는 것과 특정 기사만 보는 것 사이에 나타나는 차이가 작지 않다는 점은 모든 현대사 연구자들이 공감하는 바일 것이다.

팔레나 도이힐러의 경우에서 보이는 바와 같이 이들의 연구가 하루아침에 이루어진 것이 아니다. 이들은 고등교육기관에서 오랜 기간 문헌 해석을 위한 훈련 과정을 거쳤을 뿐만 아니라 한국에서 오랜 기간 현지 조사를 진행하였다. 이들이 대학에 자리 잡는 데 오랜 시간이 걸렸던 것도 이러한 훈련 과정을 거쳤기 때문이었다. 몇몇 문헌만으로 연구성과를 내는 것이 아니라 많은 자료를 통해서 교차 검증을 하면서 연구를 진행하였다. 그렇기 때문에 중국학이나 일본학을 하는 연구자들과도 서로 소통할 수 있는 자격을 갖춘 것이다. 도이힐러나 에컬트는 최근에도 저서를 내고 있는데, 탄탄한 기초에 기반한 연구과정이 오랜 기간 새로운 연구를 할 수 있는 기반을 만들고 있다(Deuchler, 2015; Eckert, 2016).

셋째로 세계 한국학 연구를 지원하는 한국의 공공외교 기관들이 갖고 있는 정치적 성향이 한국학 연구의 발전을 가로막고 있다는 점이다. 한국의 공공외교 기관들이 한국학 발전에서 재정적으로 큰 역할을 했음에도 불구하고 공공외교의 관점에서 보면 제대로 된 역할을 했다고 볼 수는 없다. 특히 정치적 성향이 개입되는 경우가 적지 않았다. 특정 성향의 학자들에 대해 지원을 하지 않는다든가, 특정한 학자들에게 지원을 집중하는 경우가 있었다. 해외 학자에 대한 지원이 해당 지역 공관의 감찰 활동과 연결되는 경우가 있다는 소문도 적지 않았다. 특정 대학의 경우 한국학 교수 자리를 지원해주기로 약속해 놓고 해당 대학에 정권에 비판적인 교수가 있다는 이유로 지원을 철회하기도 하였다. 연구지원의 경우에는 한국에 불리한 연구를 하고 있다는 이유로 연구 지원을 철회하거나 연구 결과를 통과시키지 않는 경우도 있었다. 이러한 사례들이 모두 2000년 이후 나타난 현상들이다.

냉전 시기 공공외교의 틀이 제대로 잡히지 않았을 때 이러한 현상은 어느 정도 이해할 수 있다. 냉전의 이데올로기적 대립 속에서 국가 이익을 떠나서 어떠한 활동도 인정되기 어려운 상황이었다. 그러나 탈냉전 이후의 공공외교는 철저하게 국가 이익과 분리되어야 했다. 국가 이익이 분리되지 않을 때는 공공외교라고 할 수 없다.

물론 이러한 문제가 공공외교를 실행하는 기관만의 문제라고 볼 수는 없다. 공공외교 기관의 재원이 일반적으로 국가에서 나오고, 공공외교 기관 역시 입법기관의 감사를 받는 상황에서 정권이나 국회로부터 간섭받지 않을 수 없는 것이다. 따라서 공공외교 기관 자체보다는 더 상위의 권력기관에 기본적인 책임이 있다고 할 수 있다. 그럼에도 불구하고 공공외교를 담당하는 기관들은 철저하게 국가의 압력으로부터 벗어나도록 노력해야 했다. 한번 떨어진 공신력을 다시 세우기는 쉽지 않기 때문이다. 권력으로부터 자유롭지 못했던 공공외교 관련 기관들의 활동은 한국학의 성장과 발전을 추동하면서 동시에 저해하는 중요한 요인으로 작동했던 것이다.

권력기관에 의한 공공외교와 학문에의 개입은 한국 내에서의 한국학 발전이 성장하지 못하는 요인이 되었다. 국내외 한국학의 발전을 위해서는 해외 연구자들과 한국 내 학자들 사이에서 활발한 교류가 필요하다. 상호 이해 속에서 한국의 학자들이 해외 연구자들에게 자료를 제공하고, 이를 객관적으로 해석할 방법을 제시해주어야 하기 때문이다. 특히 해외 한국학계의 학문 후속세대나 한국에 관심 가진 다른 분야의 전문가들에게는 한국 내 한국학 연구자들의 역할이 매우 중요하다. 그러나 이때 정치적 영향력이 행사되거나 개입된다면, 해외 한국학 연구자들에게 제대로 된 자료와 연구성과가 전달될 수 없다.

이런 과정에서 한국 역사나 사회에 대한 비판적인 연구는 공공외교에 거의 이용되지 않고 있다. 한국 정부는 한국의 좋은 점을 소개하는 것이 가장 국가 이익에 적합하다고 판단할 수 있다. 그러나 공공외교라면 모든 면을 객관적으로 소개하는 것이 필요하다. 예컨대 한국 경제 성장의 문제를 소개할 때 현재 외국의 전문가들이나 학계에 소개하는 자료들은 대체로 성공한 결과와 정책에 대한 내용이 주를 이루고 있다. 그러나 해외의 학자와 전문가들은 한국이 몇 차례의 경제 위기를 겪었던 사실이나 한국 사회 내부에서 기업과 관료, 그리고 정치인들 사이에 나타나는 부정부패에 대해 잘 알고 있다. 이러한 내용이 언급되지 않은 채 성공적인 결과와 정책들에 대한 자료와 분석을 제공한다는 것은 결코 한국학의 발전에 도움이 되지 않는다. 개발도상국의 학자들이 관심을 보이는 것은 성장의 비결이기도 하지만, 급속한 성장 과정에서 지불해야만 했던 비용, 그리고 경제 위기에 빠졌던 이유와 이를 극복하는 과정에서의 정책에 더 많은 관심이 있다. 이러한 내용을 객관적, 중립적으로 제공하지 않는다면, 결코 국내외 학자들 사이에서 소통이 진행될 수 없으며, 해외 한국학의 발전은 더욱 어려워질 것이다.

물론 이러한 문제는 단지 정부와 정치지도자들만의 문제라고 할 수는 없다. 한국 내 연구자들, 그리고 더 나아가 한국 사회 내에서 자기 성찰의 과정이 부족했다는 점 역시 지적되어야 할 것이다. 부끄러운 점을 숨기려고 할 뿐만 아니라 다른 관점에서 이를 합리화하려는 시도도 나타났으며, 현재에도 계속되고 있다. 한국인의 일부가 일본이 진행한 불의의 전쟁에 협력한 전쟁 범죄자였다는 사실, 한국의 동맹국인 미국이 개입했음에도 불구하고 불의의 전쟁이었던 베트남전쟁에 한국군을 파병하였고, 베트남에서 전쟁 범죄가 발생했다는 사실은 지금도 한국의 역사 교과서 속에는 제대로 기술되어 있지 않다. 물론 여기에는 한국전쟁을 일으킨 전범에 대한 처벌과 비판도 포함된다. 한국 사회는 전쟁범죄를 단 한 번도 처벌해 본 적이 없으며, 오히려 이를 경제 성장이라는 내용 속에서 포장하는 과정을 거치기도 하였다. 전 세계적으로 불의의 전쟁이라고 비판받는 전쟁에 대해 돈을 벌어왔으니 성공적인 개입이었다고 평가한다면 과연 국내외 연구자들 사이에 소통이 가능할까? 과연 이러한 인식을 가진 한국학이 세계 지역학 내에서 시민권을 획득하는 것이 가능할까? 현재 한국학 분야에서 가장 주목받고 있는 소수자 문제에 대한 한국 사회의 반응을 본다면, 앞으로도 이런 문제는 계속될 것으로 보인다.

IV. 무엇을 할 것인가?

세계 한국학은 지금보다 더 발전할 가능성과 역량이 있다. 한국학은 혼자만 존재하는 것이 아니라 세계적으로 주목받고 있는 중국학, 일본학과 함께하고 있기 때문에 그 가능성은 더 크다고 할 수 있다. 이는 한국학의 약점이면서 동시에 장점이기도 하다. 또한 한류의 확산과 함께

2017년의 촛불항쟁, 그리고 코로나19의 상황 속에서 한국 정부의 민주주의적 방식에 의한 방역 사업이 세계적으로 주목받으면서 세계 한국학이 더 발전할 수 있는 조건이 성숙해 있다. 이와 함께 한국의 전근대사에 관한 역사 연구가 지속해서 제출되는 것 역시 고무적인 현상이라고 할 수 있으며, 일본과 중국에서의 연구가 확대되고 있다는 점 역시 주목할 만하다(笹川紀勝 외, 2010; 國分典子, 2012; 森平雅彦, 2013; Park, 2014; 차이전펑, 2015; Muller, 2015; Kim, 2015; 山本進, 2018; Nathan, 2018; 후마 스스무, 2019). 그러나 이를 위해서는 앞에서 언급한 현재의 한계를 극복하는 것이 필요하다.

첫째로 동아시아를 넘어 새로운 관점을 개척해야 한다. 한국학은 중국학과 일본학에 많은 영향을 받아왔다. 최근의 식민지 유산에 대한 연구들이 일본학의 영향을 받은 것이었다면, 50년 전 자본주의 맹아론은 중국학의 영향을 받았다. 이러한 연구들이 그 당시에는 한국학의 발전에 중요한 의미가 있었고 큰 공헌을 한 것은 사실이지만, 이제는 좀 더 새로운 관점에서 연구가 필요하다.

미국 내에서 식민지 유산에 대한 기념 연구가 출간된 것이 1996년과 1999년이었다. 그리고 그 이후 한국에 대한 연구는 주로 일제강점기에 대한 연구였다. 일제강점기에 관한 연구는 현대 한국을 이해하는 데 매우 중요하다. 그러나 식민지의 유산에 관한 연구가 지난 20년간 한국학 연구의 가장 중요한 주제가 되어 왔다는 것은 이해하기 어려운 현상이다. 최근에 나온 한국학 연구 단행본들에서도 일제강점기는 가장 중요한 연구 대상으로 계속되고 있다(Em, 2013; Henry, 2014; 하타노 세츠코, 2016; Lee, 2017; Lee, 2019; Lim, 2019). 최근 연구 중 이현경과 헨리 임의 연구는 일제강점기의 유산이 현대 한국에서 어떻게 작동한 것인가를 본 것이기 때문에 식민지적 근대성에 관한 연구에서 벗어난 것이지만, 기본적으로는 식민지적 유산에 관한 관심에서 벗어난 것은 아니다. 일본학에서 영향을 받은 연구가 아니라 이제는 한 단계 더 성장해 나가야 할 때가 되었다. 이제 눈을 돌려서 새로운 시각과 주제를 찾아야 하며, 이를 통해 한국학계가 한 단계 더 도약해야 할 것이다. 어쩌면 우리와 비슷한 경험을 했던 독일이나 아일랜드, 알제리를 비롯한 북아프리카, 또는 중남미 지역으로 눈을 돌려야 할 시점이 된 것일 수도 있다.

둘째로 새로운 관점과 주제를 통해서 한국학 분야와 분과 학문 분야에서 동시에 인정받을 수 있는 세계적인 학자들을 키우는 데 주력해야 한다. 이를 위해서는 학자 본인, 고등교육기관, 그리고 한국학을 지원하는 기관이 모두 새로운 방식의 연구와 지원을 고민해야 한다. 현재의 상황에서 한국학 관련 학자들에게는 충분한 연구의 시간이 주어지지 않고 있다. 한국학 프로그램이나 학과 내에서 인력이 충분하지 않은 상황인데, 한국에서는 지속적으로 한국학 발전을 위한 재정적 지원을 하고 있다. 부족한 인원으로는 연구와 교육, 그리고 지원금을 소화할 수 있는 행정을 동시에 수행하기 어렵다. 이러한 체제를 바꾸려고 한국학중앙연구원에서 세계화 랩이라는 새로운 지원 프로그램을 시작하였지만, 이 역시 성과가 불투명하다. 세계화 랩 프로그램 중에서 세계적인 연구 성과가 나오는 경우가 얼마나 있는지 지켜봐야 하겠지만, 현재로서는 그렇게 희망적이지 않다.

아울러 세계적인 한국학 학자들을 양성하려면 한국의 주요 고등교육기관이 이를 위해 노력해야 한다. 충분한 인적 자원과 자료를 가진 한국의 주요 고등교육기관들은 해외 한국학 연구자와 학문 후속세대를 위한 다양한 프로그램들을 가동해야 한다. 현재 한국 내의 한국학은 깊이의 측면에서는 그 수준이 상당히 높지만, 실상 해외 한국학이 원하는 이슈들에 대해 제대로 소화하지 못하는 형편이다. 일례로 한류에 대해서 해외 한국학은 다양한 차원에서의 학문적 분석과 연구를 요구한다. 그러나 한국 내 한국학계에서 이에 대한 체계적인 연구를 진행하지 못했다.

한류뿐만 아니라 한국의 건축이나 과학기술사, 의학사, 농업발전사 등에 관해 관심 있는 해외 연구자들이 한국의 주요 연구 교육기관에 와서 많은 자료를 얻고 연구자들과 소통하는 것이 가능할까? 또한 세계적으로 한국에 관심을 두는 데 효율적으로 대처할 수 있도록 준비가 되어 있어야 한다. 그렇지 않으면 현안에 대해 학계에서 아무런 역할도 할 수 없을 것이다. 이를 위해서는 정치학, 경제학, 사회학, 자연과학 등 분과학문과의 적극적인 소통 역시 필요하다. 이런 의미에서 볼 때 존 디모이아의 과학사 연구와 유영주의 현대문학에 대한 사회사적 접근, 오유정의 대중문화에 대한 접근 등이 갖는 의미가 주목된다(DiMoia, 2013; Ryu, 2016; Oh, 2018).

새로운 연구자 지원 프로그램이 필요하며, 국내 학계와 세계 한국학계가 서로 소통할 새로운 장이 필요하다. 특히 모든 분야를 포괄하지 못하는 해외 한국학계에는 한국 내 연구자들의 도움이 절실하다. 한국학의 시야를 넓히고, 세계 지역학에서 한국학의 지위를 높이려면 이러한 조건들이 모두 마련되어야 한다. 아울러 세계 한국학계에 대한 정치적 개입을 철저하게 차단해야 한다. 이는 공공외교의 기본이며, 한국의 국가 브랜드를 위해서도 필수적이다.

이러한 과제들을 실행하고, 이를 통한 결과를 단기간에 얻어내기는 쉽지 않을 것이다. 그만큼 긴 호흡으로 추진해야 한다. 지난 30년간 비약적인 발전을 해왔던 것처럼 앞으로 30년을 내다본다면, 미래 한국학의 과제는 결코 어둡지 않을 것이다.

| 참고문헌 |

곽수민. 「해외 한국학 동향 분석 및 발전요인 연구」. 『한국학』 제35권 제3호. 2012. 211~241쪽.

김성우. 「미국의 한국사 연구-제임스 팔레의 조선왕조사 인식」. 『역사비평』 통권 59호. 2002. 126~155쪽.

김지원. 「미국의 한국학 교육 현황의 역사성」. 『한국세계문화사학회』 제32호. 2014. 171~196쪽.

아센시오. 마델린 솔라노. 「라틴아메리카에서 한국의 문화외교: 칠레 세종학당 사례를 중심으로」. 서울대학교 국제대학원 석사학위논문. 2017.

박태균·브루스 커밍스·박명림. 「한미관계와 북한. 그리고 역사연구」. 『역사비평』 통권 86호. 2009. 252~301쪽.

변지영·정헌주. 「한국의 공공외교와 세종학당: 2007~2015년 국가별 지정 요인에 관한 실증분석」. 『한국정치학회보』 제52집 제2호. 2018. 173~201쪽.

손호철. 「브루스 커밍스의 한국현대사 연구 비판: 이론 및 방법론을 중심으로」. 『실천문학』. 1989. 295~330쪽.

신기욱. 「식민지 조선 연구의 동향: 미국 학계의 동향을 중심으로」. 『한국사 시민강좌』 제20권. 1997. 43~57쪽.

신동준. 「대담: 브루스 커밍스와 해리 하루투니안, 미국 아시아학의 비판적 검토: 주류 학계의 국익에의 종속. 독선. 인종적 편견의 실상과 그에 맞서온 두 학자의 학문과 인생」. 『역사비평』 통권 54호. 2001. 126~171쪽.

야기 다케시 지음. 박걸순 옮김. 『한국사의 계보: 한국인의 영토의식은 어떻게 변해왔는가』. 서울: 소와당. 2015.

연재훈. 「영국에서의 한국학 연구와 교육현황: 한국어 교육을 중심으로」. 『한국학』 제22권 제3호. 1999. 79~99쪽.

오타니 기미꼬. 「한국정부 국제문화교류 활동의 성격: 한국국제교류재단을 중심으로(1991~2001)」. 서울대학교 국제대학원 석사학위논문. 2003.

장미왕례. 「중한 문화외교 정책의 비교 연구: 공자학원과 세종학당 사례를 중심으로」. 서울대학교 국제대학원 석사학위논문. 2020.

정호훈. 「20세기 후반 미국에서의 실학연구: 제임스 팔레의 「반계수록」 연구를 중심으로」. 『한국사연구』 제168호. 2015. 261~296쪽.

제니스 킴·도이힐러·이준식. 「마르티나 도이힐러: 유럽 한국학의 선구자」. 『한국학』 제22권 제3호. 1999. 193~217쪽.

차이전펑 지음. 김중섭·김호 옮김. 『다산의 사서학: 동아시아의 관점에서』. 서울: 너머북스: 너머학교. 2015.

하타노 세츠코 지음. 최주한 옮김. 『이광수, 일본을 만나다』. 서울: 푸른역사. 2016.

한국국제교류재단 편. 『국제교류재단 10년사: 1992~2001』. 서울: 한국국제교류재단. 2002.

한국교류재단(KF) 통계센터. 해외대학 한국학 현황통합검색. http://www.kf.or.kr/ koreanstudies/koreaStudiesList.do(2020. 08.01. 검색).

한국학 진흥 사업단. http://ksps.aks.ac.kr/hpjsp/hmp/agyguide/greeting.jsp (2020. 08.01. 검색).

한홍구. 「제임스 팔레의 학문과 삶」. 『역사비평』 통권 77호. 2006. 434-445쪽.

후마 스스무 지음. 신로사 외 옮김. 『조선연행사와 조선통신사』. 서울: 성균관대학교출판부. 2019.

國分典子. 『近代東アジア世界と憲法思想』. 東京: 慶應義塾大学出版会. 2012.

森平雅彦. 『モンゴル覇権下の高麗: 帝国秩序と王国の対応』. 名古屋: 名古屋大学出版会. 2013.

笹川紀勝·金勝一·内藤光博 [共]編. 『日本の植民地支配の実態と過去の清算: 東アジアの平和と共生に向けて』. 東京: 風行社. 2010.

山本進. 『朝鮮後期財政史研究: 軍事·商業政策の転換』. 福岡: 九州大学出版会. 2018.

石川亮太. 『近代アジア市場と朝鮮: 開港·華商·帝国』. 名古屋: 名古屋大学出版会. 2016.

Amsden, Alice. *Asia's Next Giant: South Korea and Late Industrialization*. Oxford:

Oxford Univ. Press. 1992.

An, J. *Parameters of Disavowal: Colonial Representation in South Korean Cinema*. eScholarship: University of California Press. 2018.

Association for Asian Studies 2017. https://convention2.allacademic.com/one/aas/aas17/. (2020. 08. 01. 검색).

Barraclough, Ruth. *Factory Girl Literature: Sexuality, Violence, and Representation in Industrializing Korea*. London: Global, Area, and International Archive. 2012.

Cumings, Bruce. *The Origins of the Korean War*. Princeton: Princeton Univ. Press. 1981.

Deuchler, Martina. *Under the Ancestors' Eyes: Kinship, Status, and Locality in Premodern Korea*. Cambridge: Harvard University Asia Center. 2015.

DiMoia, John P. *Reconstructing Bodies: Biomedicine, Health, and Nation-building in South Korea since 1945*. Stanford, California: Stanford University Press. 2013.

Eckert, Carter. *Offspring of Empire: The Koch'ang Kims and the Colonial Origins of Korean Capitalism, 1876-1945*. Seattle: Washington State Univ. Press. 1996.

_______. *Park Chung Hee and Modern Korea: The Roots of Militarism, 1866-1945*. Cambridge: Harvard Univ. Press. 2016.

Em, Henry H. *The Great Enterprise: Sovereignty and Historiography in Modern Korea*. Durham and London: Duke University Press. 2013.

Fahy, Sandra. *Dying for Rights: Putting North Korea's Human Rights Abuses on the Record*. New York: Columbia University Press. 2019.

Kim, Jaeeun. *Contested Embrace: Transborder Membership Politics in Twentieth-century Korea*. Stanford, California: Stanford University Press. 2016.

Kim, Nan. *Memory, Reconciliation, and Reunions in South Korea: Crossing the Divide*. Lanham, Maryland: Lexington Books. 2017.

Kim, Jisoo M. *The Emotions of Justice: Gender, Status, and Legal Performance in Choson Korea*. Seattle: University of Washington Press, 2015.

Lee, Hyun Kyung.*'Difficult Heritage' in Nation Building: South Korea and Post-conflict Japanese Colonial Occupation Architecture*. Basingstoke: Palgrave Macmillan, 2019.

Lee, You Jae. *Koloniale Zivilgemeinschaft: Alltag und Lebensweise der Christen in Korea (1894-1954)*. Frankfurt: Campus Verlag, 2017.

Lim, Sungyun, Rules of the House: Family Law and Domestic Disputes in Colonial Korea. University of California Press, 2019.

Muller, A. Charles. *Korea's great Buddhist-Confucian Debate: The Treatises of Chong Tojon (Sambong) and Hamho Tukt'ong (Kihwa)*. Honolulu: University of Hawaii Press, 2015.

Nathan, Mark A. *From the Mountains to the Cities: A History of Buddhist Propagation in Modern Korea*. Honolulu: University of Hawaii Press, 2018.

Oh, Youjeong. *Pop city: Korean Popular Culture and the Selling of Place*. Ithaca: Cornell University Press, 2018.

Palais, James. "A Search for Korean Uniqueness". *Harvard Journal of Asiatic Studies*, 55(2), 1995.

Park, Eugene Y. *A family of no Prominence: The Descendants of Pak To khwa and the Birth of Modern Korea, 1590-1945*. Stanford, California: Stanford University Press, 2014.

_______. A Genealogy of Dissent: *The Progeny of Fallen Royals in Choson Korea*. Stanford, California: Stanford University Press, 2019.

Ryu, Youngju, Writers of the *Winter Republic: Literature and Resistance in Park Chung Hee's Korea*. Honolulu: University of Hawaii Press, 2016.

Shin, Gi-Wook and Michael Robinson. *Colonial Modernity in Korea*. Cambridge: Harvard Univ. Press, 1999.

The KSAA 2019 Biennial Conference. http://www.ksaa19.com.au/(2020. 08.

01. 검색).

Todd. A. Henry. Assimilating Seoul: Japanese Rule and the Politics of Public Space in Colonial Korea. 1910-1945. Berkeley: University of California Press. 2014.

Wuerthner. Dennis. *A Study of Hypertexts of《Kuunmong》九雲夢. Focusing on《Kuullu》九雲樓 /《Kuun'gi》九雲記: Nine Clouds in Motion*. Frankfurt a.M: Peter Lang GmbH. Internationaler Verlag der Wissenschaften. 2017.

8장 국제개발에서의 국제학과 지역학의 공진화(Co-evolution): 국제적 경향과 한국적 의제

김태균(서울대학교 국제대학원)

Ⅰ. 들어가며: 국제개발학의 발전적 성찰

국제개발학(또는 개발학)은 저개발국 및 취약국 등 글로벌 남반구 개발도상국의 경제·사회·정치 발전을 지원하기 위하여 글로벌 북반구의 공여국, 국제기구, 비정부기구 및 남남협력South-South Cooperation을 통해 개도국이 개발원조를 투입하는 과정과 결과에서 발생하는 개발효과성development effectiveness과 책무성accountability을 제고하기 위한 다학제적 접근의 총체적인 학문을 일컫는다(Haslam et al., 2016; 김태균, 2019).[1] 다시 말해, 국제개발은 국가 간 혹은 국제기구 및 NGOs와 국가 간의 개발을 위한 협력을 의미하며, 지구상에 있는 국가들이 인간다운 삶을 보장하고,

1 본 원고는 『국제·지역연구』 29권 3호 (2020 가을) 55~81쪽에 게재된 김태균, "국제개발에서의 국제학과 지역학의 공진화(Co-evolution): 국제적 경향과 한국적 의제"를 원문으로 하고 있다.

삶을 영위할 기초적인 발판을 마련하며, 더 나은 삶을 위해 필요한 근본적인 요소들을 바람직한 방향으로 발전시켜나가는 종합 학문이다(Lanoszka, 2018). 아직 한국에서는 국제개발을 저개발국의 경제 성장과 개발주의에 입각한 단기적인 프로젝트 중심으로 공여국 기여의 가시성이 높은 개발 사업에 집중하는 경향이 강하며, 협력대상국의 경제 성장과 사회 발전, 그리고 정치적 거버넌스 개혁 등을 전체적으로 조망하는 총체적인 발전을 중장기적으로 지원하는 개발협력 정책이 한국에서 필요한 개발학의 핵심 이슈 영역이다(김태균, 2019).

1970년대에 이미 군나르 미르달Myrdal(1974: 729)이 '*development*'의 개념을 "사회체제의 총체적이고 지속적인 상향운동"으로 정의함으로써 한 사회의 발전을 거시적이면서도 총체적인holistic 개념으로 이해해야 한다고 주창하였다. 공여국의 일방적인 원조 투입이 아니라, 개도국 파트너가 고유의 역사적 배경과 사회적 맥락을 반영한 자생적인 사회 발전 프레임을 구축할 수 있도록 총체적인 개발협력의 가능성을 타진해야 한다(Escobar, 1995). 이는 곧 압축적 성장으로 대표되는 한국의 근대화 유산을 당위적으로 받아들이는 개발학 풍토에 대한 도전을 의미한다. 이에 관하여 현재 한국 사회에 천착되어 있는 주류 경제학적 개발정책을 분석·비판하고 향후 한국이 추구해야 할 국제개발의 정체성과 방향성을 경제성장 중심의 '개발開發'에서 사회전반의 '발전發展'이라는 포용적 보편주의로 새롭게 재조명하는 이론적 작업과 실천적 동학을 모색해야 한다. 발전의 개념을 포괄적인 총체성과 역사성을 토대로 확장할 때 협력대상국에 관한 지역학적 연구와 분석이 접목될 수 있는 공간이 확보된다. 지역학은 특정 지역이나 국가의 정치·경제·사회·문화·역사가 종합적으로 연구되는 총체적인 접근에 기반하기 때문에 특정 지역의 발전은 그 지역의 역사적으로 어떠한 발전 경로를 경험해왔는가를 총망라하는 학제 간 연구의 결과이다(Miyoshi and Harootunian, 2002; 김선호, 2012). 지역학의 학제 간 연구와 개발학을 접목하려면 개발학도 이와 상응하는 개념적·이론적·경험적 총체성으로 그 분석영역을 확장해야 한다.

이러한 맥락에서 본 연구는 세 분야에 걸쳐 진행된다. 첫째, 국제개발학과 지역학 간의 상호보완적 관계에 관한 검토를 통해 지금까지 개발학에서 언급되어온 지역학적 요소가 어떻게 국제개발 영역에 상보적으로 기여해왔는가를 분석한다. 둘째로, 국제개발학의 국제적 경향을 살펴봄으로써 지역학적 시각의 협력대상국과 국제개발 원칙에 배태된 공여국 간의 변증법적 진화 과정을 검토한다. 마지막으로, 한국에서의 신생 학문인 국제개발학이 태생적으로 정부선도형으로 시작되었으며 정부정책의 문제해결을 위한 학문으로서의 임무를 수행하고 있기 때문에 지역학적 토대가 부족한 근본적인 결함을 내포하였다는 점을 강조한다. 향후 한국의 국제개발학이 진정한 독립 학문으로 자리 잡기 위해서는 정부에 의존적인 성향을 지양하고 지역학적 기반을 강화하여 독립적인 학문 생태계를 조성해야 할 것이다.

II. 국제개발학과 지역학의 상보적 관계

국제개발학은 학문의 성격상 국제 수준의 개발 담론과 개발 정책이 지역 수준의 개발정책과 집행 성과로 이어지기 때문에 국제학과 지역학이 근본적으로 혼합되어 수용되어 있다. 국제개발학은 개도국 현지 지역의 제반조건conditions, 요구사항demands과 발전계획development planning에 조응하도록 적극적으로 협력대상국의 지역 상황과 요구에 기반한 국제개발 정책과 사업을 집행하는 것을 원칙으로 한다. 따라서 국제개발 사업프로젝트가 원활하게 추진되려면 협력대상국의 조건·요구·계획에 관한 전반적인 지식과 역사를 이해할 수 있는 총체적인 지역학 접근법이 필수적이다. 개발협력 정책이 집행되는 대상 지역에 관하여 축적된 지역학적 연구와 지식의 데이터가 국제개발학의 기초적 토대로 동원될 경우, 개발협력 정책과 사업이 공여국 중심으로 일방적으로 이행되지 않고 협력대상국의 희망하는 발전 방향에 긍정적인 영향을 제공하게 된다(Easterly, 2013; Riddell, 2007).

국제개발에 있어 가장 기초적인 약속이자 반드시 지켜야 하는 전제조건이 있다: “Do No Harm!(누구에게도 피해를 주지 않는다!)” (Anderson, 1999). 이는 취약국fragile state에 적용되는 뉴딜New Deal 정책의 핵심 구호이기도 한데, 개발원조를 개도국에 투입해서 파트너 국가의 발전에 도움이 되지 않고 오히려 피해를 준다면 원조의 본질적인 목적을 상실하게 된다는 경고성 의미를 내포하고 있다. 담비사 모요Moyo(2009)가 그의 책에서 강력하게 경고하듯이, 협력대상국에게 피해를 주는 원조는 이제는 필요 없고, 원조로 공여국의 이익을 창출하고자 한다면 원조가 아닌 해외직접투자FDI와 같은 시장원칙을 따르는 투자가 오히려 긍정적인 결과를 만들 수 있다는 주장을 펴고 있다. 원조가 구속성 원조tied aid로 이행될 때 공여국과 연관된 기업이 원조사업을 이행하고 공여국 출신의 인력이 원조사업을 통해 개도국에 진출하는 공여국을 위한 원조효과성이 창출되는 개발원조의 목적과 정반대의 성과가 생산되는 것이다. 역대 한국 정부가—정권의 정치적 스펙트럼과 상관없이—공적

개발원조ODA를 통해 청년실업을 해결한다는 식의 정책을 혁신적인 아이디어인 것처럼 강조하는 것 자체가 구속성 원조로 한국의 ODA를 집행하겠다는 의미이고, 이는 곧 협력대상국에 직간접적으로 피해를 줄 가능성이 있다는 것을 의미한다. 이는 지역학에 기반하지 않고 지역의 상황을 이해하지 않은 채 공여국의 ODA가 자국의 납세자뿐만 아니라 협력대상국 지역 수혜자에게도 책임을 지도록 집행되어야 하는 국제개발학의 기본조차 무시하는 정책인 셈이다. 공여국의 개발원조가 제대로 이행되고, 누구에게도 피해를 주지 않으려면 철저히 개도국 현장의 목소리와 요구를 경청하고 현장의 상황과 역사적 배경을 탐구하는 체계적인 지역학 연구가 절실히 필요하다. 이러한 지역학적 접근이 배제된 개발원조는 파트너 국가에 피해를 줄 가능성이 농후하다는 불편한 진실이 이미 역사적으로 제시되어 왔다(Grindle, 2007; Mosse, 2005; Maren, 1997).

제2차 세계대전 종료 전까지 제국주의 식민지 경영을 경험한 유럽의 선진공여국들이 지역학과 국제개발학을 제국주의의 효과적 경영을 위한 학문으로 권장해온 역사가 있으며, 그 이후 자국의 이익을 위해 시작된 국제개발학이 글로벌 수준에서 빈곤 퇴치 등의 취약국 지원이라는 보편적 가치와 목표를 강조하여 원조수혜 지역의 조건을 분석하는 지역학과 국제개발의 담론을 점유하는 국제학이 상호 교차하고 혼재되어 온 경향이 강하다(Rist, 1997). 과거 식민지 대상국이었던 프랑코포니 아프리카 지역에 원조의 대부분을 할애하는 프랑스, 과거 식민지 피해에 대한 보상으로 동남아시아에 상당한 규모의 ODA를 집행하는 일본과 같은 구제국주의 국가들은 아직도 식민지 경영과 개발협력을 연계하여 자국의 영향력을 유지하려는 의도를 숨기지 않고 국제개발을 운영하고 있다. 반면, 스웨덴과 노르웨이 등 북유럽 국가들은 철저하게 협력대상국의 요구와 오너십을 존중하고 파트너 국가의 역사적 맥락을 고려한 맞춤형 원조를 실시하고 있다. 따라서 지역학이 국제개발정책을 보완하는 상보적 관계가 개발효과성의 필수요건이기는 하지만, 공여주체의 지역학에 대한 접근 방식과 정치적 의도에 따라 지역학의 가치가 결정되는 형국이다.

국제개발학이 이론적으로, 그리고 정책적으로 학문적 기여를 제공하려면 국제학과 지역학이 상호보완적complementary인 역할의 주요한 기제로 지역의 전통과 지역에서 오랜 기간 전통적으로 고수해온 규범·원칙, 그리고 현장 경험을 국제개발학에 제공해야 한다. 국제학은 연역적으로 글로벌 수준의 이론과 규범을 제공하고, 지역학은 귀납적으로 개발 현실에서 나타나는 현상에 관한 분석을 제공할 수 있다. 국제개발 프로젝트가 개발효과성을 창출하려면 원조 대상 지역에 대한 축적된 지식과 경험으로 원조효과성에 관한 분석과 이를 토대로 거시적인 이론화 작업이 반드시 수반되어야 한다. 이러한 국제학과 지역학의 상보적 공진화가 국제개발학의 이론과 실제에 어떠한 역할을 의미하는지 구조와 행위자 간의 중범위middle-ranged 제도주의로 그 함의를 예측할 수 있다(Steinmo, 1992; Mahoney, 2001). 국제학은 거시적인 국제개발의 담론과 원칙을 생산하고 새로운 현상이 발생하면 이를 수용하기 위한 거대이론의 메타적 재생산을 시도하게 된다. 이는 마치 한 사회현상의 거시적 구조가 제공하는 총체적인 준거 틀로서 지역 단위에 있는 개별 행위자들의 행동양식과 사고방식을 수렴하는 효과를 창출한다. 반면, 지역학은 고유의 문화와 삶의 방식, 그리고 정치경제 체제를 가진 개별 단위의 국가 및 집합체가 어떤 방식의 개발 전략과 개발 가치를 추구하는가에 대한 특수한 조건들을 발견해낸다. 이러한 특수성을 토대로 구조에서 주입되는 거대한 담론과 거시적 압박을 개발 행위자들은 나름대로 다른 방식으로 대응하고 저항하게 된다. 마찬가지로 지역학에서 바라보는 발전 또는 개발은 귀납적 접근으로 현장에 근거하고, 현장에서 발생한 조건을 기준으로 해석하게 된다. 그러나 국제학과 지역학의 공진화는 단순히 구조와 행위자 간의 다른 수준의 역할과 상호관계만을 의미하는 기계적인 분류에 의존하지 않는다. 국제학과 지역학이 상호작용하고 구조와 행위자가 서로를 (재)구성하는 과정, 즉 국제학과 지역학이 상호 교류할 수 있는 특정 시공간의 제도가 형성되고, 제도 안에서 국제개발의 규범이 협의되어 그 규범을 지역의 행위주체가 준수하게 되는 일련의 과정을 공진화라 할 수 있다. 국제학과 지역학의 공진화는 거시적 구조와 미시적 행위자가 서로 영향을 주고 필요 시 관계방식을 전환시키며 중범위 수준의 제도적 공간을 구성해내는 통합적 구조화 관점을 의미한다(Giddens, 1984).

국제개발학의 지속가능성은 국제학과 지역학의 적절한 상보적 결합을 전제로 하며, 이 상보적 결합이 부족할 경우 개발협력의 책무성 accountability에 심각한 문제가 발생하게 된다(김태균, 2018; Grindle, 2007). 이는 이른바 책무성 결핍accountability deficit으로 개념화되는데, 개발원조를 제공하는 공여국과 개발원조를 받는 협력대상국 중 개발프로젝트가 실패할 경우 누가 무엇에 대한 책임을 져야 하는가에 대한 논의가 배제되어 있거나, 현장의 조건에 맞지 않게 일방적으로 프로젝트를 진행하였다가 오히려 현지 주민들에게 피해를 줬을 경우 공여국이 이에 대한 책임을 지지 않는다면, 이러한 개발프로젝트는 책무성이 심각하게 결핍된 사례가 된다(Wade, 2009). 1990년대 중반부터 이러한 책무성 결핍

[표 1] VNR 국별 우선목표 설정

1) 국별 우선목표를 독립적으로 설정	2) HLPF 연례 중점분석 대상 SDGs를 일부 포함하여 우선목표 설정		3) HLPF 연례 중점분석 대상 SDGs 전체를 우선목표 설정	4) 특정 SDGs를 우선목표로 명시하지 않고 전체 17개 목표를 우선목표 설정		5) 2회 이상 제출국가 (회차별 우선 목표 설정 상이)
그루지야	핀란드*	피지	방글라데시	에스토니아	태국	아제르바이잔
레바논	한국*	아이슬란드*	브라질	프랑스*	아르메니아	이집트
통가	몬테네그로	이라크	인도	독일*	바하마	인도네시아
	필리핀	이스라엘	인도네시아	노르웨이	카보베르데	필리핀
	시에라리온	카자흐스탄	말레이시아	스위스*	캐나다*	카타르
	아프가니스탄	쿠웨이트	나이지리아	우간다	그리스*	시에라리온
	벨리즈	리히텐슈타인	바레인	아제르바이잔	아일랜드*	스위스
	보츠와나	모리셔스	카타르	벨기에*	자메이카	토고
	카타르	파키스탄	루마니아	키프로스	라오스	터키
	타지키스탄	팔라우	사우디아라비아	체코*	라트비아	
	알바니아	르완다	아제르바이잔	덴마크*	나미비아	
	호주*	남아프리카 공화국	캄보디아	에티오피아	싱가포르	
	부탄	동티모르	레소토	이탈리아*	수단	
	헝가리	터키	세인트루시아	일본*	아랍에미리트	
	리투아니아	투르크메니스탄	세르비아	요르단	베트남	
	폴란드	바누아투	탄자니아	케냐	보스니아-헤르체고비나	
	슬로바키아	멕시코		몰디브	가나	
	스페인*			네팔	가이아나	
	스리랑카			네덜란드*	몽골	
	크로아티아			슬로베니아	뉴질랜드	
	에스와티니			스웨덴*	영국	

* OECD-DAC 국가.
〈출처〉 우창빈·김태균·김보경(2020: 84)

을 방지하고자 세계은행World Bank이 자체적으로 책무성을 관리하는 조사패널Inspection Panel을 설치하고, 이에 따라 아시아개발은행ADB도 책무성 메커니즘Accountability Mechanism을 설치하는 등 지역 사회와 현지 시민사회단체와 지속적인 대화채널을 개방하여 현지의 목소리에 경청하려는 노력이 점차 제도화되고 있다(Shihata, 2000; 김태균, 2018).

특히, 2015년 국제사회가 선포한 지속가능발전목표sustainable development goals: SDGs라는 글로벌 수준의 보편적 규범이 각 국가 차원으로 적용되면 국가의 고유문화와 정치체제 등의 지역적 요소로 인해 SDGs의 이행 프로세스가 상이하게 발현되는 글로컬라이제이션Glocalization 현상이 국제개발학의 국제학과 지역학 간의 공진화 과정에 관한 가장 최근의 연구주제이다(Desai et al., 2018). SDGs는 17개의 목표goal, 169개의 세부목표target, 그리고 320여 개의 지표indicator로 구성되어 있는데, SDGs를 실제로 이행하는 국가는 자국의 문화와 역사적 맥락 등의 지역적 요소를 고려하여 현재 가장 필요한 목표의 우선순위를 결정할 자율성이 있기 때문에 〈표 1〉에서 확인할 수 있듯이 반드시 글로벌 수준에서 제시한 목표의 수를 국내 수준에서 집행할 필요는 없다(김태균 외, 2016). 한편, 선진국 또는 개도국 상관없이 UN 회원국이면 모든 국가가 SDGs를 국내에 적용하여 이행할 계획을 4년에 한 번씩 UN 고위급정치포럼High-Level Political Forum: HLPF에 '자발적국별리뷰Voluntary National Review: VNR'를 제출하여야 한다. 글로벌 수준의 SDGs라는 규범이 지역 수준으로 하향해서 접목되고 지역 수준에서 VNR이 다시 글로벌 수준인 UN HLPF에 보고됨으로써 글로벌과 로컬이 연계되는 정책 과정을 인지할 수 있다. 국제사회에서 통용되는 개발 담론과 규범조차 각 국가와 사회의 특수성이 담보될 수 있도록 지역적 요소를 가미하는 과정이 반드시 포함되어 있듯이, 지역학이 제공하는 지식과 정보가 국제개발의 가장 기초적인 구성요인이 된다는 것을 UN VNR에서도 확인할 수 있다.

한국에서도 국제학과 지역학이 필요하다는 학문적 정당성을 국제학과 지역학이 상호보완적인 관계를 유지하며 이러한 상보적 관계에서 생산되는 이론적·정책적 함의를 국제개발학에서 도출할 수 있다는 통합적 시각을 강조해야 한다. 한국에서는 지금까지 국제개발학의 태생 자체가 학문적 필요성에서 형성된 것이 아니라 정부에서 필요한 연구 용역을 이행하는 문제해결형 주체로서 국제개발학을 인식하는 경향이 강하며, 이에 따라 국제개발학을 아직 하나의 독립된 사회과학 분과 학문으로 인정하지 못하는 상황이다. 또한, 국제개발의 이론과 서구식 개념을 국내에 소개하고 주요 논쟁을 쫓아가기 바쁜 단계이다. 지금부터라도 긴 호흡으로 한국의 국제개발이 협력대상국의 진정한 발전에 어떻게 기여하고, 중장기적으로 협력대상국의 발전 결과가 한국에게 도움이 되는 상생의 소프트파워가 생산될 수 있는지 지역에 관한 다학제적 연구를 제도화해야 한다.

III. 국제개발학의 국제적 경향: 협력국 중심과 공여국 중심 간의 변증법적 진화

국제개발학은 역사적으로 공여주체 중심의 빅푸시big push정책에서 개도국의 오너십ownership 강조를 통해 공여국-협력대상국 간의 상호책무성mutual accountability까지 반세기가 넘는 역사적 진화과정을 통해 변증법적 전환을 해왔다고 요약할 수 있다. 제2차 세계대전 이후 1940년대 후반부터 시작된 마셜플랜Marshall Plan은 중장기적인 프로그램형 원조와 대규모의 원조가 투입되는 빅푸시형의 대표적 사례로서 1970년대 기본수요론Basic Needs으로 미시적인 빈곤문제가 국제개발의 주요 목표로 거론되기 전까지 빅푸시이론은 국제원조의 대표적인 담론으로 자리 잡아왔었다(Rapley, 2007). 대규모 원조가 냉전시기에는 주로 동맹국에 외교 전략 차원에서 제공되었기 때문에 원조효과성에 대하여 제대로 평가를 실시하지 않았다. 대규모 원조는 곧 공여국의 막대한 세금이 조달되었다는 것을 의미하며, 대규모 원조가 제공되었음에도 불구하고 협력대상국이 계속 빈곤문제에 봉착해 있으면, 공여국의 납세자들은 원조효과성 기대에 부합하지 못하는 자국의 원조에 관하여 염증을 느끼게 되는 단계인 '원조 피로aid fatigue'에 빠지게 된다. 따라서 1970년대 초반 국제노동기구ILO가 주축이 되어 협력대상국이 원하는, 그리고 가장 시급하게 필요하다고 판단하는 기초적인 의식주 중심의 원조가 소규모로 진행되는 새로운 원조방식을 제안하게 된다(Rimmer, 1981). 이로써 소규모 원조를 통해 공여국은 대규모 원조 투입으로 발생하는 효과성 문제를 차분히 단계별로 검증하면서 순차적으로 원조의 규모를 증액할 수 있게 되었고, 공여국의 납세자가 느끼는 원조 피로를 줄이면서 동시에 협력대상국이 진정으로 원하는 원조를 추진할 수 있게 되었다. 또한 대규모 원조로 발생하는 재원의 낭비를 축소하고 지역 요소의 고려가 개발원조의 필수조건으로 제도화되는 계기가 마련되었다.

1970년대 국제사회의 작은 원조를 통한 현지 요구의 충족과 공여주체의 책무성이 일정 정도 확보되는 개발원조의 흐름이 1970년대 말 신자유주의neoliberalism가 국제사회의 신사조로 부상하면서 원조 방식에 다시 큰 변화가 일어나기 시작하였다(Rapley, 2007). 영국 대처Margaret Thatcher

총리와 미국 레이건Ronald Reagan 대통령으로 대표되는 신자유주의의 쌍두마차가 주축이 되어 개발원조의 신자유주의적 처방을 공론화하게 되고, 1980년대 이후 세계은행World Bank을 비롯한 다자개발은행이 원조조건aid conditionality으로 신자유주의적 경제 개혁을 개도국에 요구하는 이른바 구조조정프로그램structural adjustment program: SAP이 주류로 자리 잡게 된다. 개도국의 현지 상황을 고려하지 않은 채 신자유주의적 개입을 일방적으로 집행하는 'one-size-fits-all' 정책이 개발원조의 주요 원칙으로 작동하자 다자개발은행 및 주요 선진공여국의 원조를 받는 저개발지역 협력대상국으로부터 크게 비판받게 되었다. 또한 개도국 현지 시민사회단체civil society organizations: CSOs와 옥스팜oxfam 등의 국제NGO가 지역 특수성을 배제한 신자유주의의 일방적인 처방에 대하여 다자개발은행의 책무성 결핍 문제로 비판의 목소리를 집중함에 따라 신자유주의적 보편가치의 무리한 개입과 지역 특수성의 맹목적인 무시에 관하여 세계시민사회의 도전이 가속도를 붙이게 되었다(Scholte, 2011). 세계은행은 1994년 급기야 내부에 조사패널을 신설하는 등 자구책을 마련하기 시작하고, 세계은행의 변화에 따라 아시아개발은행을 비롯한 대부분의 지역개발은행들도 1990년대 중반부터 책무성 제도를 기관 내에 설치하게 된다(Kim, 2011; Barnett, 2015). 이러한 신자유주의라는 글로벌 이데올로기에 지역학적 요소가 반영될 공간이 부족했기 때문에, 국제사회에 이미 배태된 신자유주의적 보편성에 준거하여 기존의 국제개발학 담론과 실천이 보유한 지역적 특수성이 탈색되어 버리는 총체적인 함정에 빠지게 되었다.

이렇게 신자유주의적 보편성으로 기울어졌던 추는 UN의 새천년개발목표Millennium Development Goals: MDGs가 선포된 2000년에 들어와 지역적 특수성으로 무게중심을 다시 옮기게 된다. 2002년 로마에서 시작된 OECD 개발원조위원회Development Assistance Committee: DAC의 원조효과성을 위한 고위급포럼High-Level Forum on Aid Effectiveness에서 개도국의 오너십ownership과 공여국과 협력대상국 모두의 원조효과성에 대한 책임을 강조하는 테제를 구축하였다. 특히, 2005년 OECD DAC의 제2차 고위급포럼에서 합의된 파리선언Paris Declaration의 제5원칙(오너십, 원조일치, 원조조화, 성과관리, 상호책무성) 중 첫 번째 원칙이 오너십으로 결정되면서 수원주체인 협력대상국의 중요성이 원조효과성의 가장 핵심적인 규범원칙으로 부상하였다. 오너십의 강조로 국제개발에서 보편적으로 주입되었던 글로벌 수준의 개발패러다임과 동시에 개발프로젝트가 이행되는 개도국 현지의 지역적 요소에 대한 중요성을 재인식하게 되었다. 또한, 글로벌 원칙과 지역별 조건이 상호 교차되고 적절하게 배합되는 개발원조의 이행과정이 2005년 파리회의에서 강조되면서 협력대상국과 공여국이 서로 개발협력에 관한 책임을 지는 이른바 '상호책무성mutual accountability'이 중요한 국제개발의 원칙으로 자리 잡았다. 이러한 파리선언의 영향력은 2005년 파리회의 이후 2008년 가나 아크라에서 개최된 제3차 고위급포럼과 2011년 한국 부산에서 종결되었던 제4차 고위급포럼에 이어 현재까지 이어지고 있다(그림 1).

따라서, 국제개발의 이론적·경험적 논쟁의 역사적 발전은 제2차 세계대전 이후 공여국 중심의 개발원조가 마셜플랜부터 동맹관리라는 안보적 관점에서 시작해서, 1970년대 기본수요론에 입각한 미시적인 이슈를 중심으로 협력대상국 특유의 맥락이 반영되는 시기를 거쳐, 그 이후 신자유주의적 개발원조가 주류를 이룬 공여기관 중심의 1990년대를 지나 2000년대 이후부터는 상대적으로 공여국 입장과 협력대상국 입장

[그림 1] 원조효과성 고위급포럼 의제 설정 및 변화

파리선언 (Paris Declaration)		아크라행동계획 (Accra Agenda for Action)		부산결과문서 (Busan Outcome Document)
• 주인의식(ownership) • 원조일치(alignment) • 원조조화(harmonisation) • 성과를 위한 관리 (managing for results) • 상호책무성(mutual accountability)	➡	• 주인의식(ownership) • 포용적 파트너십(inclusive partnerships) • 성과배하(delivering results) • 역량발전(capacity development)	➡	• 주인의식(ownership of development priorities by developing countries) • 성과중심(focus on results) • 포용적 개발파트너십(inclusive development partnerships) • 투명성과 상호책무성 (transparency and accountability to each other)
제2차 원조효과성 고위급포럼(2005)		제3차 원조효과성 고위급포럼(2008)		제3차 원조효과성 고위급포럼(2011)

〈출처〉 김태균(2018: 46).

이 균형을 이루는 방향으로 진행되어 왔다고 평가할 수 있다. 국제개발학의 특성상 협력대상국의 발전을 위하여 구체적인 개발프로젝트를 공여주체와 수원주체가 이행해야 한다는 현장성이 언제나 이론 또는 실천의 담론에 반영되어야 한다. 현장의 경험이 배제된 개발학 이론은 국제개발 분야의 이론으로서 이미 자격을 잃었다고 평가해도 무방하다. 그럼에도 불구하고, 현장성이 지나치게 강조된 개발학 연구는 학문의 영역이라기보다 정책과 이행의 정당성을 제공하기 위한 경험적 수단에 불과할 수 있다. 국제개발학은 국제학과 지역학, 글로벌 규범과 현장의 조건, 이론과 경험, 그리고 공여주체와 수원주체가 적절하게 균형을 이룬다는 변증법적 전제하에 그 학문적 효용성을 배가할 수 있다.

특히, 국제개발학에서 국제학과 지역학 간의 변증법적 갈등 및 진화 과정을 개발학 분야의 핵심적인 연구에서 다양하게 확인할 수 있다. 우선, 윌리암 이스털리William Easterly가 『*White Man's Burden*』(2006)에서 강조한 '탐색자Searcher 대 기획자Planner' 논쟁에서 이러한 갈등관계를 극명하게 이해할 수 있다. 이스털리는 이 책에서 국제개발의 역사 발전에서 지금까지 공여국이 자국의 개발프로젝트 기획과 이행에 취해 온 접근법을 탐색자와 기획자로 구분하여 이분법적인 비교를 시도하고 있다. 탐색자의 경우, 개발원조를 협력대상국이 원하는 목표와 원조이행 환경에 관한 사항을 이해하고 현지에 가장 적합한 원조효과성의 조건을 찾는 지역학적 접근을 강조하는 데 반해, 기획자는 공여자 중심의 사고로 현지의 조건과 상관없이 국제규범을 적용하고 일방적으로 현장을 접근하는 방식을 의미한다. 진정한 개발원조를 이행하려면 공여 주체가 기획자가 아닌 탐색자로 전환해야 한다는 주장으로, 제프리 삭스(Sachs, 2005)가 주장하는 원조 규모의 증액이 빈곤퇴치의 해답이 아니고 문제는 원조의 질이라는 것을 탐색자라는 현장중심의 접근법으로 해결하도록 처방하고 있다.

실제로 개발원조의 가장 기초적인 원칙 중 하나가 현장 중심 접근이며, 협력대상국이 원하지 않는 원조가 투입되어 현지의 개발생태계를 어지럽히고 현지 시장을 교란하는 부작용을 낳았던 경우가 다반사이다. 원조가 현지 주민의 삶에 도움이 되고 협력대상국이 발전할 수 있는 마중물 역할을 하지 못하고 기획자의 이익에 부합하는 결과를 초래하게 되면 사실상 원조를 제공하는 정당성을 찾기가 어렵다. 이러한 논의는 담비사 모요Dambisa Moyo의 『*Dead Aid*』(2009)와 폴 콜리어Paul Collier의 『*Bottom Billion*』(2007)에서 재차 확인할 수 있다. 모요와 콜리어는 아프리카라는 현지의 특성과 역사를 이해하지 못한 서구의 개발원조가 보편주의를 강조한 나머지 어떠한 실패와 부작용을 개도국에 제공할 수 있는지 경고하고 있다. 모요는 아프리카 현지 조건이 반영되지 않은 개발원조는 차라리 이행되지 않고 폐기되는 것이 오히려 바람직하다는 주장을 펴면서, 양허성 차관과 증여 방식의 개발원조가 아프리카 국가의 발전보다는 아프리카 경제의 경쟁력이 서구 공여국에 종속되고 의존하게 되는 악순환의 문제를 지적하고 있다. 기획자 중심의 서구 원조가 아프리카의 저성장과 종속성을 심화시키기 때문에 모요는 개발원조가 아닌 해외직접투자FDI와 같은 공격적인 경제 투자가 차라리 아프리카 저개발국가가 경제적으로 성장하는 충격요법이 될 수 있다고 제언하고 있다.

한편, 옥스퍼드대학 교수인 콜리어는 『*Bottom Billion*』 저서에서 네 가지의 '개발함정development traps'을 제시하는데, 이러한 개발함정은 철저하게 아프리카 현지 맥락을 고려하여 네 가지로 유형화되었고, 공여국은 이러한 현지의 개발함정을 고려하여 개발원조 프로젝트를 기획해야 한다고 설파하고 있다. 첫째, '분쟁의 함정conflict trap'으로, 내전 또는 군사쿠데타 등의 분쟁이 잦은 협력대상국에는 원조를 제공해도 그 효과성을 보장할 수 없고 지속적으로 분쟁의 영향을 받아 빈곤의 상황이 개선되기 어렵다는 해석이다. 따라서 분쟁 중이거나 분쟁 후라도 지속적으로 물리적 충돌에 노출된 아프리카 국가라면 개발원조보다는 분쟁을 최소화할 수 있도록 평화조건peace conditionality과 같은 제도적 장치가 병행되는 것이 바람직하다(Boyce, 2002; Muscat, 2015; 김태균, 2020). 둘째, '자원의 함정natural resource trap'이다. '자원의 저주' 또는 '네덜란드병Dutch disease'과 같이 자원이 풍족한 대상국일수록 분쟁에 휘말릴 가능성이 크고, 정부의 부패 등으로 인해 개발원조로 빈곤에서 해방될 가능성이 희박하다는 현지 조건에 관한 이해가 필요하다. 셋째 유형은 '나쁜 이웃 국가와 육지로 둘러싸인 함정landlocked with bad neighbours'으로, 육지로 둘러싸인 개도국은 무역을 위해서 주변 국가의 해안가 부두를 사용해야 하는 상황인데 이웃 국가가 이를 악용하면 무역 활동이 저해되어 경제 성장에 실패하고 궁극적으로는 빈곤에 노출될 가능성이 커진다는 가설이다. 마지막으로, '소국의 악정 함정bad governance in a small country'이 아프리카 현지 조건의 유형에 포함된다. 거버넌스가 제대로 운영되지 않는 국가가 더욱이 작은 소국일 경우, 외부의 투자자가 투자 동기를 얻기 어렵게 되고 부패가 만연하는 악정으로 인하여 해외원조마저 제공되기가 어렵게 된다. 공여국이 자국의 개발프로젝트를 기획하기 이전에 이러한 아프리카 지역의 현지 상황에 대한 이해와 분석이 선행되어야 하며, 현지 타당성 조사와 현지의 요구를 토대로 개발원조가 탐색자의 시각에서 이행되는 것이 바람직하다.

한편, 서구 중심의 국제사회가 제시하는 전통적인 개발원조 이행방식인 남북협력North-South Cooperation의 중요성과 함께 1955년 반둥회의 이후 이어져온 개도국 간의 연대 방식인 '남남협력South-South Cooperation'과 남남협력과 서구의 공여국 또는 국제기구가 협력하는 '삼각협력Triangular Cooperation'이 강조됨에 따라 공여국과 개도국 파트너 간의 다층적인 협력이 중시되고 있다(Kim and Lim, 2017). 남남협력과 삼각협력은 전통적인 글로벌 북반구의 공여국 중심으로 시행되는 이행방식이 아니기 때문에 글로벌 남반구 구성원의 목소리와 오너십이 남남협력과 삼각협력의 중요한 결정요인이 되고, 서구 공여국과 국제기구는 제3자로서 개도국 중심의 협력 플랫폼을 지원하는 역할에 만족하게 된다. 특히, SDGs가 선포된 2015년 이후에는 UN에서 남남협력과 삼각협력이 대안적인 국제개발의 이행방식으로 재차 강조되고 있으며, UN 내부에 '유엔남남협력사무국United Nations Office for South-South Cooperation'이 설치되어 글로벌 수준에서 남남협력과 삼각협력을 지원하고 있다.

이에 따라 글로벌 남반구에 관한 연구가 더욱 중요하게 인식되어 개도국이 남남협력과 삼각협력을 추진하는 동기와 이해관계에 관한 현지 중심의 지역학에 대한 요구가 재조명되고 있다(Seth, 2013). 제2차 세계대전 이후 아시아·아프리카·중남미 지역의 신생 독립국가가 제국주의와 식민주의에서 독립하여 1955년 반둥회의를 거쳐 비동맹주의와 G-77을 결성하고, 1970년대에는 '신경제질서New International Economic Order: NIEO'를 주창하여 종속이론이 제3세계를 대변하는 이론으로 부상하였다. 2000년대 이후에는 중국·러시아·인도·브라질·남아프리카공화국이 구축한 BRICS를 통해 남남협력의 국제정치적 위치가 전통적인 강대국과 대등할 정도로 그 세력을 확장하게 된다. 이러한 맥락에서 글로벌 남반구에 관한 연구가 활발하게 이루어지고 있으며, BRICS뿐만 아니라 주요 개도국에 대한 지역학적 연구가 점차 확장되고 있다(Comaroff and Comaroff, 2012; Cheru and Obi, 2010). 상호존중mutual respect과 연대solidarity가 개도국 간의 연결고리이자 전통적인 협력의 원칙으로 작동했던 20세기 남남협력과 달리, 21세기 BRICS 중심의 남남협력은 글로벌 남반구의 연대체 역할을 수행함과 동시에 BRICS 5개국이 글로벌 남반구의 헤게모니를 장악하고 기타 저개발국가들은 BRICS의 원조를 수원하는 또 다른 형태의 종속 현상이 포착되고 있다. 다시 말해, 글로벌 남반구 내에서도 정치적 위계질서가 형성되고 있으며 개발원조를 제공하는 공여주체와 이를 받는 수원주체 간의 국제학과 지역학이 연동하면서 상호 갈등하는 현상이 재현된다고 평가할 수 있다(김태균·이일청, 2018).

국제개발학에서 국제학과 지역학의 변증법적 진화 과정은 개발협력의 이슈 영역에서도 확인할 수 있다. 개발원조 초기에 보편적인 주류 의제로 강조되었던 경제 성장에 대한 원조 피로aid fatigue가 증폭되고 one-size-fits-all 원칙하에 추진되었던 경제개혁 처방에 대한 회의적인 결과가 반복되면서 국제개발의 '사회적인 것the social'과 '정치체제political system'로의 질적 전환이 2000년대 들어와 본격화되었다. 개도국의 사회적 자본social capital을 활성화하여 외부의 개발원조에 의존하지 않고 자체적인 사회개발의 가능성을 강조하거나, 아마티야 센Amartya Sen의 역량접근법capability approach 등과 같이 전통적인 개발경제학이 아닌 사회적인 것을 강조하는 사회학적 접근법이 개도국의 발전을 성찰하는 이슈 영역을 확장하고 있다. 한편, 정치개혁 영역에서는 굿거버넌스good governance 중심의 국제개발 논의가 개도국의 부패 방지와 정부시스템 개혁과 연결되어 국제규범 수준의 논의에서 지역 수준의 정치체제 개혁으로 연계되는 새로운 국제개발 처방이 활성화되고 있다(Grindle, 2004). 이러한 토대에서, 개도국 및 국제사회에서 활동하는 NGOs와 국제기구와의 개발파트너십이 모색되고 있으며, 거시적 경제 발전에서 지역 기반의 미시적 사회발전으로 전환하는 추세이다. 미시적인 사회 발전은 지역 커뮤니티 운동으로 확산되거나, 사회안전망과 기본소득 보장 등의 사회정책과 복지정책과 관련한 공공정책 의제로 전환되기도 하며, 젠더 주류화를 통해 성평등과 여성의 역량 강화 등의 이슈로도 확장되고 있다(Goetz, 1997).

국제개발의 이슈 영역에서 역사적으로 진행되어온 변증법적 발전 과정은 다음과 같이 요약할 수 있다. 국제개발 역사 초기의 경제개발 주류화 담론에서 1970년대 이후 사회개발로의 전환 과정이 부분적으로 발생하다가, 2000년 MDGs가 경제개발을 배제하고 개도국의 사회 개발 중심으로 8개 목표를 상정함에 따라 국제개발 담론 자체가 사회 발전으로 전환되었다고 평가할 수 있다. 그러나 2015년 SDGs에서 다시 사회개발 중심의 MDGs를 비판적으로 성찰하고 포용적인 경제 성장과 지속가능한 사회 발전, 그리고 환경, 평화와 거버넌스를 변증법적으로 통합하는 과정으로 진화하고 있다. 사회 발전 중심의 MDGs에서 포괄적 SDGs로 전환되는 과정에서 발생한 글로벌 남반구 국가 그룹과 글로벌 북반구 국가 그룹 간의 논쟁을 살펴보면 국제학과 지역학 간의 변증법적 통합이 이루어지는 과정을 이해할 수 있다(Desai et al., 2018). MDGs에서 SDGs로의 이행 과정은 대단히 복잡다단했지만, 개도국이 SDGs의 핵심 의제로 강조한 '공동과 차등의 책임론common but differentiated responsibility: CBDR'과 공여국의 핵심 의제였던 '책임공유론shared responsibility: SR' 간의 치열한 논쟁이 복잡한 SDGs로의 이행 프로세스를 대표할 수 있다. 글로벌 남반구는 비록 SDGs 시대에 개도국과 선진국이 공동으로 책임을 져야 하는 이슈가 있음에도 불구하고 아직도 글로벌 북반구가 식민주의 시대의 책임을 일정 수준 인정하고 개도국에 원조를 제공해야 한다는 입장이었다. 이에 반해, 글로벌 북반구는 MDGs 시대에 주요 수혜자가 개도국이었던 것과 달리 SDGs는 모든 UN 회원국이 지속가능한 발전의제의 이행을 준수해야 하므로 선진국도 개도국과 다른 처지가 아니라는 점을 강조하면서 개도국의 발전과 글로벌 이슈에 대한 책임은 공동의 숙제임을 강조하였다. 즉, 글로벌 남반구는 개도국의 특수한 상황을 강조하는 지역학적 접근을 시도하였다고 해석할 수 있다면, 글로벌 북반구는 인류 공동의 문제를 강조하는 국제학적 접근을 고수하여 자국의 이익을 대변하였다고 평가할 수 있다. 이러한 갈등 관계가 고스란히 SDG 17개 목표와 169개 세부목표에 반영이 되었기에 목표와 세부목표의 내용을 보면 상호 중첩되고 상대적으로 많은 수의 목표가 선정될 수밖에 없는 구조라는 것을 쉽게 확인할 수 있다.

마지막으로, 국제개발학에서의 지역학적 접근은 개발원조의 수혜 당사국인 협력대상국 문화와 사회구조 등에 특화된 지역학적 분석과 함께 개발원조의 공여 주체인 공여국에 관한 지역학적 접근도 동시에 요구된다는 점에 주목해야 한다. 지금까지의 국제개발학 분야에서 지역학적 접근을 논할 때 대부분 협력대상국의 현지 조건에 대한 지역적 이해와 고려에만 한정시키는 경향이 강하였다. 그러나 원조를 제공하는 공여국이 어떠한 개발정책과 원칙을 가지고 있으며 정치구조와 경제적 이해관계가 원조정책에 영향을 끼치고 있는가 등의 공여국 특유의 지역성에 대한 연구가 수반될 때 개발원조의 효과성 및 파리원칙의 오너십과 상호책무성 등과 같은 국제 수준의 개발규범 이행이 명확하게 분석될 수 있다.

Ⅳ. 한국적 어젠다: 정부선도형, 문제해결형, 정부의존적 개발학 생태계

국제개발학의 국제 경향을 살펴보았듯이, 국제사회에서의 국제개발학이 보여주는 학문적 존재감은 지역학을 토대로 국제개발의 주요 이론과 경험을 접목할 때 극대화될 수 있다. 지역적 특수성에만 의존하거나 국제규범의 일방적인 구속력만을 강조하는 등 한쪽을 지나치게 강조할 때 국제개발학은 객관적인 연구가 불가능하게 된다. 한국의 경우가 전자에 속하며, 한국의 개발협력 정책과 이행 프로세스 전반에 걸쳐 한국적 특수성을 지나치게 강조하는 경향이 목도된다. 이는 한국 학계에서 아직 신생 학문인 국제개발학이 한국적 개발 경험에 충실한 개발프로젝트를 정부가 기획하고 한국 경험을 개발원조로 수출하려는 전략적 의도에 학술적 자산으로 정부를 지원하는 경향이 강하다는 의미와 일맥상통한다.

한국에서의 국제개발학은 다른 사회과학 분과와 비교하면 2000년대에 형성된 후발주자이며, 특히 2010년 한국이 OEDC DAC에 가입하면서 OECD에서 요구하는 국제기준을 만족시키고 DAC 회원국으로서 선진공여국의 자격 유지에 필요한 지식 창출과 정책 및 전략의 대응방안을 정부가 기존 학계에 의뢰하면서 국제개발학이라는 영역이 구축되었다고 평가해도 과언이 아니다. 따라서 이러한 태생적 한계 때문에 한국의 국제개발학은 문제해결형이며, 정부가 선도하는 경향이 강하고, 정부에 재정적으로 의존하는 정부-학계의 비정상적인 파트너십의 생태계가 형성되어 있다. 국제개발학은 독자적으로 학문의 영역을 구축하기에 역부족이어서 항상 인접 학문인 경제학·사회학·인류학·정치학·지리학·역사학·공학까지 다양한 접근법이 지역에 관한 지식 축적과 함께 융복합적으로 접목되는 다학제적 접근법을 사용해야 한다. 또한, 국제개발학이라는 학문의 특성상 상아탑에 머무는 것을 지양하며 현실 세계에 문제를 해결해야 하는 임무를 띠고 있어서 정부의 원조 관련 기관과 수시로 소통해야 하고, 학자의 학문적 주장보다는 정부 정책을 지원하는 정책 제언에 머무는 연구의 한계를 부인할 수 없다.

한국 정부가 준수해야 할 국제사회의 국제개발 규범과 원칙들에 대한 학문적 지원이 국제 수준에서 한국의 개발학계가 지금까지 해온 역할인 동시에, 실제로 한국의 개발프로젝트가 기획되는 단계에서는 한국 고유의 특수성을 적극적으로 반영하는 한국형 개발 모델을 지원하는 역할을 한국의 개발학계가 맡아왔다고 평가할 수 있다(Kim, 2017). 특히, 한국의 발전국가 모델이 겪어온 인권과 민주주의가 결핍된 고도의 경제 성장 중심의 한국식 지식 공유가 이른바 '지식공유사업Knowledge Sharing Program: KSP'을 통해 협력대상국에 전달되었다. OECD DAC의 동료 검토Peer Review 보고서에서도 2012년과 2017년 연달아 지적되었듯이, 한국은 국제사회가 공유하고 있는 개발규범에 조응하지 못한 정책이 즐비하다. 비구속성 원조 비율, 다자원조 비율, 인도주의 원조 규모 등이 이에 속하는데 모든 비율이 국제 기준보다 현저히 낮게 설정되어 있다. 이러한 현상에 대해 다양한 분석이 가능하겠지만, 한국의 경제 성장 중심 개발주의developmentalism가 1987년 민주화 이후에도 아직까지 정부 정책 곳곳에 스며들어 있으며, 이에 따라 한국의 경제적 국익에 부합하는 개발원조가 주류화되고 있다는 해석이 설득력을 가진다. 따라서 한국의 개발협력은 DAC 회원국이 갖춰야 할 최소한의 국제 기준과 원칙을 공유하면서 동시에 한국적 경험과 지역적 특수성을 강조하는 공여국의 시각과 입장이 우선시되고 있다고 평가할 수 있다.

이러한 배경에는 아직 한국의 국제개발학 학계가 주류 학문으로 정착하지 못하고 그 저변이 대부분 정부 연구용역을 토대로 형성된 문제해결형이기 때문이다. 〈그림 2〉와 〈표 2〉에서 확인할 수 있듯이, 국제개발학의 세계 순위에서 본 한국의 현주소는 대단히 열악한 상황이다. QS 집계에 따르면, 국제개발학 100대 대학에 한국 대학은 경희대학교(41위)와 연세대학교(51~100위 사이) 단 두 대학교만이 포함되어 있고, 주로 유럽과 미국 대학교가 약 70%를 차지하고 있다. 10대 대학 순위에는 주로 영국 대학(서섹스대학, 옥스퍼드대학, 캠브리지대학, SOAS, 맨체스터

[그림 2] QS 개발학 분야 세계 100대 대학

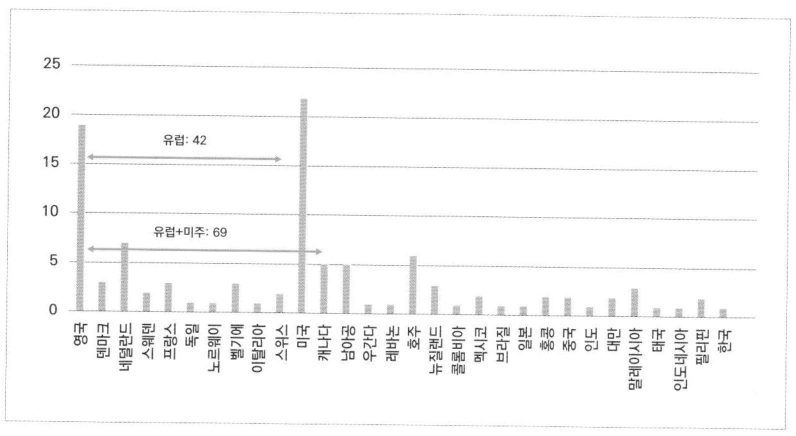

〈출처〉 QS Top Universities(2020)

[표 2] QS 기준 개발학 분야 100대 대학 중 국내 대학 순위

순위	대학교(국명)	순위	대학교(국명)	순위	대학교(국명)
1	Univ. of Sussex(영국)	18	Univ. of Tokyo(일본)	51 ~ 100	Chulalongkorn Univ.(태국)
2	Univ. of Oxford(영국)	19	Univ. of Hong Kong(홍콩)		Fudan Univ.(중국)
3	Harvard Univ.(미국)	29	Uppsala University(스웨덴)		KU Leuven(벨기에)
4	LSE(영국)	37	UNAM(멕시코)		Univ. of Queensland(호주)
5	Univ. of Cambridge(영국)	40	Science Po(프랑스)		Univ. of Geneva(스위스)
6	SOAS(영국)	41	경희대학교(한국)		Univ. of Philippines(필리핀)
7	UC Berkeley(미국)	41	Univ. of Delhi(인도)		Utrecht Univ.(네델란드)
8	Stanford Univ.(미국)	46	Univ. of Oslo(노르웨이)		연세대학교(한국)
9	Univ. of Manchester(영국)	47	NTU(대만)		Aarhus Univ.(덴마크)
10	Univ. of Cape Town(남아공)	49	UM(말레이시아)		Massey Univ.(뉴질랜드)

〈출처〉 QS Top Universities(2020)

대학 등)이 차지하고 있는데 영국 대학의 국제개발학 특징은 지역학을 반드시 기초과정으로 제공하고 인접 학문이 적극적으로 참여할 수 있도록 다학제적 접근을 제도화하고 있다. 한편, 100위 안에 들어간 한국의 두 대학교 경우, 지역학 기반으로 국제개발을 연구하는 학문 방식이 아닌 모두 국제개발 중심의 접근법을 이론과 정책에 기반하여 교과과정이 편성되어 있다. 경희대학교는 한국에서는 가장 독보적으로 국제개발학을 제도화하고 연구 활동을 견인하고 있으며, 2011년부터 국제개발 특성화 대학으로 이화여자대학교와 함께 선정되어 그 이후부터 경희대 공공대학원과 국제대학원을 중심으로 다양한 개발학 프로그램을 제공하고 있다. 연세대학교의 경우 국제개발 연구에 관한 정확한 근거를 찾기 어려우나, 연세대 글로벌사회공헌원 안에 '반기문 지속가능발전센터'를 2017년에 설립해서 SDGs 이행 연구와 글로벌지속가능발전포럼GEEF을 개최하는 등 연구와 사회참여 활동이 평가에 반영된 것으로 추정된다. 그럼에도 불구하고, 경희대학교와 연세대학교 모두가 영국의 주요 개발학 분야 우수대학이 보유하고 있는 협력대상국의 지역을 연구하는 지역학의 기초가 갖춰져 있지 않은 상태에서 국제개발에 관한 다양한 이론과 이슈를 한국적 맥락에 접목하는 연구가 대부분이라는 한계가 있다. 요컨대, 한국의 국제개발학은 아직도 맹아적 단계에 머물고 있으며, 서구의 개발학 이론을 전수하고 한국적 경험을 이론화하는 작업에 많은 학문적 투자를 하는 반면, 협력대상국의 역사와 사회시스템을 연구하는 지역학 기반은 매우 열악한 상황이라 평가할 수 있다.

한국 대학교 중에 지역학과 개발학을 접목할 수 있는 교육기관은 서울대학교 국제대학원과 한국외국어대학교 국제지역대학원이 대표적이다. 한국외국어대학교 국제지역대학원은 전통적으로 한국외대의 강점인 지역학(특히, 소외지역)을 강화하여 국제개발을 접목하는 역량을 보유하고 있다. 한국외대의 경우 주로 순수 지역학 연구에 방점을 두었고 개발학의 중요성은 지역학 연구에 비해 상대적으로 주목을 받지 못하고 있어 지역학과 국제개발학 간의 융복합적인 시너지 효과가 지역학 중심으로 창출되고 있다는 평가가 가능하다. 한편, 서울대학교 국제대학원은 기관의 출발이 본래 지역종합연구소이라는 점에서 아직 지역학의 전통이 이어지고 있으며, 동시에 경제학·사회학·정치학·인류학·법학 등 다양한 사회과학 분과 학문을 기초로 국제개발 연구가 다양하게 진행되어왔다는 점에서 앞으로 국제개발과 지역 연구를 통합할 수 있는 잠재력을 보유하고 있다. 기능별로 구성된 국제통상, 국제협력이 씨줄로, 그리고 지역학이 날줄로 교차하면서 2010년대에 들어와 다양한 국제개발 관련 학위논문이 제출되어 왔으며, 앞으로 국제개발 전공을 신설하여 지역학과의 체계적인 학술적 조우를 시도할 계획이다. 하지만, 두 대학 모두 아직까지 국제개발학에 관한 연구의 집중도가 분산되어 있으며 지역학과 국제학이 적절한 균형을 잡아서 국제개발 이슈와 정책을 연구하기 위한 제도적 준비도 아직은 미비하다고 평가할 수 있다.

한국 학계를 넘어, 한국의 개발원조 프로젝트/프로그램 기획과 집행에 있어 협력대상국의 지역적 특성을 체계적으로 분석하고 한국 원조에 투영하는 제도적 장치가 필요하다. 현재 운영되고 있는 '국가협력전략Country Partnership Strategy: CPS' 등의 형식적 지역정보 제공이 아닌 실질적인 개도국 현장에 관한 전문성을 보유한 학자와 지역전문가가 개발원조 사업의 타당성 조사 및 기획단계부터 사업평가까지 참여할 수 있도록 제도적 개선과 생태계 활성화가 필요하다. 실제로 지역전문가 양성은 대학 차원에서 시작해서 원조기관에 주요 지역별 전문가가 배치되어야 하며, 개발프로젝트 집행 과정에 지역전문가가 필요할 때마다 투입될 수 있을 정도로 전문가 풀이 조성되어야 하고, 전문가들이 안정적으로 각 지역의 전문성을 축적할 수 있는 직업의 안정성도 보장되어야 한다. 이러한 지역학과 지역전문가 양성을 위해서는 현재 지역학을 수용할 수 있는 교육기관에 정부의 대대적인 투자가 필요하고, 전문가를 양성한 이후에 출로를 안정적으로 찾을 수 있도록 제도적 장치가 동시에 구축되어야 할 것이다.

국제개발의 철학부터 정책일관성policy coherence for development, 정책결정과 이행 기관 간의 분절성 문제 등으로 인하여 국제규범에 대한 왜곡된 해석과 이해, 그리고 한국의 특수한 상황을 지나치게 강조하는 등, 아직까지 국제개발학에 대한 명확한 학문적 영역과 역할에 합의가 이루어지지 않은 상황이며 어떻게 지역학을 통한 국제개발의 효과성을 창출하는가 등의 시너지 효과를 유도할 수 있는 노하우가 부족한 상황이다. 경제개발 중심의 기관은 한국의 특수한 조건을 강조하는 경향이 강하며, 사회개발 중심의 기관은 국제규범의 보편적인 이슈를 강조하는 경향이 강하기 때문에 불필요한 논쟁에 휘말릴 수 있다. 이를 조정할 수 있는 하나의 방법은 현장에서 필요로 하는 원조방식을 찾아내고 지역에 기반한 개발프로젝트를 양성하여 불필요한 논쟁을 지역 수요의 명확한 데이터로 극복하는 것이다.

지역학에 기반한 국제개발은 원조기관과 개발과 연관된 시민사회에만 영향력을 행사하는 것이 아니라, 개도국 진출을 계획하고 있는 민간기업에도 긍정적인 영향을 줄 수 있다. 이전 제국주의 시대와 같이 지역학이 패권 확장과 개도국의 자원을 착취하는 방식이 아니라, 미리 지역학을 토대로 한국의 민간기업이 개도국에 진출하여 위험 관리를 준비할 수 있다면 한국 민간기업도 시행착오를 줄이고 개도국에도 현지 상황에 무지한 해외투자 기업이 노동권을 무시하고 인권을 남용하는 불상사를 미연에 방지하는 이점이 있을 것이다.

V. 맺으며: 지역학 기반의 국제개발학 정립을 위한 생태계 조성

한국이 OECD DAC에 가입한 지 이제 10년이 지났다. 10년 동안 한국 정부기관과 학계는 서구 선진공여국의 원조방식과 국제규범을 수입하고 한국적 맥락에 정착시키는 데 바쁜 시간을 보냈다. 이제 또 다른 10년을 계획할 때가 왔고, 2020년 12월까지 국제개발협력기본계획도 이제 제3차 기본계획을 준비하고 있기 때문에 적극적으로 국제개발학과 지역학이 결합되는 공진화 방안이 마련되어야 한다. 한국의 개발 경험과 개도국의 개발 수요가 적절히 개발정책과 사업 구상에 반영되고, 이를 학문적 연구로 전환하면서 지역학 기반의 국제개발학 정립을 위한 생태계 조성에 힘을 모아야 한다. 다시 말해, 지역 중심의 국제개발 이슈의 귀납적 연계를 위한 학문적 생태계와 국제규범 중심의 연역적 사고가 한국의 특수성과 접목될 수 있도록 학문적 시도가 활성화되는 분위기를 조성해야 한다.

서울대학교 국제대학원과 같은 국제학과 지역학의 기반이 일정 수준 갖춰진 학문·교육 단위에서 지역학 전문가를 양성하여 진로를 국제개발과 연결하도록 네트워크를 구축하고, 전문인력이 민간기업, 시민사회, 국제기구, 국내외 원조기관 등으로 진출하는 채널을 학계의 네트워크와 연결하는 조직적인 생태계가 형성되어야 한다. 이러한 생태계가 형성되려면 무엇보다 지역전문가가 재정적으로 안정화된 직업이 보장되어야 한다. 안정적인 직업이 보장되지 않는다면 교육단위에서 지역학을 연구할 동기가 부여되지 않으며 지역전문가보다는 국제개발 전문가의 길을 선택할 가능성이 크다. 다시 강조하지만, 지역 연구가 같이 동반되지 못하는 국제개발은 원조효과성과 책무성을 확보하기 어려우며, 국제개발의 지속가능성 또한 보장받기 어렵다. 국제개발과 지역학의 상보적 관계를 제도화하기 위해서는 두 학문 분야에 종사할 전문인력이 안정적으로 활동할 생태계 조성이 시급하다.

| 참고문헌 |

김선호. 『지역학이란? 개념정립을 위한 첫만남』. 부산: 부산외국어대학교 출판부. 2012.

김태균. 「아프리카 지역의 평화-개발 연계와 평화조건의 성공요인: 나미비아와 모잠비크 사례 비교연구」. 『국제·지역연구』(서울대학교 국제학연구소) 제29권 2호. 2020. 151~178쪽.

______. 『한국 비판국제개발론: 국제開發의 發展적 성찰』. 서울: 박영사. 2019.

______. 『대항적 공존: 글로벌 책무성의 아시아적 재생산』. 서울: 서울대학교출판문화원. 2018.

김태균·김보경·심예리. 「국제개발 규범의 국내화 과정에 관한 연구: 지속가능발전목표(SDGs)와 한국의 국내이행 정책수립에 관하여」. 『국제·지역연구』(서울대학교 국제학연구소) 제25권 1호. 2016. 81~125쪽.

김태균·이일청. 「반둥 이후: 비동맹주의의 쇠퇴와 남남협력의 정치세력화」. 『국제정치논총』 제58권 3호. 2018. 49~99쪽.

우창빈·김태균·김보경. "지속가능발전목표 이행의 글로벌 경향성 분석: UN 발적국별리뷰(VNR)를 중심으로" 「국정관리연구」(성균관대학교 국정전문대학원) 제15권 제2호. 2020. 65~108쪽.

Anderson. Mary B. *Do No Harm: How Aid Can Support Peace - Or War*. Boulder: Lynne Rienner. 1999.

Barnett. Michael. "Accountability and Global Governance: The View from Paternalism". *Regulation & Governance*. 10(2): 2015. pp. 134~148.

Boyce. James K. "Aid Conditionality as a Tool for Peacebuilding: Opportunities and Constraints". *Development and Change*. 33(5) : 2002. pp. 1025~1048.

Cheru. Fantu and Cyril Obi (ed.). *The Rise of China & India in Africa*. London: Zed Books. 2010.

Collier. Paul. *The Bottom Billion: Why the Poorest Countries are Failing and What*

Can Be Done About It. Oxford: Oxford University Press. 2007.

Comaroff, Jean and John L. Comaroff. *Theory from the South: Or, How Euro-America Is Evolving Toward Africa*. Abingdon: Routledge. 2012.

Desai, Raj M., Hiroshi Kato, Homi Kharas, and John W. McArthur (ed.). *From Summits to Solutions: Innovations in Implementing the Sustainable Development Goals*. Washington, D. C.: Brookings Institute. 2018.

Easterly, William. *The Tyranny of Experts Economists, Dictators, and the Forgotten Rights of the Poor*. New York: Basic Books. 2013.

______. *The White Man's Burden: Why the West's Efforts to Aid the Rest Have Done So Much Ill and So Little Good*. New York: Oxford University Press. 2006.

Escobar, Arturo. *Encountering Development: The Making and Unmaking of the Third World*. Princeton: Princeton University Press. 1995.

Giddens, Anthony. *The Constitution of Society: Outline of the Theory of Structuration*. Berkeley: University of California Press. 1984.

Goetz, Anne Marie (ed.). *Getting Institutions Right for Women in Development*. London: Zed Books. 1997.

Grindle, Merilee S. *Going Local: Decentralization, Democratization, and the Promise of Good Governance*. Princeton: Princeton University Press.

______. 2004. "Good Enough Governance: Poverty Reduction and Reform in Developing Countries". *Governance*. 17(2). 2007: pp. 525~548.

Haslam, Paul, Jessica Shafer, and Pierre Beaudet (ed.). *Introduction to International Development: Approaches, Actors, Issues, and Practice*. Oxford: Oxford University Press. 2016.

Kim, Taekyoon. "Reconsidering Korea's International Development Policies in the New Era of the 2030 Agenda for Sustainable Development: In Search of Transformative and Strategic Governance for Development Effectiveness". *Journal of Contemporary Korean Studies*. 4(1). 2017 : pp. 93~122.

______. "Contradictions of Global Accountability: The World Bank, Development NGOs, and Global Social Governance". *Journal of International and Area Studies*, 18(2), 2011 : pp. 23~47.

Kim, Taekyoon and Sojin Lim, "Forging 'Soft Accountability' in Unlikely Settings: A Conceptual Analysis of Mutual Accountability in the Context of South-South Cooperation". *Global Governance*, 23(2), 2017 : pp. 183~203.

Lanoszka, Anna, *International Development: Socio-Economic Theories, Legacies, and Strategies*, Abingdon: Routledge, 2018.

Mahoney, James, *The Legacies of Liberalism: Path Dependence and Political Regimes in Central America*, Baltimore: Johns Hopkins University Press, 2001.

Maren, Michael, *The Road to Hell: The Ravaging Effects of Foreign Aid and International Charity*, New York: Free Press, 1997.

Miyoshi, Masao and H. D. Harootunian (ed.), *Learning Places: The Afterlives of Area Studies*, Durham: Duke University Press, 2002.

Mosse, David, *Cultivating Development: An Ethnography of Aid Policy and Practice*, New York: Pluto Press, 2005.

Moyo, Dambisa, *Dead Aid: Why Aid Is Not Working and How There Is a Better Way for Africa*, New York: Farrar, Straus and Giroux, 2009.

Muscat, Robert J, *Investing in Peace: How Development Aid Can Prevent Or Promote Conflicts*, Abingdon: Routledge, 2015.

Myrdal, Gunnar, "What is Development?" *Journal of Economic Issues*, 8(4), 1974 : pp. 729~736.

Rapley, John, 2007, *Understanding Development: Theory and Practice in the Third World*, Boulder: Lynne Rienner.

Riddell, Roger, *Does Foreign Aid Really Work?* New York: Oxford University Press, 2007.

Rimmer, Douglas, ""Basic Needs" and the Origins of the Development Ethos".

Journal of Developing Areas. 15(2). 1981 : pp. 215~238.

Rist. Gilbert. *The History of Development: From Western Origins to Global Faith*. London: Zed Books. 1997.

Sachs. Jeffrey. *The End of Poverty: Economic Possibilities for Our Time*. New York: Penguin Books. 2005.

Scholte. Jan Aart. *Building Global Democracy?: Civil Society and Accountable Global Governance*. Cambridge: Cambridge University Press. 2011.

Sen. Amartya. *Development as Freedom*. Oxford: Oxford University Press. 1999.

Seth. Sanjay (ed.). *Postcolonial Theory and International Relations: A Critical Introduction*. Abingdon: Routledge. 2013.

Shihata. Ibrahim F. I. *The World Bank Inspection Panel: In Practice*. Oxford: Oxford University Press. 2000.

Steinmo. Sven. Kathleen Thelen and Frank Longstreth (ed.). *Structuring Politics: Historical Institutionalism in Comparative Analysis*. Cambridge: Cambridge University Press. 1992.

Wade. Robert. "Accountability Gone Wrong: The World Bank. Non-governmental Organisations. and the US Government in a Fight over China". *New Political Economy*. 14(1). 2009 : pp. 25~48.

제 3 부
종합 토론

한국에서 국제학과 지역학을 어떻게 연구할 것인가?

이영섭, 은기수, 조영남, 정혁

박철희 (국제학연구소장)

국제대학원은 국제대학원이라는 '교육'의 날개wing와, 국제학연구소라는 '연구'의 날개wing를 둘 다 살려야 균형 있는 발전이 가능합니다. 이 책은 국제학연구소에서 국제학과 지역학의 정체성identity을 살리는 방향을 모색하고자 기획하였습니다. 제1부에서는 한국의 방향성Korean Pathway을 중심으로, 다른 국가와의 비교분석을 통해 상대적 성공사례를 살펴보고, 대내외적 위험을 안고 있는 한국이 지금 어디에 서 있는지에 대하여 점검하는 것이었습니다. 앞으로 국제학과 지역학에서 필요한 연구과제란 어떤 것인가를 살펴보는 의미가 있습니다. 제2부는 국제학과 지역학의 필요성에 관한 부분입니다. 국제대학원이 출범한 20여 년 전의 국제학·지역학과 현재 우리가 처한 상황은 다릅니다. 그런 면에서 국제대학원에서 중점을 두고 있는 5가지 전공 분야 및 클러스터cluster를 재조명하는 의미가 있습니다.

국제안보학은 강대국의 틈새에 있는 한국의 지정학적 위치와 남북한 문제 때문에 늘 주의가 집중되는 사항입니다. 국제통상학도 국제시장 환경이 계속 바뀌기 때문에 한국이 변화하는 상황에서 번영의 방책을 찾는 것이 과제입니다. 국제지역학은 상대국에 대한 이해를 통해서 갈등을 줄이는 방법은 무엇이며 화합하는 방법은 무엇인가에 대해서 고민하는 것입니다. 또, 국제개발학은 공여국까지 올라온 상태에서 어떠한 방식으로 한국이 개발원조를 수행해야 하는 지를 모색합니다. 국제한국학은 한국이 이러한 연구를 바탕으로 어떤 비판적인 성찰을 하고, 국제사회를 어떻게 상대해야 하는지에 대한 고민을 담아냅니다.

제3부는 '국제화를 왜 해야 하는가?'라는 질문보다는 '국제화를 어떻게 해야 하는가?'라는 질문에 답하고자 합니다.

이영섭 (전 EU연구센터장, 전 금융경제연구원장)

저는 국제학과 지역학의 관련성, 전공 분야와 지역 분야의 차이, 그리고 한국학 연구에 대한 의견을 제시하겠습니다.

첫째, 국제학과 지역학의 관련성입니다. 이 두 학문이 상호대립관계인지 상호 융합-보완 관계인지에 대한 의문이 많습니다. 대립관계로 본다면, 일반적으로 국제학은 국가 간의 관계, 지역학은 개별 국가에 중점을 둡니다. 국제대학원 입장에서 보면 두 학문 간의 차이는 별로 없습니다. 중국 정치를 연구하는 교수님이 정치학 전문가인지 아니면 중국 전문가인지에 대해서 질문을 한다면 정치학 전문가이면서 중국지역에 대한 초점을 두고 있다고 말씀하실 것입니다. 이처럼 두 학문은 대립관계가 아닌 융합된 관계입니다. 두 가지를 나누어서 보는 이분법적 사고는 교수 및 전문가뿐만 아니라 학생들에게도 혼동을 줄 수 있습니다. 따라서, 국제학과 지역학은 같은 것이라고 생각합니다. 다만 스스로 어느 분야 전문가라고 소개할 때, 우선순위를 정할 필요는 있습니다. 정치·경제·사회 같은 학문 분야와 지역학 구분이 대립되는지 혹은 보완되는지에 대해서는 구분할 필요가 없습니다. 만일 학문적 전공 분야와 지역의 전문 분야 중에서 우선순위를 정해야 한다면 학문적 전공 분야가 우선시되어야 한다고 봅니다. 이것은 국내뿐만 아니라 국제적으로도 적용되는 것입니다. 사회주의가 무너졌을 때, 무너진 국가들을 다시 부흥시키기 위하여 IMF, World Bank 등 여러 국제기구뿐만 아니라 미국, 유럽에서 전문가들이 동부권으로 많이 이동했습니다. 그 당시에 사회주의체제, 사회주의권의 전문가들이 당연히 부흥 계획을 맡을 것으로 예상했는데, 90년대 초반에 전 사회주의 국가들의 부흥을 주도한 것은 전통 경제학을 연구한 사람들이었습니다. 따라서 학문적인 전공 분야와 지역적인 부분 중에서 한 가지를 우선시해야 한다면 학문적인 전공 분야라고 보는 게 타당합니다. 학문적인 전공 분야를 구분한 이후에 지역적인 특성을 살려야 합니다.

예외적인 학문 전공은 국제개발 분야입니다. 지역을 이해하는 것이 우선인지, 학문적 이해가 우선인지에 대해 고민을 해봤을 때, 개발 분야에서는 지역을 이해하는 것이 우선이 아닐까 합니다.

국제교류재단과 함께 일할 때마다 드는 생각 중 하나는 '왜 다른 나라들이 한국이라는 나라에 관심을 가지는가'입니다. 한류 때문인지, 대한민국이 발전해서인지를 구분해야 합니다. 한국의 급속한 발전을 통해 관심을 가지게 되었고, 한류로 인해 관심이 증폭되었다고 봅니다. 이런 차원에서 보면, 한국에 관심을 가지는 이유는 뚜렷합니다. 한국은 경제 발전, 정치 민주화, 외교의 세계화를 위해 노력하고 있으며 성과도 거두었습니다. 개발도상국이 보기에는 상당히 신기한 양상이기에, 한국학 연구에서는 이런 경험에 대해 조금 더 심화된 사회과학적인 이슈로 다루고, 한국에 관심을 가지는 근원적인 이유에 대해 질문하는 것이 중요하다고 생각합니다.

은기수 (국제이주와 포용사회센터장)

국제대학원의 현재를 보면, 국제학이라는 분야를 국제협력과 국제통상으로 설정하고, 거기에 여러 지역학 연구를 하면서 한국학이 독립된 분야로 있습니다. 그래서 국제대학원 역사에서 국제학과 지역학으로 대변되는 국제대학원 연구를 어떻게 구조화할지에 관해 많은 논의를 했습니다. 협력과 통상을 열列로 놓는다면, 행行으로 여러 지역을 나누면서 교차되게 교육 및 연구를 하자는 논의가 많았습니다. 사회학 혹은 인문학과 같은 기존의 고유 전공 분야가 있는 반면, 국제대학원의 국제학이 새로운 학문으로 인정받을 수 있는가에 대한 문제 또한 중요하게 떠오릅니다.

기존의 학문은 아니었지만, 중요하기 때문에 새롭게 나타나고, 협동연구로 시작하여 후에 독립된 학과로 인정받는 학문들이 있습니다. 대표적인 예로는 젠더 연구gender studies가 있습니다. 기존 분야의 전유물이 아닌 여러 분야가 합쳐져서 하나의 전공 분야처럼 발전한 것입니다. 종교 연구religious studies 같은 경우에도 일반적으로 어느 한 학문에 국한된 연구 분야가 아닌 여러 전공과 분야가 합쳐진 학문입니다. 현재 국제학을 새로운 독립된 학문으로 만드는 과정에 있지만, 학문의 내용에 대해서는 국제적으로 합의된 바가 없습니다. 주로 국제학을 처음 도입하는 데에 주도적인 교수들의 연구 분야가 중심이 되다 보니, 몇 개의 연구 분야만이 국제학의 중점적인 주제인 것 같이 인식되어 왔습니다. 해외 대학에서 국제학을 국제정치를 바탕으로 한 국제협력과 국제경제학을 중심으로 한 통상을 중점적으로 도입한 것을 보고, 국제대학원 역시 이 두 전공을 중심으로 삼았습니다. 국제학이라는 것을 우리가 해야 한다면, 국제학이라는 것에 어떤 분야가 필요한 것인가? 생각해 보았습니다. 국제협력과 국제통상 분야는 국제학을 처음 시작할 때부터 중요하게 여겨온 분야이지만, 두 가지 분야만으로 충분한 것인가에 대한 질문이 요구된다고 봅니다.

21세기의 국제학을 하나의 전공 분야로 생각했을 때 국제이주에 대한 분야가 추가되어야 한다고 봅니다. 물자와 사람들이 이동하는 것은 세계화 이전부터 인류 역사상 항상 있었던 현상입니다. 다만 그 현상이 주목을 받던 때가 있었고, 주목을 받지 못하는 때가 있었습니다. 인구의 이동이라는 것은 한 지역의 현상이 아니고 전 세계적인 현상이기에, 국제학 연구에 있어서는 국제이주 분야가 또 하나의 핵심축입니다.

또 다른 분야는 국제보건입니다. 특히 코로나 사태의 원인을 살펴보면 기후변화가 뿌리에 있다고 하는데, 기후변화의 원인을 살펴보면 그것은 인구 증가와 개발을 추구하며 일어난 것입니다. 하지만 이 영역은 보건대학원과 환경대학원이 독립적으로 존재하기 때문에, 국제대학원에서 환경과 보건에 관한 연구를 시도한다면 반대할 가능성이 있습니다. 하지만 국제대학원에서도 국제보건을 반드시 다뤄야 한다고 봅니다. 그리고 환경과 보건은 불가분의 관계이기에 두 분야를 아울러 보는 연구가 꼭 필요합니다.

결국 앞서 말씀드린 네 분야(협력, 통상, 이주, 보건/환경)가 국제학의 기둥이 되어야 합니다. 국제대학원에서는 강한 지역학 프로그램이 있기 때문에 지역 연구와 국제학의 네 기둥이 교차하면서 연구하는 것이 필요합니다. 그런데도, 지역을 통괄하는 4개의 분야에 대한 국제학연구는 협소하게 진행되고 있습니다. 국제통상과 국제협력 이외에 아직 개척하지 못한 분야와 영역을 국제학 연구에 꼭 추가하여 심화시키는 것이 중요합니다. 그런 의미를 담아 가르치면서 국제이주와 포용사회센터가 설립되었습니다. 국제대학원에는 4개의 기둥이 꼭 필요한데, 현재 시스템에서는 수용하기 어려운 것이 현실입니다. 그러므로 대신 연구센터를 통해서라도 국제대학원에서 연구와 교육 기능을 함께 보완하며 국제대학원에서 독립적으로 발전시켜나갈 국제학 분야를 정립하려는 노력이 필요합니다. 국제보건 분야는 환경대학원과 보건대학원에서 이미 다루고 있는 분야이기에 국제대학원에서 다루는 것이 어려울 수도 있으니 국제학 연구를 통해 넓혀 가는 분야로 설정하고, 국제이주를 국제학 연구의 한 기둥으로 세우는 것이 중요합니다. 또한 동아시아 연구, 북남미를 포괄한 미주 지역학, 유럽 지역학, 동남아시아 지역학, 아프리카 지역학 등 국제 지역학은 국제이주를 공부하는 데에 꼭 필요합니다. 21세기 서울대학교 국제대학원은 국제이주 분야를 꼭 발전시켜야 하고, 환경대학원, 보건대학원과 협력해서 국제보건 분야도 정립하는 것이 필요하다고 봅니다.

박철희 (국제학연구소장)

국제학 분야를 확장하는 것과 분야별로 심화시키는 것은 동시진행형으로 다룰 중요한 이슈로 보입니다. 일본에서는 '사람, 물건, 돈과 정보의 움직임이 세계화'라고 합니다. 물건이나 돈의 이동은 국제통상 분야에서 연구하지만, 정작 중요한 사람이 이동하는 부분에 대해서는 연구가 미흡합니다. 국제이주 분야가 비록 국제대학원의 기둥으로 완성되지는 않았지만, 중요한 새로운 분야라고 볼 수 있습니다.

조영남 (동아시아연구센터장)

국제지역학을 공부하는 사람은 세 가지의 긴장감을 항상 가지고 있습니다. 국제지역학을 연구하는 개인, 학자, 연구소에 상관없이 이런 긴장감을 어떻게 유지하느냐가 중요합니다.

첫 번째, 학문 연구와 정책 연구의 긴장입니다. 두 부분은 어느 정도 구분이 필요하다고 생각하는데 한국에서는 의외로 두 부분의 구별이 없습니다. 중국을 학문적으로 연구하는 연구자에게 중국 정책에 대해서 물어봐도 정책적인 답변을 할 수 없는 것이 하나의 예시입니다. 미국에서는 주로 워싱턴 내 싱크탱크들이 정책 연구를 하고, 하버드와 예일 등 명문대 교수들은 대학에서 학문적 연구를 합니다. 하지만 이것을 동시에 요구하는 것이 한국의 현실입니다. 중국 같은 경우는 6개월 간 학문적 연구를 멈추면 그 이후로 따라가기가 어렵습니다. 짧은 기간에 새로이 출판되는 책과 논문이 넘쳐나는 것이 현실이기에, 학자 중에서 학문적 연구보다는 정책 연구에 중심을 둔 경우를 볼 수 있습니다.

두 번째 긴장은 분과 학문-지역 연구의 긴장입니다. 분과 학문의 보편성과 지역학 연구의 특수성을 어떻게 상호적으로 융합해야 하는가에 대한 고민입니다. 양자 간 균형감을 어떻게 맞춰가야 하는지도 고민이며, 각 분야의 전문가가 서로 무시하는 경향이 있기에 이런 긴장감, 그리고 움직이는 동향을 이해하고 비판하는 것이 결코 쉬운 일이 아닙니다.

마지막은 한국적 관점과 세계적 관점의 긴장입니다. 지역학과 국제학 모두 제국주의 학문이기 때문에, 객관적이고 보편적인 학문은 존재하지 않습니다. 그렇기에 한국적 관점으로 인정받는 것이 필요합니다. 우김이 아니라 한국적인 관점으로 인정받으려면 최소한 동아시아, 더 나아가 세계 국가들에 설명할 수 있는 설득력이 있어야 하고, 그 과정에서 국익을 챙길 수 있어야 합니다.

'이 세 가지 긴장감을 어떻게 해결할 것인가?'에 대해서 가장 중요한 것은 균형감각을 가지는 것인데, 균형감각을 가지려면 중심을 잡는 것이 중요합니다. 중심이 없으면 균형이 없어지기 때문입니다.

첫 번째 문제에 관해서는 학문 연구 중심의 지향을 가지고 있어야 합니다. 차별화되는 동시에 한국적인 의미가 있어야 합니다. 사회과학의 전 분야에 걸친 중국의 부상에 따른 국내적, 국제적 변화가 가중화하고 있습니다. 특히 포스트 팬데믹post-pandemic담론과 맞물리면서 더욱더 가중되고 있습니다. 중국 부상의 지속성을 보려면 중국 국내를 봐야 하는 것이고, 이러기 위해서는 이론이 필요합니다. 현재의 문제는 '이론의 빈곤'과 '담론의 과잉'입니다. 화려한 말은 만들어내는데 그것을 뒷받침하는 내용은 없습니다. 또한 '전문가 바보'들이 너무 많습니다. 나무를 캐면서 나무가 침엽수인지 활엽수인지 모르는 것과 같습니다. 충실한 학문과 이론을 바탕으로 한 정책 대안이 필요합니다.

두 번째는 분과 학문과 지역 연구의 긴장 속에서 국제지역학 연구를 확실히 하면 분과 학문에 기여할 수 있습니다. 예로 민주화 이론은 남아메리카를 이야기하지 않고 설명하지 못합니다. 즉, 국제지역학 연구를 통해 민주화 이론을 정립했다고 할 수 있습니다. 중국·베트남·북한을 관찰한 비교사회주의 연구, 대만·한국·태국·필리핀을 대상으로 한 비교민주주의 연구, 한국·중국·일본·베트남에 관한 민족주의 연구 등 국제지역학의 학문적 성과를 낼 수 있는 분야가 많습니다.

마지막으로 한국적 관점이 중요합니다. 하지만 국수적인 관점이 되지 않으려면 최소한 동아시아, 더 나아가서는 세계를 설득할 수 있는 합리성과 보편성을 가져야 합니다. 한국의 경험뿐만 아니라 대만의 경험, 일본의 경험을 아우르는 연구가 필요합니다.

사회과학은 국가의 국력을 배경으로 둡니다. 중국 부상 전에는 사회과학 학문의 발전이 미미하다가 지금은 급속히 이론들이 생성되고 있습니다. 그래서 벌어지는 현상 중 하나는 이론과 학문은 미국 것, 자료와 정보는 중국 것을 참고하게 되는 현상입니다. 이렇게 양대 산맥이 팽창하게 됩니다. 7~8년 전부터 중국에서 현지 연구를 막으면서 외부학자들이 데이터에 접근할 수 없게 되었습니다. 특히 국내 정치에 관해서는 더더욱 어렵습니다. 이런 어려움 속에서 한국에서 중국학을 공부하는 학자들이 설 자리가 없어지는 것이 현실입니다. 결과적으로 중국에서 주는 자료들을 한국어로 번역하여 설명하는 것과 미국 연구에서 나온 자료를 요약해서 이야기하는 것, 두 가지 중 하나입니다. 따라서 한국의 목소리가 시급하고, 그렇지 않으면 중국의 목소리, 미국의 목소리를 대변하는 입장밖에 되지 않을 것입니다.

정혁 (국제개발연구센터장)

시카고로 유학을 하러 갔을 때, 새로운 경험을 했습니다. 수강 신청

시 늘 듣던 미시경제, 거시경제가 없고 미시, 거시 구분이 없는 통합교과로 되어 있었습니다. Income theory, price theory로 부르면서 수업을 진행했는데 지역학과 국제학의 구분이 이러한 관계와 흡사하다고 봅니다. 경제학으로 볼 때, 지역학을 미시적 관점의 개별 행위 주체들이라고 본다면, 국제학은 행위주체들이 모였을 때 거시적인 관점에서 동학의 형성을 보는 것이 아닌가 싶습니다.

국제학과 지역학은 뗄 수 없는 존재이고 통합이 되지 않을 경우 양쪽은 의미가 없습니다. 국제학을 논함에 있어 중심개념core concept을 세우는 것이 중요합니다. 여러 기둥처럼 분야에 대한 접근도 중요하지만, 다양한 분야와 다양한 전공을 아우르는 중심개념이 없으면 나열하는 것밖에 되지 않습니다. 그 중심개념을 잡을 수 있는 여러 가지 논의가 이루어지는 것이 중요합니다. 코로나로 인해 미국이 어려움을 겪는 상황에 대해 지역학적·국제질서의 재편에 관하여 중요하게 살펴보아야 할 점이 있습니다. 코로나 대응 면에서 선진국인 것처럼 인지된 한국이 방역시스템에서 쓰는 방법을 한국이 개발한 것이 아닙니다. 메르스MERS 사태로 한국이 어려웠을 때, 의료진들이 정책자문을 받기 위해 미국으로 갔고, 그때 가르쳐 준 방법이 test, trace, and maximum treatment입니다. 이것을 한국이 미국에서 배워와서 지금 코로나19 대응에 활용하고 있습니다. 시스템을 개발한 미국보다 배워온 우리가 더 잘 활용하는 상황을 보았을 때 현실적으로 미국은 민간 부문과 공공 부문에 융합된 전략이 부족하고 학문적인 접근이 부재함을 느꼈습니다. 방법을 알고 있음에도 불구하고 실행하지 못한 것이 현실이기 때문입니다.

한국에서 진행되는 정치적·경제적 담론들과 좌우갈등의 문제를 보면, 우리는 권력이나 자원 배분을 함에 있어 민간과 공공 부문의 협력과 긴장관계 모델에 대해 심각하게 생각해본 적이 없는 것 같습니다. 늘 한쪽 편만 들면서 다른 쪽을 공격하려는 관점에서만 바라보기 때문에 현재 한국이 어디에 있으며, 국제사회는 어떻게 가고 있는지를 생각하기 어려운 현실입니다.

미시경제 공부를 하지 않으면 거시경제를 분석할 수 없는 것처럼, 국제적인 거대담론을 이해하는 데 실질적으로 구체적인 미국, 한국, 중국, 일본에 대한 연구가 진행되지 않으면 거대담론에 대한 답이 나오지 않습니다. 국제지역학을 수행할 때 중국, 일본만 이해하는 것에 그치지 않고, 미국을 지역학적으로 접근하는 것이 필요합니다. 제국주의적 관점에서 나타난 국제지역학 연구의 역사를 우리가 굳이 따라갈 필요는 없고, 이러한 역사를 발전시킨 선진국도 지역학적인 관점에서 볼 수 있어야 합니다. 미국을 포함한 다양한 국가에 대한 지역학 연구가 이루어져야 합니다.

국제개발에 대해서는 지역적인 관점이 더 중심이 되어야 한다는 데 동의합니다. 하지만 반대의 관점도 가능합니다. 지역학적인 개발 관심은 당연히 필요하지만, 반대로 국제학적인 관점에서 방향성을 제시하는 것이 부족합니다. 전체를 보면서 국제관계 질서가 어떻게 이루어져 있고, 국제개발이 이루어지고 있는 방향은 무엇이며, 도와줄 수 있는 방법이 무엇인지 알아야지, 한 나라에만 집중하는 것은 시작점일 뿐이라고 생각합니다. 실제로 개발에 효과가 있으려면 그 나라들이 어떤 맥락context에 있는지 이해를 해야 합니다. 결국 개발에 관해서는 거시적인 관점에서의 접근이 더 많이 필요합니다.

보편성과 한국학적인 관점에 대한 해답은 하나라고 생각합니다. 사실상 학문이라고 하는 것은 본질이 과학성에 있습니다. 과학적 접근을 하는 것이 본질이지, 이것을 어느 나라 관점에서 봐야 하는지에 대한 고민은 파편적인 접근에 불과합니다. 물론, 지역학적인 개별 연구가 없어야 한다는 의미는 전혀 아닙니다. 그것은 기본입니다. 궁극적인 결과outcome를 내려면 실질적인 논의가 많이 이루어져야 합니다. 정책 연구와 학술 연구가 완전히 다른 것인데, 두 분야를 충분한 논의 없이 요구받는 것은 한국 교수들밖에 없다고 생각합니다. 가장 근본적인 입장은 '우리는 과학적인 접근을 하고 있는가?'가 되어야 합니다.

예시로 한국 발전 경험을 든다면, 메커니즘을 안다고 하더라도, 다른 나라에 적용할 수는 없습니다. 알아야 하는 것은 한국 발전의 양상이 아니라 어떠한 환경에서 어떤 정책을 활용했더니 어떤 결과가 나왔는지를 분석하는 과학적인 접근이 필요합니다. 그래야 실질적으로 과학적인 접근을 통한 개발협력이 가능할 것입니다.

국제개발과 국제개발협력을 구분할 필요가 있습니다. 국제개발협력은 국제개발에서 중요한 부분이지만 일부입니다. 국제개발이슈를 과학적 관점으로 볼 때, 무수한 요소가 들어가기 때문에 종합적인 접근이 필요합니다. '국익'이라는 것으로 접근한다면 정책과 학술적인 연구가 한 번에 무너질 것으로 예상합니다. 국제개발협력에 대해서 이야기할 때는 정치적인 요소, 전략적인 요소를 고려하지 않을 수 없습니다. 국제학을 넓게 보면서 과학적인 메커니즘의 접근이 필요하다고 생각합니다.

마지막으로 한 가지만 더 추가하자면, 협력의 방법입니다. 탈세계화에 대한 논의는 의미가 없다고 봅니다. 교류하는 형식은 바뀔 수 있습니다만, 세계화를 뒤로 되돌리거나 기존의 커넥션을 끊고 자기 나라만 생각하는 'every nation for itself'로 돌아갈 수는 없습니다. 다만 이전에 해왔던 교류의 방법에 제한이 생기고, 인적 교류는 아이디어 교류로, 물적 자본은 관계 자본으로 바뀔 것입니다. '언택트Untact'는 커넥션이 끊긴다는 의미가 아닙니다. 실질적인 관계가 끊기는 것이 아니라, 기술을 통해서 대체되는 것입니다. 그런 관점으로 보았을 때 지역학과 국제학을 함께 고려한 전체로 접근하지 않으면 각 지역에 관한 연구만 하게 되고, 한쪽으로 치우칠 위험에 빠질 수 있습니다. 세계가 연결된 상태connectivity, mobility는 절대로 변하지 않을 것이기 때문에, 연구나 교육을 할 때 이 관점이 유지되어야 합니다.

박철희 (국제학연구소장)

지역학과 국제학을 미시경제와 거시경제로 연결하여 생각하는 것은 재미있는 접근입니다. 생리학을 공부하지 않으면 병리학을 알 수 없는 이치와 같습니다. 공부를 잘못하면, 병리학을 먼저 하고 결국 현상 분석의 중심을 잃게 되는 것입니다. 학문의 중심은 과학적 접근에 있다는 점은 아주 중요합니다. 과학에 기반하지 않고 문제를 고치려 하는 것이 얼마나 무모한 시도인지 되새길 필요가 있습니다.

세계의 연결성이 변화하지 않을 것이라는 점을 감안한다면 한국에서 국제학과 지역학의 중요성은 날로 커질 것입니다.